하나님이 사용하신 10가지 도구
The Ten Tools of God

하나님이 사용하신 10가지 도구

펴낸날 ‖ 2024년 3월 30일

컨덕터 ‖ 이승율

집필진 ‖ 김윤환, 심광섭, 이세형, 이순임, 이승율

펴낸이 ‖ 유영일

펴낸곳 ‖ 올리브나무 출판등록 제2002-000042호
경기도 고양시 일산동구 정발산로 82번길 10, 705-101
전화 031-905-8469, 010-7755-2261
팩스 031-629-6983   E메일 yoyoyi91@naver.com

대표 ‖ 이순임

인쇄 ‖ 현진기획인쇄

ⓒ 이승율, 2024

ISBN 979-11-91860-35-1   03230

이 책은 저작권법에 따라 보호를 받는 저작물이므로 무단 전재와 복제를 금합니다.
이 책의 전부 또는 일부를 사용하려면 반드시 저작권자의 서면 동의를 받아야 합니다.

값 20,000원

THE TEN TOOLS OF GOD

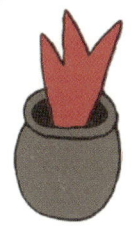

하나님이 사용하신 10가지 도구

컨덕터: 이승율
집필: 김윤환 · 심광섭 · 이세형 · 이순임 · 이승율

올리브나무

차 례

추천의 말:
하나님의 목적을 위해 쓰임 받는 도구 · 김상복
지혜로운 발상, 독특한 외침 · 김경래

머리말: 이승율 · 10

첫 번째 도구: 노아의 방주 — '구원의 틀' · 15

두 번째 도구: 모세의 지팡이 — '리더십' · 47

세 번째 도구: 기드온의 횃불과 나팔 — '전략' · 71

네 번째 도구: 다윗의 물맷돌 — '맞춤형 강점' · 99

다섯번째 도구: 다윗의 비파와 시와 춤
　　　　　　 —'찬양 · 경배 · 치유 · 공감' · 131

여섯 번째 도구: 베드로의 그물 — '영적 능력의 회복' · 157

일곱 번째 도구: 소년이 가진 오병이어 — '드림과 나눔' · 181

여덟 번째 도구: 골고다의 십자가 — '희생과 대속의 제물' · 205

아홉 번째 도구: 바울의 로마 시민권 — '글로벌 역량' · 233

열 번째 도구: 교회 — '빛의 터전' · 263

에필로그: 이순임 · 295

집필진 프로필 · 298

■ 추천의 말

하나님의 목적을 위해 쓰임 받는 도구

김상복 목사
할렐루야교회 원로, 횃불트리니티신대원대학교 명예총장,
세계성시화운동 대표회장

　책 이름이 『하나님이 사용하신 10가지 도구』라는 제목을 들었을 때, 나에게는 웃음이 터져 나왔다. 발상이 통쾌했다. 다양한 배경을 가진 다섯 분의 집필진이 성경에 나타난 도구들 중 10가지를 택해서 각 도구에 대한 영적인 의미를 조명하고, 결국 "구원에 대한 선교적 이해"로 정리해 독자들에게 주는 메시지가 있었다.

　우리 손에 들고 있는 도구가 무엇이든지 하나님께서는 그 도구를 하나님의 목적을 위해 사용하신다는 것이다. 그것이 노아의 방주나 모세의 지팡이나, 기드온의 횃불이나, 나팔이나, 다윗의 물맷돌이나, 수금이나, 베드로의 그물이나, 소년의 오병이어나, 골고다의 흉한 십자가나, 바울의 로마 시민권이나, 구원받은 자들의 공동체인 교회든지, 하나님의 목적과 영광을 드러내는 도구가 된다는 영적 의미를 보여주며 우리 모두에게 큰 격려를 준다.

우리는 어떤 도구를 들고 있는가? 모세가 마른 지팡이를 하나님께 드렸을 때, 그 지팡이는 하나님의 지팡이가 되어 홍해를 가르고 출애굽한 2백만 명의 이스라엘 백성을 40년 동안 험한 광야를 지나가며 젖과 꿀이 흐르는 가나안으로 인도하는 지팡이로 쓰임 받았다. 어린 소년 다윗이 평상시에 개발해 놓았던 물맷돌은 이스라엘을 멸시하는 골리앗 적장을 쓰러뜨리고 이스라엘을 구하고 결국 왕이 되는 도구가 되었다.

오늘 우리 손에 들려진 도구는 무엇인가? 그것이 무엇이든지 하나님께 드릴 때, 하나님의 목적을 위해 쓰임 받는 도구가 될 것이다. 놀라운 하나님의 영광을 드러낼 것이다. 독자들은 다섯 분의 저자들을 따라가면서 각자의 손에 들려진 도구를 발견하게 될 것이다. 그리고 그 도구를 나에게 주신 하나님의 목적을 발견하며 귀하게 쓰임을 받을 것이다.

■ 추천의 말

지혜로운 발상, 독특한 외침

김경래 장로
한국기독교100주년기념재단 부이사장

　이승율 장로는 참으로 지혜로운 안목의 소유자임이 틀림없다.
남이 못 보는 것, 보아 흘리는 것, 보고도 생각 없이 내버리는 것들을 꿰뚫어 보는 혜안을 지닌 것 같다.
　무주공산으로 폐허가 되다시피 방치되어 있던 양화진외국인선교사묘원을 절두산 순교 성지와 잇대어 아름답고 의미 있는 묘지공원으로 회생시킨 청사진을 그려냈다.
　그는 이어 중국 땅 연길과 평양에 국제 수준의 과학기술대학을 북방선교 차원에서 설립하는 일에 투신하는 등 엉뚱하리만치 예상 밖의 일들을 소리 없이 수행해 왔다.
　이번에는 신·구약 성경을 망라한 믿음의 지평을 크게 넓혀 인공지능에 오염되어 소돔과 고모라로 치닫는 어둠의 세력들, 특히 교회를 떠나는 청소년들을 깨우치는 저서 『하나님이 사용하신 10가지 도구』를 엮어냈다.

물은 넘쳐흐르는데 마실 물이 없는 세대, 책들은 쏟아져 나오는데 영혼 구원에 쓰임 받는 책 찾기가 어려운 세대…

이때를 위한 모세의 지팡이와 다윗의 물 맷돌이 되기를 소원한다.

특히 다섯 명의 필진이 전개한 새로운 발상과 독특한 외침이 교인 수는 감소를 계속하는데, 총회장은 엄청나게 늘어나는 한국교계에 경종을 울리는 일이 되기를 바란다.

주일학교와 수요예배, 기도원들이 사라져가는 한국교회를 일깨우는 은혜의 샘터가 되리라 믿는다.

■ 머리말

당신의 손에는 어떤 도구가 잡혀 있나요?

"태초에 하나님께서 말씀으로 천지 만물을 창조하셨다. 마지막으로 흙으로 사람을 지으시고 그 코에 생기를 불어 넣으시니 사람이 생령이 되었다. 여호와 하나님이 그 사람을 이끌어 에덴동산에 두고 그곳을 경작하며 지키게 하시고 그 사람에게 이르시되 동산 각종 나무의 열매는 네가 임의로 먹되 선악을 알게 하는 나무의 열매는 먹지 말라. 네가 먹는 날에는 반드시 죽으리라 하셨다."

우리가 잘 아는 창세기의 비밀이 담겨 있는 구절이다. 필자는 이 구절을 수백 번 읽는 가운데 특히 사람이 하나님의 생기로 생령이 되었다는 말씀과 하나님께서 그 사람을 시켜 에덴동산을 경작케 하셨다는 말씀에 늘 관심이 끌리곤 했다.

하나님의 생기란 무엇일까?

사람은 '생각하는 존재'라고 어느 철학자가 단정적으로 말했다. 틀린 말이 아니다. 하나님께서 창조하신 천지 만물 가운데 '사람'

이외에 '생각하는 존재'가 있던가? 오직 유일하게 사람만이 '생각'을 통해 자신의 생명을 유지하고 생활과 문명을 견지해 왔다. 그래서 사람의 '생각하는 능력'은 하나님께서 불어 넣어주신 생기로 말미암아 구성되고 구체화된다고 할 수 있다.

그런 생각하는 존재인 사람이 에덴동산을 경작하며 일을 했다. 그냥 놀고 먹은 게 아니다. 하나님께서는 에덴동산에서부터 우리 사람들을 이끌어 그분의 목적에 합당한 일을 시키며 돌보아 오신 것이다.

그런 과정에 도구가 발달하기 시작했다. 아마도 최초의 사람인 아담도 맨손으로 일하지 않고 '생각나는 대로, 생각에 따라' 도구를 사용하여 일을 했을 것이다. 심지어 하나님께서 금기시했던 선악과를 따먹은 후, 눈이 밝아져 자기들이 벗은 줄을 알고 무화과나무 잎을 엮어 치마로 삼은 행위조차도 '생각'을 통해 '도구'를 사용했던 전형적인 인간의 모습이라고 할 수 있다.

여기서 필자가 강조하고자 하는 인간의 본질적인 능력은 곧 '도구를 사용하는 존재'라는 점이다. 다시 말하면 인간은 '생각하는 존재'인 동시에 '도구를 사용하는 존재'이다.

그렇다. 하나님의 생기를 받은 우리는 생각을 통해 도구를 사용하며 일을 해온 유일한 존재로서 인류의 문명을 극적으로 발전시켜 왔다고 할 수 있다.

성경에 나오는 수많은 인물과 사건들도 이러한 '생각'과 '도구'로 점철된 거대한 역사의 수레바퀴 밑에서 그 존재가치와 의미를 담고 있다고 해도 과언이 아니다. 이런 점에서 하나님께서 때를 따라 사용하신 특별한 도구들이 있을 것이라는 관점으로, 구약과 신약을 다시금 새롭게 일별해 볼 때, 필자는 다음과 같은 10가지 항목의 도구가 하나님의 손에 붙잡혀 크게 사용되어 왔음을 깨닫게 되었다.

구약시대

노아의 방주/ 모세의 지팡이/ 기드온의 횃불과 나팔/ 다윗의 물맷돌/ 다윗의 비파와 시와 춤

신약시대

베드로의 그물/ 소년이 가진 오병이어/ 골고다의 십자가/ 바울의 로마 시민권/ 교회

이 책은 위에서 명기한 10가지 도구들을 중심으로 하나님께서 어떻게 역사하셨고, 그것이 오늘날 현대를 살아가는 우리들에게 어떤 의미와 신앙적 가치를 부여하고 있는가에 대한 추적을 기본으로 하여, 필자가 제시한 10가지 항목을 다섯 명의 집필진이 쓴 글을 돌려가며 퇴고(推敲)하여 엮은 것이다.

이외에도 수많은 도구들이 인류의 역사를 통해 발전하고 사용되어 왔겠지만, 우리 집필진들은 하나님께서 특별히 사용하셨다고 믿어지는 10가지 도구를 선별하여 이들이 갖고 있는 속성을 한 묶음의 영적 스토리로 승화시킴으로써 우리들의 신앙을 더욱 깊이 있게 이해하고 내면화하는 데 도움이 되고자 노력하였다.

이런 일련의 과정에서 추출된 영적인 각성은 이렇다.

- 노아의 방주는 인간에 대한 '심판'과 '구원의 틀'을 예시한 것이다.
- 모세의 지팡이는 문제 해결을 위한 계시적인 '리더십'을 상징한다.
- 기드온의 횃불과 나팔은 지혜로운 '전략'을 추구한다.
- 다윗의 물맷돌은 훈련되고 준비된 자의 '맞춤형 강점'을 뜻한다.
- 다윗의 표현 도구인 비파와 시와 춤은 하나님을 향한 '찬양과 경배'의 도구로서 치유와 공감의 힘을 나타낸다.

- 베드로의 그물은 사람을 낚는 '영적 능력의 회복'으로 탈바꿈했다.
- 소년이 가진 오병이어는 '드림과 나눔'의 봉헌으로 쓰임 받았다.
- 골고다의 십자가는 인류의 죄를 대신 짊어지신 예수님의 '희생과 대속의 제물'로 승화되었다.
- 바울의 로마 시민권은 '글로벌 역량'으로 전도의 지경을 넓혔다.
- 교회는 우리가 '빛의 터전'으로 나아가는 궁극적인 구원의 문이다.

집필진 5인(이승율 장로, 이세형 교수, 심광섭 교수, 김윤환 시인, 이순임 대표)이 10가지 도구의 속성을 탐색한 결과로 깨달은 영적인 가치는 한마디로 '구원에 대한 선교적 이해'라고 정리할 수 있다.

하나님의 말씀에 불순종했던 인간이 하나님의 은혜로 그 죄의 함정을 극복하고 주님이 계시는 푸른 벽공의 언덕 위로 기어오르는 과정에 맛보는 자유와 기쁨의 노래가 이 책의 지향점이다.

따라서 필진들은 이 책이 우리 시대를 함께 살아가는 비기독인들과 젊은 청년들에게 과감히 도전하고 들이미는 정신적 예봉이 되기를 바란다.

기계화 문명과 인공지능의 발전이 인류의 운명을 잠식하고 있는 이 시대에 영적인 새로운 도전과 거듭남을 통해 청년들을 살리고 국민들을 계도하는 창조적인 신질서(creative new normal)가 물이 바다를 덮음같이 충만히 임하기를 고대한다.

책이 나오기까지 편집과 교정으로 온갖 정성을 기울여 주신 '올리브나무'의 이순임 대표께 특별한 감사의 말씀을 드리며, 독자들께 끝으로 한 번 더 묻고자 한다.

"당신의 손에는 어떤 도구가 잡혀 있나요?"

그 도구가 당신의 생각과 행로를 변화시키는 지렛대가 될 것임을 믿어 의심치 않기에 우리들은 하나님이 사용하신 10가지 도구를 시의적절하게, 지혜롭게 사용하는 현명한 믿음의 사람들이 다 되시기를 기원합니다.

2024년 부활절을 맞으며
대표 집필 이승율 장로

첫 번째 도구
●
노아의 방주 – '구원의 틀'

김윤환

시인, 백석대 대학원 기독교문학 교수

    하나님이 보시니, 세상이 썩었고, 무법천지가 되어 있었다. 하나님이 땅을 보시니, 썩어 있었다. 살과 피를 지니고 땅 위에서 사는 모든 사람들의 삶이 속속들이 썩어 있었다. 하나님이 노아에게 말씀하셨다. "땅은 사람들 때문에 무법천지가 되었고, 그 끝날이 이르렀으니, 내가 반드시 사람과 땅을 함께 멸하겠다. 너는 잣나무로 방주 한 척을 만들어라. 방주 안에 방을 여러 칸 만들고, 역청을 안팎에 칠하여라. 그 방주는 이렇게 만들어라. 길이는 삼백 자, 너비는 쉰 자, 높이는 서른 자로 하고, 그 방주에는 지붕을 만들되, 한 자 치켜올려서 덮고, 방주의 옆쪽에는 출입문을 내고, 위층과 가운데층과 아래층으로 나누어서 세 층으로 만들어라. 내가 이제 땅 위에 홍수를 일으켜서, 하늘 아래에서 살아 숨 쉬는 살과 피를 지닌 모든 것을 쓸어 없앨 터이니, 땅에 있는 것들은 모두 죽을 것이다. 그러나 너하고는, 내가 직접 언약을 세우겠다. 너는 아들들과 아내와 며느리들을 모두 데리고 방주로 들어가거라. 살과 피를 지닌 모든 짐승도 수컷과 암컷으로 한 쌍씩 방주로 데리고 들어가서, 너와 함께 살아남게 하여라. 새도 그 종류대로, 집짐승도 그 종류대로, 땅에 기어다니는 온갖 길짐승도 그 종류대로, 모두 두 마리씩 너에게로 올 터이니, 살아남게 하여라. (창세기 6:11-20 표준새번역)

1. 노아의 방주에 대한 성경 중심의 이해

    창세기 6~10장에는 노아의 방주 설화를 통해 하나님의 구원방식에 대하여 매우 구체적 상징으로 기록되어 있다. 타락한 인류를 심판하기 위한 물의 심판 계획을 세우시면서 노아에게는 그의 가족과 지상의 모든 짐승을 각 한 쌍씩, 하늘의 날짐승들도 각 한 쌍씩 그 생명의 씨를 남길 수 있도록 큰 방주를 만들도록 명하셨다.

방주의 원어 '테바'는 '상자' 또는 '궤'라는 뜻을 지니고 있다. 구약성경에 따르면 방주의 규모는 길이 300규빗, 너비 50규빗, 높이 30규빗의 크기로서, 1규빗 약 0.5m로 환산해 보면 노아가 만든 배의 규모는 가로 150m, 너비 25m, 높이 15m 크기의 밑바닥이 평평하여 화물을 탑재하기 좋은 선박이었다. 배수량 2만 톤에 용적량은 약 1만4천 톤 정도의 크기로 결코 작은 배가 아니었다. 또한 학자들에 의하면 노아가 방주에 대한 명령을 받고 배를 구상하고 준비하고 배를 완성하기까지의 기간은 대략 120년 정도 소요되었을 것으로 추정한다.

노아의 방주가 노아의 가족과 땅, 바다, 하늘의 모든 짐승 암수 한 쌍씩과 그들의 식량 및 필요한 짐과 화물들을 싣고 길고 긴 홍수 기간인 약 1년 17일을 살아내었다고 기록한다. 노아의 배는

요한 휘버스 씨가 실물 크기로 재현한 노아의 방주

나무로 만든 방주로서 어떻게 대홍수를 견뎌내며 세상의 모든 종(種)들이 생존할 수 있도록 돌보았을까, 또한 무동력선으로 방향 조정 키도 없이 오직 하나님의 인도하심을 의지하여 바다 위를 떠다녔을까를 생각하면, 인간적 상식에서는 방주에 대한 여러 의문이 생길 수도 있겠지만, 인간의 생각을 초월하는 하나님의 계획과 보호하심의 은혜가 노아의 방주와 함께 하셨다는 믿음으로만 이해가 가능하다.

2022년 1월, 네덜란드 목수 요한 휘버스 씨가 실물 크기로 재현한 노아의 방주를 한국에 영구 기증하겠다고 발표하여 크게 화제가 된 적이 있었다. 휘버스 씨는 기증의 이유를 "지구의 유일한 분단민족인 한반도의 평화를 기원하기 위해서"라고 밝혔다. 방주의 의미가 평화의 성취로서 구원의 도구가 되는 것을 상징적으로 보여주고 있어 상당히 감동적으로 보도를 접한 기억이 있다.

대홍수의 심판이 있기 직전의 인류의 타락한 모습이 오늘에 다시

요한 휘버스 씨가 재현한 노아의 방주의 내부

재현되고 있는 현실을 생각하면, 구원의 방주 역할을 맡은 교회공동체의 혁신과 오늘의 노아가 되어야 할 성도의 깊은 성찰과 구원 사역을 위한 준비된 믿음의 자세는 더욱 절실하다고 하겠다.

창세기 6장 도입 부분에는 당시 인류의 죄악상을 이렇게 기록하고 있다. "당시에 땅에는 네피림이 있었고 그 후에도 하나님의 아들들이 사람의 딸들에게로 들어와 자식을 낳았으니 그들은 용사라 고대에 명성이 있는 사람들이었더라 여호와께서 사람의 죄악이 세상에 가득함과 그의 마음으로 생각하는 모든 계획이 항상 악할 뿐임을 보시고, 땅 위에 사람 지으셨음을 한탄하사 마음에 근심하시고 이르시되 내가 창조한 사람을 내가 지면에서 쓸어버리되 사람으로부터 가축과 기는 것과 공중의 새까지 그리하리니 이는 내가 그것들을 지었음을 한탄함이니라 하시니라"(창 6:4-7).

한 치 앞을 예측할 수 없는 이 세상에서 예수 그리스도의 핏값으로 지은 구원의 방주인 교회에는 과연 어떤 이가 구원받을 수 있으며, 그 구원의 모습이 그저 종교의식만으로 증명할 수 있는가, 또한 제도적 교회, 건물로서의 교회가 과연 유일한 방주가 될 수 있는가는 좀 더 깊이 있는 성찰이 필요하다.

이에 이번 주제에서는 노아의 방주에 대하여 성경적 근거는 물론 문학적 상상력을 덧붙여 '구원의 도구'로서 방주와 '방주'로서 교회 및 성도의 자세를 성찰해 보고자 한다.

2. 문학적 상상으로 그려진 영화 「노아의 방주」

성경 서사의 문학적 상상력으로 해석하는 것의 의의

성경은 언어로 구조화된 텍스트라는 점에서 문학과 상당한 유사성을 가지고 있다. 특히 의미와 메시지를 구성하는 요소들이 비유, 상징, 서사, 서시, 담화 등의 문학적 기법을 사용하고 있다는 점에서 성경의 서사나 메시지 역시 문학적 상상력과 비평으로 조망하는 것이 진리를 해석하는 데 매우 유용한 도움을 준다. 문학적 비평이 성경의 내용을 세속화하는 것이 아니라, 오히려 성경의 진리를 더욱 내밀하게 실체감을 확장 시킨다고 봐야 할 것이다.

그러한 관점에서 구원의 도구인 '노아의 방주'를 깊이 있게 접근하여 오늘에 적용하기 위해 먼저 영화 속 노아의 방주를 따라가 보고자 한다.

튀르키예 동부 두루피나르의 노아의 방주 흔적. 무인기 촬영 ©유튜브 영상 캡쳐

영화 「노아」의 성경적 상상력

영화는 문학적 상상력으로 시각화, 청각화, 입체화하는 문화적 도구다. 노아의 방주를 소재로 하는 영화는 1929년 미국에서 마이클 커티스 감독에 의해 제작된 이래, 1999년에 거장 대런 애러노프스키 감독이 먼저 제작 개봉한 것을 새롭게 각색하여 2014년에 개봉하였다. 그중에 최근작으로 성경적 메시지와 함께 오늘의 관점에서 해석해 볼 여러 가지 질문을 던져 준 영화가 바로 역시 대런 애러노프스키가 각본을 쓰고 감독을 맡았던 2014년 판 영화 「노아 Noah」이다. 이 영화는 주연 러셀 크로우를 비롯한 제니퍼 코넬리, 엠마 왓슨 등 당대의 기라성 같은 배우가 출연하여 성경적 상상을 상당히 다양하고 섬세하게 표현하여 세간의 주목을 받기도 했다. 제작비가 무려 1억2천5백만 달러(한화 약 1,200억 원)라는 막대한 투자로 만들어진 기독교 영화라는 데 문화적 상징성이 컸다. 상영 매출액이 3억6천 달러(한화로 약 4,300억 원)로 한국에서만 관객이 200만 명 넘게 관람한 화제의 영화였다.

영화 「노아」의 포스터

이처럼 세간의 주목을

받은 영화 「노아」에 나타난 종교적 영감과 메시지를 성경 인물과 비교하여 새롭게 만나고 그 신앙적 의미를 다시 새겨 보자.

우선 영화 「노아」 줄거리 자체는 성경에 쓰여 있는 노아의 방주 이야기와 거의 동일하다. 성경에 언급되지 않은 부분을 감독의 상상력을 덧붙이거나 성경에서 나오되 대홍수 부분에서는 언급되지 않는 부분을 인용해 이야기를 만들었고, 스토리의 당위성을 위해 없앤 사건도 있다. 예를 들어 성경에서는 홍수 이후 노아가 술에 취해 알몸으로 잘 때, 함이 그걸 비웃은 죄로 함의 후손들이 저주를 받지만 영화에서는 받지 않는다.

특히 인물 중에는 성경에는 언급되지 않은 셈의 아내 '일라'가 주요 인물로 대두되고, 또한 성경에는 언급이 되지만 대홍수 부분에서 언급되지 않는 추락 천사 '워쳐(주시자)'들과 노아의 할아버지인 '므두셀라', 카인의 후손인 '두발카인'이 스토리상 중요한 역할을 하는 캐릭터로 등장한다.

영화의 시작은 아담과 하와가 뱀의 유혹에 넘어가 선악과를 먹어 에덴동산에서 쫓겨났다는 창세기의 이야기로 시작된다. 그리고 카인과 아벨의 이야기가 나오며, 카인이 쫓겨나 추락 천사들의 도움으로 최초의 문명을 일구었지만, 그 문명은 세계에 악을 퍼뜨렸다고 성경과 동일한 배경을 설명하고 있다.

성경 속 '노아'를 오늘의 세상에 내놓는 의미

성경적 상상력이나 문학적 상상력으로 영화 속 등장인물의 대사와 표정, 그 생활 모습을 보면 충분히 신앙적 메시지를 확인할 수 있다.

영화 속 노아는 아담과 이브의 후손 삼 형제 중 막내 셋의 후손으로, 아담과 이브로 하여금 선악과를 먹게 한 뱀의 허물을 물려받았다. 하지만 이 허물은 아버지 라멕이 살해당하면서 두발카인에게 빼앗기게 된다. 수렵과 약탈을 일삼는 대규모의 카인의 후손과는 달리, 독자적으로 가족과 함께 초식생활을 하며 살다가 뜬금없이 세상을 물로 뒤덮어버리는 꿈을 통해 계시를 받아, 할아버지 므두셀라를 만나 상담하고 나서는 방주가 물 위에 떠다니는 꿈을 꾼다. 이후 할아버지에게 받은 씨앗으로 만들어진 숲과 나무, 온갖 약초들로 천사들과 함께 방주를 만들게 되며, 온갖 동물들을 불러 모으고 직접 제조한 최면 약으로 동물들을 잠재운다. 이 과정에서 대규모 인간들을 이끄는 두발카인 왕과 대립하게 된다.

이후 자신의 세 아들(셈, 함, 야벳)의 짝을 찾으러 두발카인의 야영지를 탐험하게 되는데, 고기를 얻기 위해 인신매매를 하며 굶주림에 눈이 뒤집힌 사람들 속에서 자신의 모습이 보이는 환상을 보고, '인간은 모조리 타락했으며 멸종당해야 한다'는 생각으로 방주의 완성에만 몰두한다.

방주를 만들고 있는 노아의 일족이 착하다는 아내 나메의 말에 조목조목 반박하면서, 모두 인간으로 악을 가지고 있으며, 이로 인해 다른 인류와 함께 멸망 당해야 한다고 말한다. 신이 노아로 하여금 방주를 만들고 세상을 구하게 한 것도 자신들이 착해서가 아니라 노아가 그것을 이룰 수 있기에 시킨 것이라고 말한다.

대홍수로 인간이 멸망 당한 후 노아는 가족들에게 "우리는 모두 죽어야 한다."라고 하는 등, 영화 후반부 방주 시퀀스에서는 거의 광신도에 가까운 악역으로 돌변하여, 므두셀라의 축복으로 일라의 몸에 깃든 생명마저도 '하늘이 허락하지 않았으니 안 된다'라는 생각으로 남자애라면 마지막 인류가 될 것이고, "여자애면 죽인다."라는 광신도적 강변을 토한다. 하지만 아이를 죽이려다 결국 자신의 안에 있던 사랑을 깨닫고 멈췄지만, 방주가 안착한 새로운 세상에 도착한 후 하나님의 계시를 저버렸다는 자책으로, 포도주를 퍼마시며 알코올 중독자가 되어 살아가는 것으로 그려지고 있다. 창세기 9장에서 포도나무를 심어 포도주를 만들어 먹고 취해서 인사불성이 되어 자는 내용을 재구성한 장면이다. 영화 속에서 성경에는 이름이 없는 셈의 아내 '일라'의 애정 어린 조언으로 정신을 차린 노아는 가족과 재합류, 자신의 손녀들을 축복하며 구원을 받는다는 것이 영화의 대체적 줄거리다.

의인으로 묘사되기만 하던 성경과는 다르게 중·후반부에서 호러 영화의 살인마를 연상케 하는 모습으로 묘사되어 보는 이로 하여금 새로운 충격을 주었지만, "우리들도 타락했다는 카인의 후손들과 다를게 없다."라며 자신의 악한 면을 인정하는 모습을 포인트로 제공했다고 할 수 있다. 이 영화에서 '극단적으로 인간을 악으로 규정하는' 역할을 하며, 현대 문명이 자연을 파괴하는 것에 대한 두려움을 투영한 캐릭터라고 할 수 있다. 그렇기에 살기 위해서 방주로 모여드는 사람들을 막고 물에 휩쓸리는 수많은 사람을 보고도 모른 척한다.

또한 노아의 할아버지 므두셀라의 "선택권은 노아에게 있다."라는 말을 보아, 신이 세상을 멸망시킨 이후에 인간을 세상에 남기느냐 마느냐의 선택권을 쥔 인물이기도 하다는 것을 미루어 짐작할 수 있다. 감독의 말에 의하면 혼자 살아남은 것에 대한 죄책감에 시달리는 어두운 캐릭터로 그려진 것은, 영화 후반의 광적인 노아의 행동이 그러한 죄책감과 인간 혐오로부터 나타난 것이라고 할 수 있다. 하지만 그럼에도 불구하고 마지막에는 좌절을 이겨내고 다시 일어났으니 과연 신의 안목이 정확했다는 것을 영화 속의 '노아'는 보여주었다.

이러한 성경을 모티프로 한 영화는 결국 성경을 어떻게 이해할 것인가를 더욱 고민하게 만드는 동기가 된다. 영화 속 노아의 아내 '나메'는 묵묵히 헌신하고 사랑하는, 마치 교회사 속의 여신도를 상징하는 듯하다. 카인의 후손인 '두발카인'은 오늘날 세상적 지식인과 지도자들의 모습을 투영하는, 제법 중요한 캐릭터로 등장하고 있다. 성경에는 등장하지 않는 또 하나의 가상 인물인 셈의 아내 '일라'는 이방인이었고 노아의 뜻을 거슬렀지만, 결국 사랑으로 완성시켜 가는, 구원을 이루어가는 과정을 보여주는 인물이다.

성경의 영감과 상상력을 바탕으로 구성된 것이고, 문학과 영화는 그러한 성경 기자의 인식과 메시지를 바탕으로 좀 더 넓고 깊고 다층적인 이해를 도와주는 역할을 한다. 물론 최종의 가치판단의 기준이 성경임은 두말할 나위 없다.

3. 구원의 상징으로 노아의 방주

'테바'로서 방주의 의미

방주를 나타내는 히브리어 '테바'는 원래 '사각형의 상자'라는 뜻이다. 땅에 불법과 불의가 가득 찼으므로 여호와께서는 살아 있는 모든 것을 근절하기로 결심했다. 단 노아와 그 가족 및 모든 생물을 각기 한 쌍씩만 구해주려 하셨다(창 6:13-22). 그들 모두가 배에 탄 뒤, 여호와께서는 직접 방주의 문을 닫으셨다(창 7:16). 그리하여 방주는 하나님의 긍휼로 가족 구원의 상징이 된 것이다.

'테바'라는 말은 아기 모세를 담았던 사각 바구니를 나일강변의 갈대숲에 띄울 때 역청과 송진을 칠하여 방수된 "파피루스 풀로 짜여진 사각 바구니"를 나타낸다(출 2:3-9). 여기서도 여호와의 배려가 작용하고 있고, 바구니는 구출과 구원의 상징이 된다.

예수 탄생의 상황 즉 그리스도께서 이 세상에 마구간의 구유(배 모양의 상자)에서 탄생하셨다는 상황은 아기 모세가 바구니에 넣어져 나일강에 버려진 사건을 선구적 범례로 하고 있다. 사도들의 편지에서 방주는 구원의 상징이라고 말하고 있다. "방주에서 물로 말미암아 구원을 얻은 자가 몇 명뿐이니 겨우 여덟 명이라." 이 뒤에 함축된 구원이라는 표현이 이어진다. "물은 예수 그리스도의 부활하심으로 말미암아 이제 너희를 구원하는 표시 곧 세례라"(벧전 3:20-21). 결국 방주는 죄 많은 세계를 파멸에서 구원하는 수단으로서의 세례와 관련되어 있다. "믿음으로 노아는 아직 보지 못하는 일에 경고하심을 받아 경외함으로 방주를 예비하여 그 집을 구원하였다"(히 11:7). 주님의 재림 때의 사정도 노아 때와 같을 것이다. 노아의 때에 결정적 구원을 가져온 것은 방주에 타는 것이었는데, 사람들은 "노아가 방주에 들어가던 날까지… 홍수가 나서 저희를 다 멸하기까지 깨닫지 못하였다"(마 24:37-39)라고 기록하고 있다.

초기 기독교 변증가 저스틴은 "방주는 그리스도의 십자가, 구원의 나무와 관계가 있다."라고 해석하였다. 또한 어거스틴은 방주를

'이 세상을 흘러 떠도는 교회의 선구적 범례'라고 간주하고, 교회는 "하나님과 인간 사이의 중보자 되시는 이가 매달린 나무에 의해 구원받는다."라고 말하면서 방주와 그리스도의 몸을 동일시해서, 방주의 입구(창 6:16)를 십자가에 매달린 주님의 옆구리 상처에 연관시켰다. 구원으로 통하는 길은 이 입구(십자가), 즉 상처를 통한 길뿐이라고 상징화한 것이다.

하나님의 자비하심과 믿음의 상징

노아의 방주는 세상을 향한 하나님의 자비하심을 기억하게 하며. 노아의 믿음을 증거한다. 그리고 그것은 구주를 상징하며 죄인을 위한 등불이 된다. 노아의 방주는 불확실한 사건으로서 먼 과거에 묻혀 있음에도 불구하고 매우 깊은 관심의 대상으로 부각 되어 있다.

거대한 크기의 그 방주가 어두운 물 위를 떠다니다가 새로워진 세계를 비추어 주는 햇빛을 받으며 아라랏산 꼭대기에 장엄하게 도착하여 평안을 되찾게 되는 것을, 성경 속 상상으로 목격함으로써 중요한 교훈을 얻을 수 있다. 그것은 하나님의 선하심에 대한 기념비적인 사건인 동시에 인간의 신앙의 힘을 증거해주는 사건이기도 하다. 그것은 또한 하나님의 자비의 상징적인 사건인 동시에 하나님의 진노의 표식이기도 하다. 이렇게 다층적인 면으로 대홍수와 노아의 방주 사건을 좀 더 깊이 새겨 보는 일은 매우 유의미한 성경 탐독이 될 것이다.

하나님의 자비와 심판을 증거하는 방주

당시 세상의 수많은 사람 가운데 노아 한 사람만이 신앙에 굳건히 섰고 불굴의 용기를 가지고 있었다. 하나님은 그를 잊지 않으셨다. 순결한 사람은 죄로 인한 고통을 겪지 않을 것이라는 것과 노아의 방주는 하나님이 믿음의 가정을 구별하여 지키신다는 것을 가르쳐 준다.

노아의 가족 중의 일부는 그들의 아버지의 신앙에 동참하지 않았을 가능성도 있을 수 있으나, 그럼에도 불구하고 그들도 모두 구원을 받았다. 하나님이 특별히 당신을 섬기는 사람의 자녀들을 축복하는 것은 보편적인 사실이다. 그들이 최후에는 구원받는 자들 가운데에 포함되지 못할 수도 있으나, 다른 사람들보다는 구원에 대한 더 많은 권고를 받는 특권을 누릴 수 있었음은 사실이다.

무엇보다 예수 그리스도의 십자가 사랑은 진정한 구원의 방주로서 세상을 향하신 하나님의 사랑을 떠오르게 한다. 모든 사람이 방주(십자가 아래)로 들어오도록 초청하고 있으며, 들어가도록 허락을 구하는 자는 누구나 거절당하지 않게 되는, 하나님의 선하신 사랑을 기억하게 해주는 것이다.

믿음과 구원자에 대한 증거

히브리서 11장 7절에 의하면 방주가 예비된 것은 노아의 믿음을 증거해준다. 노아는 오직 믿음으로 방주를 만들었고, 또한 그 안에서 필요한 모든 것을 준비하였다. 그리고 믿음으로 노아는 방주 안에 들어갔다. 오직 믿음으로 노아는 그 안에서 견디어냈다.

"하나님은 우리의 피난처시요"(시 46:1), "주여, 주는 대대에 우리의 거처가 되셨나이다"(시 90:1)라는 고백처럼 방주는 피난처였고 구별된 자들의 거처였으며 또한 방주는 성전이었다. 방주 안에서 노아와 그의 가족들은 예배를 드렸다. 그러한 믿음의 상징을 사도 요한은 "주 하나님 곧 전능하신 이와 및 어린 양이 그 성전이심이라"(계 21:22)라고 고백하고 있다. 또한 방주는 인도자였다. 노아를 옛 세계로부터 새로운 세계로 인도해낸 상징이다. 고난과 슬픔이 가득한 세상 골짜기에서 안식과 풍요의 새 세상으로 인도해 주었다.

죄인을 위한 등불로서의 방주

방주는 죄인들에게 그들의 위험에 대해 경고한다. 방주는 불신과 육욕과 교만이 얼마나 위험한 상태인가를 지적해 준다. 그것은 악한 자들이 서로 손을 잡고 연합한다고 할지라도 심판의 벌을 피할 수 없음을 경고한다. 대홍수 이전에 사람들이 지은 죄악은 실로 가공할 만한 것이었는데, 그 이유는 그 악이 사회 전체에 만연했기 때문이었다는 것은 오늘날에도 많은 시사점을 준다.

방주는 죄인들의 강퍅한 마음을 분명히 나타내어 준다. 누가 그 방주를 만들었는가? 그것을 건축한 자들 중의 많은 사람이 멸망당하지 않았는가? 우리는 다른 사람들의 안전을 보장해 주는 도구가 된 후에, 우리 자신이 버림받을 수도 있는 것이다(고전 9:27).

방주는 죄의 힘이 얼마나 큰지 경고한다. 수십 년에 걸쳐 방주를 짓는 동안 많은 사람이 그것을 보았음에도 불구하고 그들은 여전히 죄 가운데에 머물러 있었다. 방주는 죄의 속임수를 경계하고 하나님의 말씀에 귀를 기울이라고 촉구한다. 하나님의 선하심과 신실하심에 대한 방주의 증언을 듣고, 그 방주가 하나님의 징계와 멸망의 징조를 장엄하게 계시해 주고 있음을 우리는 깨달아야 한다.

언약의 상징으로서의 방주

하나님께서 노아에게 주신 언약은 그가 인간의 생명을 새롭게 하고 지지하시겠다는 전 인류에게 하신 약속이다. 홍수의 바다 위에 표류하였던 노아의 방주는 장차 임할 구원의 표시였으며, 죄로 말미암은 세상으로부터 구별된 교회를 통하여 구원을 이룰 것이다. 방주 속에 각종의 짐승들이 포함된 것을 미루어 볼 때, 노아의 방주를 통해 우리는 새로운 창조의 조짐을 알 수 있다.

그 언약은 노아 혹은 믿는 자에게만이 아니라, 노아를 통하여 구원의 언약을 세운 모든 피조물에게도 이루어진다. 하나님은 세계의 관리권을 인간에게 되돌려 주었지만, 그때부터 인간은 여타의 피조물로부터 위협을 받는 주인이 되었고, 식물(食物)을 위해서만 짐승을 죽일 수 있는 그런 청지기가 되었다. 원래 낙원의 모든 피조물은 채소만을 먹었다(창 1:29-30). 또한 인간이 인간을 죽여서는 절대로 안 되었다. 오히려 인류가 서로 존중해야 함을 엄중하게 요구하였으므로 이를 어기고 파괴한 자는 반드시 정죄되었다는 것을 창세기에서 언급되고 있다. "내가 반드시 너의 피 곧 너희 생명의 피를 찾으리니 짐승이면 그 짐승에게서, 사람이나 사람의 형제면 그에게서 그의 생명을 찾으리라. 무릇 사람의 피를 흘리면 사람이 그 피를 흘릴 것이니 이는 하나님이 자기를 형상대로 사람을 지었음이니라"(창 9:5-6).

노아에게 주신 하나님의 언약은 당신이 인류의 생명을 지키고 지지하신다는 전 인류에게 하신 약속이다. 그러나 그것은 역시

온 인류가 그것에 함께 서약해야 하는 계약으로서의 역할을 한다. 따라서 이 명령은 생명 존중이라는 소중한 가치를 지닌다고 볼 수 있는 것이다.

4. 구원의 방주로서 교회

"하나님이 노아에게 이르시되 모든 혈육 있는 자의 포악함이 땅에 가득하므로 그 끝날이 내 앞에 이르렀으니 내가 그들을 땅과 함께 멸하리라 너는 고페르 나무로 너를 위하여 방주를 만들되 그 안에 칸들을 막고 역청을 그 안팎에 칠하라. 노아가 그와 같이하여 하나님이 자기에게 명하신 대로 다 준행하였더라"(창 6:9-22).

대체로 '교회가 구원의 방주다'라는 말을 많이 한다. 그런데 이 표현은 일부는 맞고 일부는 틀릴 수 있다. 성경, 곧 복음은 완전하고 영원불변한 진리다. 성경에서 노아의 방주만이 교회의 모형이 아니다. 에덴동산, 믿음의 사람들의 장막과 가정, 성막, 성전, 예루살렘, 이스라엘 등이 다 교회의 모형이다.

그러므로 어떤 하나의 모형만을 가지고 교회의 기능을 단정 짓는 것은 다소 위험하다. 하나님께서 성경에 노아의 방주 구원사건을 기록하신 참된 의도를 좀 더 깊이 성찰해야 구원의 방주로서의 교회의 참 의미와 역할을 깨달을 수 있다.

예수 그리스도의 모형으로서의 노아

창세기 6장 9절에 보면 "노아는 의인이요 당대에 완전한 자라

노아의 방주로 들어가는 동물들. 바사노 그림

그는 하나님과 동행하였으며"라고 표현하고 있으며, 로마서 5장 14절에서는 "아담은 오실 자의 모형이라."라고 언급한다.

일반적으로 성경을 문자적으로 해석하는 경향이 있다. 물론 성경을 정확무오한 하나님의 진리로 믿는 문자적 신앙은 아름다운 것이다. 그러나 마치 구약교회(유대인)처럼 성경을 문자 그대로 암송하며, 그 문자적 신앙을 사회에서 그대로 실천하는 것은 하나님께서 성경을 주신 목적을 오해한 것이며, 또한 종교개혁자들의 문자주의 성경해석을 오해한 것이다.

일반적으로 목회자들이 노아에 대한 설교를 하면서 "성경이 노아에 대해 의인이요 완전한 자요 하나님과 동행하였다고 기록하였으니 우리도 하나님 앞에서 의인이요 완전한 믿음이 되어야 하고 하나님과 동행하는 신앙이 되어야 한다."라고 가르친다.

그러한 해석이나 설교는 자칫 구약적 문자적으로 치우쳐 행위구원론에 빠질 위험성이 있고, 진리를 바로 깨닫지 못한 채 어린아이에게 젖 먹이는 위험성이 있다(히 5:11-14, 마 24:19).

성경을 해석함에 있어서 가장 먼저 하나님께서 성경을 주신 목적에 대해 분명히 알아야 한다. 그리고 하나님의 구원역사가 구약시대 유대인을 위한 구원역사와 신약시대 이방인을 위한 구원역사를 위해 구약과 신약으로 구분되어 있고, 그 중심에 바로 예수님이 있음을 알아야 한다. 구약성경은 율법을 포함하여 모든 것이 예수 그리스도께 인도하는 초등교사의 역할을 한다(갈 3:24). 아담을 비롯하여 모든 믿음의 사람들 이야기는 장차 오실 메시아를 증거하는 것이다.

성경이 노아 이야기를 기록한 목적은 노아의 신앙이 위대하여 그 가족까지 구원했다는 것을 말하기 위함이 아니다. 노아를 통해서 먼 훗날 이스라엘의 구원자로 오실 메시아 곧 예수 그리스도의 그림자를 미리 보여준 것이다. 아담이 예수의 모형이듯이 노아, 아브라함, 이삭, 야곱, 요셉, 모세, 다윗 등도 모두 예수의 모형이라고 할 수 있다.

성경은 믿음의 사람들을 중심으로 출생과 성장과 사랑과 결혼과 가정 이야기를 기록하고 있다. 그 모든 것은 예수 이야기인 동시에 신약교회와 성도의 신앙에 대한 모형이요 교훈이다.

아담이 신랑 예수의 모형이며 하와가 신부 교회의 모형이듯이, 노아의 방주 또한 예수의 신부된 교회와 관련한 진리로 해석할 필요가 있다.

노아시대 홍수(물) 심판과 방주 구원은 예수를 통한 심판과 구원의 모형이다. 사도 베드로는 "그들은 전에 노아의 날 방주를 준비할 동안… 방주에서 물로 말미암아 구원을 얻은 자가 몇 명뿐이니 겨우 여덟 명이라 물은 예수 그리스도께서 부활하심으로 말미암아 이제 너희를 구원하는 표니 곧 세례라"(벧전 3:20-21)라고 하여 노아의 가정이 물의 심판에서 구원받은 사건을 예수 그리스도의 부활로 말미암은 구원과 세례에 비유했다.

사도 바울도 모세를 통해 홍해 바다를 건넌 사건을 세례에 비유했다(고전 10:1-2). 그러므로 노아의 가족이 방주를 통해서 구원받은 사건을 단순히 교회를 통해 구원받는 진리로 해석해서는 안 된다. 물론 교회의 중요성을 강조하기 위해서 비유로 들 수는 있다. 그러나 노아시대 방주 구원 사건의 핵심 진리는 바로 노아가 장차 오실 메시아 곧 예수 그리스도의 모형이라는 사실이다.

노아의 의로움과 완전함과 하나님과의 동행은 바로 거룩하신 예수의 의로우심과 완전하심과 하나님과 동행하는 임마누엘로 오심의 모형이요 예표다. 그러므로 노아 이야기를 예수 구원 사역의 모델로 이해할 필요가 있다.

잣나무로 만들어진 방주

창세기 6장 14절에 "너는 고페르 나무로 너를 위하여 방주를 만들되 그 안에 칸들을 막고."라고 기록하여 노아가 방주를 만든 재료는 고페르 나무임을 기록하고 있다. 고페르 나무를 과거 한글 성경에서는 잣나무로 번역했다. 잣나무는 상록수 교목으로 곧게 자라고, 항상 푸르며, 생명력이 강한 나무다. 잣나무로 만든 방주는 바로 생명의 떡이요, 생명수요, 생명나무 되신 구원자 예수 그리스도의 닮은꼴이라고 할 수 있다.

성막의 법궤를 만든 나무 조각목(아카시아 나무), 성전의 백향목, 신약성경에 나오는 종려나무, 감람나무, 무화과나무, 포도나무 등도 다 예수를 상징하는 나무들이다. 또한 예수께서 자신을 직접 포도나무에 비유하셨다(요 15장).

방주를 만든 재료 잣나무는 바로 교회의 주인 되시며 머리 되신 예수 그리스도의 모형이라고 할 수 있다. 구약시대의 성전, 곧 솔로몬 성전은 돌(반석)로 지었다. 신약시대에 교회가 구원의 방주가 되려면 영적 잣나무로 지어야 한다. 돌이든, 잣나무든 결국 그리스도 예수로 귀결되는 이야기다.

오늘날 교회의 문제점 중 하나는 2천 년 전의 구약교회처럼 보이는 육적 성전(건물)을 지나치게 크고 화려하게 단장한다는 것이다. 그것은 구약적 개념의 교회다. 예수께서 오신 이후 신약시대의 교회(성전)란 예수 그리스도를 믿음으로 구원받은 한 사람, 한 사람을 의미한다. 신약시대의 교회는 장소나 건물 개념을 초월한 우주적 공동체 개념이다.

참 교회는 나라와 민족, 지역, 정치, 혈연, 지연, 학연 등을 모두 초월한다. 그런데 오늘의 교회 현실은 세상 모든 것에 매인 그저 하나의 종교단체로 전락했다. 육적 공동체나 건물 교회가 구원을 주는 것이 아니라, 성도 한 영혼의 믿음이 영적 잣나무로 지어져야 구원의 방주가 될 수 있음을 잊지 말아야 한다.

오늘날 목회자들은 자신이 맡은 교회가 과연 영적 잣나무로 지어진 방주인가, 아니면 자기 생각과 지식으로 자신이 좋아하는 재료로만 짓고 있지는 않은가 돌아보아야 한다. 내 믿음의 방주가 성경의 잣나무

즉 오직 예수 신앙으로 지어졌는가를 점검해 보아야 한다.

역청으로 방주 안팎을 칠한 의미

하나님께서 방주를 고페르 나무로 만들라고 지시하셨고, 그 안팎을 역청으로 칠하라고 지시하셨다(창 6:14). 노아는 그대로 순종하여 방주를 만들었고, 노아의 가족은 홍수심판에서 건짐을 받았다.

역청(코페르)은 '속전', '몸값', '구속의 대가'란 뜻이다. 역청은 고대에 방수제 또는 방부제로 널리 사용되었다. '칠하라'는 '속죄하다', '용서하다', '덮는다'라는 의미를 지닌다. 창세기 6장 14절을 히브리어로 직역하면 다음과 같다. "너는 고페르 나무로 방주를 만들고 코페르로 안팎을 칠하라(카파르)." 이 세 단어는 기본 어근이 같다. 성경의 이러한 기록방식은 단순한 언어유희가 아니다. 그 속에 예수 그리스도를 통한 구원의 진리를 감추기 위한 하나님의 방법이다(골 1:26-27).

방주에 칠한 역청은 바로 예수 그리스도의 십자가 보혈을 상징한다. 베드로전서 1장 18~19절에 "너희가 알거니와 너희 조상이 물려 준 헛된 행실에서 대속함을 받은 것은 은이나 금같이 없어질 것으로 된 것이 아니요 오직 흠 없고 점 없는 어린양 같은 그리스도의 보배로운 피로 된 것이니라."라고 말씀하는 것은, 역청이 우리의 죄를 대속하신 예수 그리스도의 보배로운 피의 모형임을 선언하는 것이다.

모세를 담은 갈대 상자에 역청을 칠한 것이나, 출애굽 재앙에서 보호받기 위해 이스라엘 백성들이 어린양의 피를 문 좌우 설주와 인방에 바른 것도 결국 예수 그리스도의 피를 통한 구원을 증거하기 위한 것이다. 신약시대에 모든 교회와 성도의 신앙이 죄의 유혹으로부터 안전하게 보호받고 구원받는 기초요 근거는, 오직 예수 그리스도 보혈을 의지할 때이다. 교회는 모든 시험 환난에서 승리하고 심판 날에 구원받을 수 있다. 성도의 신앙이 환난 날에 보호받고 궁극적인 구원을 받기 위해서는 내 믿음의 방주의 안팎에 역청을 칠해야 한다.

역청을 칠하지 않은 방주는 결국 물이 들어와 침몰하고 파선한다. 역청을 칠하지 않은 방주는 세월이 흐르면 변질되고 썩는다. 세상의 물결과 심판의 물이 내 안의 새 사람의 성전에 침범치 못하도록 역청을 칠하라. 내 믿음의 방주 안팎에 오직 예수의 피를 바르도록 날마다 경계해야 한다.

오늘날 교회가 신앙의 개혁을 부르짖지만 개혁되지 않는 이유는 크고 화려하고 멋있는 방주를 만들었으나, 그 안팎에 역청을 칠하지 않았기 때문이다. 성도들의 믿음의 방주에 역청을 발라주지 않았기 때문이다. 교회와 내 믿음의 방주 안팎에 역청을 칠함으로써 오직 예수 신앙으로 견고한 방주를 이루며 살아야 한다.

구별된 의미로서의 방주

창세기 6장 18절에 "그러나 너와는 내가 언약을 세우리니 너는 네 아들들과 네 아내와 네 며느리들과 함께 그 방주로 들어가고"라고 기록되어 있는데, 이는 방주 안에 들어간 노아의 가족과 동물들만 홍수심판에서 살아남았다는 것을 증거하는 것이다. 즉 방주 안에 있는 자는 구원을 받은 반면, 방주 밖은 홍수로 멸망 받은 것이다.

방주는 곧 교회의 모형이다. 그래서 중세교회는 "교회는 곧 우리의 어머니다"라고 가르치면서 교회를 통한 구원을 강조하였다. 그러나 그 교회가 타락해서 결국 종교개혁을 통해 개신교회가 세워졌다. 구약교회와 중세교회의 타락은 오늘날 시대와 교회 타락의 거울이요 경고다. 그러므로 한국교회는 성경적 교회관을 바로 가르쳐야 한다. 노아가 만든 방주는 예수께서 세우신 교회의 모형이다.

우리는 예수께서 세우신 교회의 개념을 바로 알아야 한다. 노아가 만든 방주가 직접적으로 가리키는 것은 바로 예수의 십자가와 부활을 통해 세워진 초대교회를 의미한다. 노아가 만든 방주 안에 들어간 자들이 구원받은 것은 곧 사도시대에 초대교회 안에 들어온 자들의 구원을 상징한다.

예수를 만난 자들과 사도시대에 사도들이 전한 오직 예수 복음을 듣고 믿은 자들은 초대 예루살렘 교회든, 루디아의 가정교회든, 산과 굴속의 교회든, 카타콤 교회든 그 어떤 형태의 교회에 속하든지 온전한 구원을 받았다. 물론 당시에도 참 신앙이 있고, 거짓 신앙이 있었다.

나아가 방주는 그 후 신약시대에 예수 그리스도의 복음이 전파되면서 세워진 교회를 통한 구원 역사의 모형이기도 하다. 하지만 땅의 교회는 하늘 교회의 모형이다. 따라서 모든 면에서 완전할 수 없다. 즉 "방주는 곧 교회다. 그러므로 교회를 통해서만 구원이 있다"라고 말하면, 타락한 시대의 모든 교회에 대한 정의가 될 수 없다. 이단들도 다 자기들이 구원의 방주요 교회라고 말한다.

교회를 다닌다고 다 구원받는 것이 아님은 초보 신자도 알고 있다. 우리 교회만의 복음을 주장하거나 한 주간 내내 교회 안에만 갇힌 신앙이 되지 않도록 주의해야 한다. 구약시대에 성막과 성전이 결국 오실 메시아를 위한 초등교사의 역할이듯이, 신약시대의 교회와 모든 제도 역시 오직 예수 그리스도를 통한 구원을 증거하고 가르치기 위한 초등교사의 역할일 뿐이다.

노아 방주 구원사건을 통해서 교회를 통한 구원을 강조할 것이 아니라, 오직 예수 그리스도를 통한 구원을 강조해야 한다. 주께서 강조하셨다. "내가 곧 길이요 진리요 생명이니 나로 말미암지 않고는 아버지께로 올 자가 없느니라"(요 14:6).

신약시대의 절대 불변의 구원의 진리는 오직 예수 그리스도를 통한 구원이다. 이제 성도 한 사람 한 사람이 성전(교회)을 이루도록 가르쳐야 한다. 혹 교회가 사라지고 주의 종이 없더라도 스스로 예배하고 기도할 수 있는 참 교회로 양육해야 한다. 종교개혁자들의 가르침에 의하면 성경적 구원의 대원리는 '오직 성경', '오직 예수', '오직 믿음'이지, 오직 교회나 오직 기도가 아니다.

노아의 가족이 방주를 통해서 구원받은 사건을 성경에 기록한 목적은 신약시대에 세상 모든 죄인들이 오직 예수 그리스도를 믿음으로 얻는 구원을 증거하기 위함이다. 노아의 방주 구원은 오직 예수를 통한 구원으로 깨달아 믿는 것이 핵심이고, 자신이 방주에 태워진 구별된 존재이자 또 다른 노아가 되어야 하는 사명임을 잊지 말아야 한다.

순종으로 구원을 성취한 노아

창세기 6장 22절에는 "노아가 그와 같이하여 하나님이 자기에게 명하신 대로 다 준행하였더라."라고 기록하고 있다. 노아가 하나님의 말씀대로 다 준행함으로써 대홍수 심판에서 구원을 받았다는 것이다. 하나님이 '홍수로 세상을 다 멸하겠다'라고 하시자, 그 말씀을 그대로 믿었고, 잣나무로 방주를 지으라고 명령하자 그대로 순종하였다.

　방주의 규격과 크기도 명령하신 대로 순종하였고, 방주에 온 가족을 데리고 들어가라고 하자 함께 들어갔으며 방주에서 나오라고 할 때 나왔다.

　노아가 하나님의 말씀대로 순종한 것은 곧 예수께서 하나님의 뜻대로 순종하심으로써 십자가의 구원을 이루신 것의 모형이다.

　오늘날 교회는 일반적으로 노아가 하나님의 지시대로 다 준행했으니, 우리도 노아처럼 하나님의 말씀대로 온전히 순종해야 심판에서 구원받을 수 있다고 가르치는 것은 문자적, 구약적 신앙이라는 점을 간과하지 말아야 한다.

　순종과 구원의 관계는 예수 십자가 사건 전후로 그 의미와 그 적용이 완전히 달라졌다. 구약시대에 믿음의 사람들이 하나님의 말씀대로 무조건 순종해야만 한 이유는, 만일 그대로 순종하지 않으면 하나님의 직접적이고 즉각적인 심판이 임했다. 실제로 불순종한 아론의 두 아들을 불태워 죽였고, 엘리 제사장의 패역한 아들도 죽음으로 심판하셨다.

　그렇지만 신약 후기시대를 사는 오늘날은 우리가 말씀을 완전하게 지키지 못해도 하나님은 즉시 심판하시지 않는다. 신약시대의 구원은 우리가 하나님의 말씀을 다 지켜 행하여 구원받는 것이 아니라, 오직 예수께서 이루신 십자가의 구원 곧 십자가의 복음을 믿음으로써 성령의 도우심을 통해 구원받는 것이다.

　그러므로 오늘날 성도들을 향해서 무조건 노아처럼 순종하라고 요구하는 것은 하나님의 본래 의도와 다를 수 있다. 예수의 순종을 따라 하는 것은 아무리 열심히 해도 그저 흉내 내는 것에 불과하고,

자기 행위로 구원 얻으려는 것은 '이신칭의'의 신앙과 배치되는 신앙 행위이다.

구약교회가 구원에 실패한 이유는 바로 하나님이 주신 성경과 율법의 목적을 오해하고, 자기 의의 행위를 믿음으로 알고 다른 이에게도 요구했기 때문이다. 나사렛 예수가 율법과 안식일과 성전의 주인 되시는 크신 분이심을 깨닫지 못했기 때문에 율법대로 행하고도 구원에 실패한 것이다.

당시에 율법대로, 문자적으로 따라 행한 유대 종교 지도자들을 비롯하여 유대인 전부는 멸망했다. 그러나 율법대로 따라 하지 않고, 도망쳐서 나사렛 예수 앞에 나온 자들은 누구든지 구원받았다. 그러나 그 구원받은 자들은 극히 적은 예수의 열두 제자들과 120명 정도였다.

노아의 사명이 하나님의 지시대로 순종하여 방주를 짓는 것이었다면, 예수의 사명은 하나님의 뜻대로 십자가의 구원을 이루는 것이었다. 사도들의 사명은 예수 그리스도의 십자가 복음을 땅끝까지 전파하는 것이다. 이 시대의 교회와 주의 종들의 사명은 땅끝까지 복음을 전파하며 성도들 한 영혼 한 영혼에게 예수 그리스도의 옷을 입히고, 장성한 신앙으로 양육하며, 거룩한 신부로 단장시키는 것이다.

노아 시대 홍수심판과 방주의 구원사건은 결국 예수 그리스도의 십자가 복음을 증거하기 위함이다. 노아의 가족이 방주를 통해서 구원받은 사건을 성경에 기록한 목적은 신약시대에 세상 모든 죄인이 오직 예수 그리스도를 믿음으로 얻는 구원의 역사를 가르쳐 주기 위한 것이다.

성경은 오늘의 세상이 노아 시대와 크게 다르지 않음을 인식하고, 오직 예수 믿음이라는 구원의 방주 안에 우리가 거해야 함을 다시금 말해주고 있으니, 이를 은혜로 받아들여야 한다.

이 시대 심판과 구원의 경계를 바로 알고 성령과 더불어 승리해야만 실제적인 구원의 방주에 탑승한 성도가 될 것이다. 사도 바울이 말하지 않았던가! "또한 너희가 이 시기를 알거니와 자다가 깰 때가 벌써 되었으니 이는 이에 우리의 구원이 처음 믿을 때보다 가까웠음이라 밤이 깊고 낮이 가까웠으니 그러므로 우리가 어둠의 일을 벗고 빛의 갑옷을 입자 … 오직 주 예수 그리스도로 옷 입고 정욕을 위하여 육신의 일을 도모하지 말라"(롬 13:11-14).

■ **적용**

1. 노아 시대의 홍수 사건은 하나님께서 인류의 역사에 깊이 관여하고 있음을 보여주는 증거인 동시에 인류에게 보내는 구원의 메시지이다. 노아는 하나님의 말씀에 순종하여 방주를 만들어 구원받았다. 이는 최후의 심판이 임하기 전, 하나님의 말씀에 순종하는 자들이 영적 방주에 거함으로써 구원받을 것을 보여준 것이다.

노아의 방주는 심판과 구원이 동시에 일어나는 상징이라고 할 수 있다. 그렇다면 오늘의 관점에서 구원의 방주 역할을 무엇이라고 생각할 수 있는가?

2. 창세기 1~11장까지의 원역사(창조부터 아브라함 이전까지의 역사) 가운데서 가장 많은 부분을 차지하는 것이 노아의 이야기이다. 이 이야기의 성경적 서사가 영화 "노아"에서 문학적 상상력으로 그려져 있는데, 이렇듯 성경 속의 노아를 오늘의 세상에 내놓는 의미가 무엇인지를 살펴볼 일이다. 그리고 이 영화 속에서 시사하고자 하는 노아라는 인물의 성격 묘사를 통하여 나를 돌아보는 것은, 나 자신을 하나님과의 관계 속에서 재조명해보는 기회를 제공할 것이다.

나 자신이 노아가 되어 하나님의 음성을 경청하고 구별된 삶과 새로운 세상에 대해 준비하려면 어떤 신앙의 자세가 필요한가?

3. 노아는 당대에 의인이요 완전한 자라 일컬음을 받았다. 하나님께서 그런 노아에게 홍수심판에 대해 예언하신 후, 방주를 만들라고

명하셨다. 그리고 노아는 "하나님이 자기에게 명하신 대로 다 준행하였다"(창 6:22). 뿐만 아니라 방주를 다 만든 후, 홍수가 시작되기 전에 방주로 들어가게 하셨을 때도 노아는 "자기에게 명하신 대로 다 준행하였다"(창 7:5). 어쨌든 노아는 앞으로 일어날 일에 대한 하나님의 말씀을 조금도 의심하지 않고 "자기에게 명하신 대로 다 준행"하였던 것이다.

이 같은 노아의 진정한 순종의 의미를 오늘의 삶에서 어떻게 적용할 수 있는가?

두 번째 도구

●

모세의 지팡이 – '리더십'

이세형

협성대학교 명예교수

모세가 대답하여 이르되 그러나 그들이 나를 믿지 아니하며 내 말을 듣지 아니하고 이르기를 여호와께서 네게 나타나지 아니하셨다 하리이다 여호와께서 그에게 이르시되 네 손에 있는 것이 무엇이냐 그가 이르되 지팡이니이다 여호와께서 이르시되 그것을 땅에 던지라 하시매 곧 땅에 던지니 그것이 뱀이 된지라 모세가 뱀 앞에서 피하매 여호와께서 모세에게 이르시되 네 손을 내밀어 그 꼬리를 잡으라 그가 손을 내밀어 그것을 잡으니 그의 손에서 지팡이가 된지라. (출애굽기 4:1-4)

지팡이를 가지고 네 형 아론과 함께 회중을 모으고 그들의 목전에서 너희는 반석에게 명령하여 물을 내라 하라 네가 그 반석이 물을 내게 하여 회중과 그들의 짐승에게 마시게 할지니라 모세가 그 명령대로 여호와 앞에서 지팡이를 잡으니라 모세와 아론이 회중을 그 반석 앞에 모으고 모세가 그들에게 이르되 반역한 너희여 들으라 우리가 너희를 위하여 이 반석에서 물을 내랴 하고 모세가 그의 손을 들어 그의 지팡이로 반석을 두 번 치니 물이 많이 솟아 나오므로 회중과 그들의 짐승이 마시니라. (민수기 20:8-11)

반드시 네 하나님 여호와께서 택하신 자를 네 위에 왕으로 세울 것이며 네 위에 왕을 세우려면 네 형제 중에서 한 사람을 할 것이요 네 형제 아닌 타국인을 네 위에 세우지 말 것이며 그는 병마를 많이 두지 말 것이요 병마를 많이 얻으려고 그 백성을 애굽으로 돌아가게 하지 말 것이니 이는 여호와께서 너희에게 이르시기를 너희가 이후에는 그 길로 다시 돌아가지 말 것이라 하셨음이며 그에게 아내를 많이 두어 그의 마음이 미혹되게 하지 말 것이며 자기를 위하여 은금을 많이 쌓지 말 것이니라 그가 왕위에 오르거든 이 율법서의 등사본을 레위 사람 제사장 앞에서 책에 기록하여 평생에 자기

옆에 두고 읽어 그의 하나님 여호와 경외하기를 배우며 이 율법의 모든 말과 이 규례를 지켜 행할 것이라. (신명기 17:15-19)

1. 자연에서 역사 속으로 불려 나온 모세

모세는 애굽의 궁중에서 자란 인물이다. 예상하기로는 유아기에 젖을 뗄 때까지 모유를 먹으면서 짧은 시기 동안 어머니로부터 히브리인으로서의 동족 사랑과 하나님 사랑을 몸에 담았을 것이다(출 2:1-10). 하지만 궁중에서 하나님을 알고 배우는 교육은 받지 못했을 것이다. 모세가 장성하여 동족을 폭행하는 애굽인을 살해했을 때, 어머니가 가르쳐준 유아기의 유산이 북받쳐 올라왔을 것이다. 이튿날 동족 히브리인들이 서로 싸우는 장면을 목격하고 말리려고 했을 때, 동족 히브리인으로부터 자신의 살인 행위를 고발당하는 참담한 체험을 하였다. 이로써 모세는 동족에 대한 신뢰마저 배신당하고 미디안 광야로 도주하여야 했다. 애굽의 왕자 신분에서 졸지에 도망자 신세로 전락한다(출 2:11-15).

그후 광야에서 미디안 제사장 르우엘의 집에 유숙하면서 십보라와 혼인하게 되고, 아들 둘을 낳아 여느 가정과 같이 살았다(출 2:21-22). 그러나 처가 집이 미디안 제사장의 집안이었던 만큼 하나님을 예배하거나 할례를 베풀지도 않았다. 모세는 히브리인의 정체성을 저버리고 미디안인과 섞여서 살았다. 그 시기 모세의 삶은 자연인의 삶이었다. 평범한 삶을 살아가던 어느 날, 모세는 하나님의 부르심을 받는다. 이제 하나님은 모세를 불러 교육하기 시작한다.

모세와 떨기나무. 마르크 샤갈(1968)

이 사건이 바로 하나님께서 떨기나무 불꽃 가운데 임하셔서 모세를 부르신 소명사건이다.

그가 양 떼를 몰고 광야를 지나 하나님의 산 호렙으로 갔을 때, 주의 천사가 떨기나무 가운데서 불꽃으로 그에게 나타났다. 모세는 놀라운 광경을 보면서 어째서 그 떨기나무에 불이 붙었는데도 타지 않는지를 알아보고자 가까이 다가간다. 다가오는 모세를 향하여 하나님께서 말씀하신다. "모세야, 모세야." 모세가 대답한다. "예, 제가 여기 있습니다." 하나님이 말씀하신다. "이리로 가까이 오지 말아라. 네가 서 있는 곳은 거룩한 땅이니, 너는 신을 벗어라."

모세는 하나님의 부르심에 '예'라고 대답한다. 뿐만 아니라 '내가 여기 있습니다'(출 3:1-4)라고 말한다. 이 말의 무게감은 루터를 연상시킨다. 종교개혁자 루터는 박해가 기다리고 있는 법정에서 "내가 여기 서 있습니다."라고 답하였다. '내가 여기 있다'라는 말은 '아무 거리낌 없이 내 모습 이대로 당신 앞에 섰습니다.'라는 말이다. 이 선언을 통해 우리는 40년 광야 생활을 통해 마음을 비우고 비워서 하나님의 사람으로 나설 준비가 된 모세의 모습을 읽을 수 있다.

하나님은 모세를 향해서 "네 선 땅이 거룩한 땅이니 신을 벗으라!"(출 3:5) 하신다. 신을 벗으라는 말은 내 삶의 방식을 벗으라는 것이다. 내 생각의 방식, 나의 전통과 내가 지켜온 관습을 벗으라는 말이다. 그리고 내가 서 있는 그곳이 바로 하나님의 소명의 자리라는 것이다. 진정으로 지금 여기 내가 서 있는 곳이 하나님이 계신 거룩한 자리라면, 내가 움직이는 모든 자리는 모두가 하나님의 자리이고 하나님의 역사가 된다. 나의 시간과 내가 머무는 장소와 내가 맺는 관계가 거룩한 자리이다. 내가 서 있는 곳이란 말은 장소의 의미를 넘어 내가 바로 거룩한 사람이라는 의미이다. "내가 가는 곳, 내가 서 있는 모든 곳이, 바로 나의 일상과 내가 맺는 모든 관계가 나로 인해 거룩한 곳이다."라는 말씀이다. 바울이 우리를 향해 '하나님의 성전'(고전 3:16)이라고 선언했던 것과 같은 의미다.

이어서 하나님은 모세에게 애굽에서 고통당하는 네 백성을 구하라고 한다. 애굽 사람들의 손아귀에서 그들을 구하여 그 땅으로부터 젖과 꿀이 흐르는 땅으로 데리고 가라고 한다(출 3:7-8). 자기를 배반했던 동족을 벌하여도 모자랄 판에 그 동족을 구하라고 한다. 그러면서 하나님은 모세에게 **자신이 누구인지**를 지속적으로 말씀한다. "나는 네 조상의 하나님이니 아브라함의 하나님, 이삭의 하나님, 야곱의 하나님이니라"(출 3:6). 또 하나님이 말씀한다. "나는 스스로 있는 자이니라"(출 3:14). 이 말은 '나는 나다'라는 말이고, 나는 내 존재로 꽉 찬 존재이고, 나는 그냥 있는 자이고, 있음이라는 말이다.

하나님은 자신의 정체를 알림과 동시에 모세와 함께하겠다는 약속을 한다. "조상의 하나님으로 스스로 있는 자로 내가 너를 불러 너와 함께할 것이다. 그러니 내 고통당하는 백성에게 내려가 구하거라. 하지만 모세는 도무지 이 소명을 받아들일 수 없다. 그는 하나님을 만나면서 두려워 얼굴을 가린다"(출 3:6). 인간으로서, 죄인으로서, 한계를 지닌 유한한 피조물로서 무한한 창조자 하나님을 만나는 것은 두렵고 떨리는 일이다. 어찌 나 같은 죄인이 이토록 무한하고 거룩한 하나님을 만날 수 있을까? 뿐만이 아니다. 하나님이 맡기시는 일에 자기의 준비되지 못함과 무능함을 모세는 너무도 잘 알고 있다. 모세는 한사코 하나님의 부름에 손사래를 친다.

하나님의 부르심을 들은 모세가 매번 망설이면서 주저한다. 백성에게 야훼가 누구라고 설명할 자신이 없어서 망설인다(출 3:13). 하나님께서 자신이 누구인지를 자세하고도 친절하게 알려줄 때, 하나님의 부르심과 초대가 거부할 수 없음을 느끼면서도, 모세는 선뜻 그 부르심에 나서겠다고 결단하지 못한다.

모세의 변명이 이어진다. 백성들을 찾아가 그들을 구하겠다고 하면 백성들이 나를 믿지 않을 터인데 어떻게 저들을 인도할 것인가 고민을 토로한다(출 4:1). 하나님은 그 표징으로 지팡이 기적을 일으킬 것과 손에 나병이 치유 받는 기적을 보여줄 것과 나일강물이 피로 변하는 기적을 보이라고 일러주신다. 그러함에도 모세는 자신이 말솜씨가 없다는 점을 들어서 소명을 거부한다(출 4:10). 그러자 하나님은 모세와 아론의 입에 함께 하시겠다고 약속한다(출 4:13).

그러나 모세는 아예 완강하게 거부하고 나선다. "오, 주여, 보낼 만한 자를 보내소서." 야훼는 노하시며 아론을 대언자로 세워주시겠다고 추가로 약속하는 동시에(출 4:14), 모세의 지팡이로 기적을 행하라고 일러 주신다(출 4:17). 모세는 이사야와 같이 "주여, 나를 보내소서"라는 응답 한마디 없이 마지못한 태도로 애굽으로 내려간다(출 4:18). 장인 이드로에게 말하기를 "애굽에 있는 내 형제들에게로 돌아가서 그들이 아직 살아 있는지 알아보러 간다"라고 하고 처자를 거느리고 애굽으로 향한다. 하나님은 인내하며 모세를 교육하고 양육하신다.

2. 던져진 모세의 지팡이

이제 모세는 애굽에서 바로와 대결하는 곳으로 이어진다. 애굽 왕 바로 앞에 나아가야 할 모세가 가진 것은 지팡이뿐이다. 그때 하나님은 모세에게 묻는다. "네가 손에 가지고 있는 것이 무엇이냐?"(4:2) 이 물음이 감동이다. 하나님은 우리에게 묻는다. '너의 이상이 무엇이냐? 너의 꿈이 무엇이냐? 너의 계획이 무엇이냐?'라고 묻지 않는다. 주님은 '네 가진 것이 무엇이냐?' '네 존재가 무엇이냐?'라고 묻는다. 그러니까 '지금 너로서 충분해!' 이런 말씀이다. 모세가 대답한다. "지팡이입니다." 모세의 지팡이는 양치는 목자가 지녔던 지팡이였다. 모세는 이 지팡이로 양들을 푸른 초장으로 몰아가기 위해 사용했고, 주로 맹수들의 공격을 막아내기 위해서 사용했다. 모세가 일구어온 삶의 터전에서 자기를 지키고 양들을 지키는 무기이자 방향을 잡아주는 안내의 지팡이였다. 양치는 목자의 지팡이. 이것은 우리 각자에게 어떤 의미일까? 내게는 무엇이 모세의 지팡이일까? 나의 인생의 지팡이는 무엇일까?

나의 지팡이는 그동안 쌓아온 내 삶의 방식과 성취일 수 있다. 내 노력과 공부와 훈련의 결과로 갖게 된 사회적 지위와 권위 모두가 내 지팡이에 함축되어 있다. 이 지팡이는 아버지요 남편이요 집단의 지도자로 선 내 모습이기도 하다. 현실 세계에서 만들어 온 나의

모세와 아론의 지팡이. 니콜라스 푸생(1647)

이미지와 성품이다. 그런데 그것을 '던져라.' 한다.

던져라. 너 가진 것을 버려라. '친척 네 아비의 집을 떠나 내가 지시할 땅으로 가라'(창 12:1). 주님은 지금 모세에게 '너의 친숙한 곳, 익숙한 곳, 편안한 곳, 행복한 곳, 안락한 곳을 버리고 내가 명하는 곳으로 방향을 전환해라!' 그렇게 말씀하고 있다. "너의 성취를 바라보지 말고 너의 지위를 내려놓고 낮은 자세로 순진한 어린아이가 되어라. 네 옷을 벗고 빈 몸과 빈 마음으로 돌아가라." 던지라고 해서 던질 수 있을까? 내가 붙잡고 살아온 나의 위장된 자기를 어떻게 감히 던져버릴 수 있을까?

온전하지 않았던 모세를 하나님께서 부르신 이유가 있다. 그것은 모세에게는 자신을 내던질 수 있는 용기가 있었기 때문이었다. 하나님은 자신이 자라고 성장했던 애굽 궁중을 떠날 수 있었던 결단력을 가진 모세를 알고 있었다. 그리고 지금 또다시 하나님은 평범한 일상 속에서 습관적으로 편안하고 안락해진 미디안 광야를 떠나 목자의 삶을 버리라고 한다. 그리고 떠날 힘이 모세의 존재 안에 있음을 야훼 하나님은 이미 보셨다. 그리고 말씀한다. "네 과거를, 네 성취를, 네 명예를, 네 고통과 눈물과 세월을 그리고 이미 안락해진 너의 현재의 삶을 이 지팡이와 함께 던져 보아라."

모세가 지팡이를 땅에 던지니 뱀이 되었다(출 4:3). 지팡이가 뱀이 되다니. 불꽃이 타는 떨기나무 앞에서 신을 벗어버리자 나의 이전 모습, 나의 한계가 드러나 하나님 앞에 두려워 떨었던 것처럼, 나를 지탱해주던 나의 이미지 지팡이를 땅에 던지자 내 이전의 모습이 뱀으로 변하여 눈앞에 나타났다. 뱀은 내가 감추고 싶었던 모습, 수치와 두려움과 불안으로 현실에 드러나면 안 되는 무의식에 숨겨진 내 모습이었다. 분노하여 사람을 죽일 수도 있는 성정이었다. 의분에 가득하고 내가 옳다고 혈기 왕성했던 내 모습이었다. 거기 꿈틀거리는 뱀의 움직임은 나의 성적 욕망과 파괴적인 공격성을 드러내는 원초적 모습이었고, 인정받지 못하고 굴욕적인 외상으로 동족에게조차 버림받았던 깊은 회한의 상처였다.

나의 억울한 감정을 품어주고 따르고 싶은 사람을 맘껏 따를 수 없는 결핍과 결손에 짜증과 분노로 가득 차 있던 내 모습이 뱀과 함께 내 눈앞에 펼쳐졌다. 누군가를 향해서 언제든 공격하고 싶다는 내 모습이고, 증오와 혐오로 가득한 내 모습이며, 차가운 피를 가진 채 남의 고통은 나 몰라라 하며 나만 안전하면 그만이라고 생각하는 자기애적 내 모습이 뱀으로 변모해 눈앞에 나타났다. 아! 모세가 다시는 보고 싶지 않았던 혐오스런 죄인으로서의 자신의 모습이었다.

겉으로는 지팡이인데 이 지팡이를 던지니 내면의 나, 과거의 나, 수치와 죄책감과 분노로 가득한 내 모습을 보여주는 뱀으로 변하였다. 아! 끔찍한 나의 혐오스런 뱀의 모습이여! 뱀이 되었을 때 모세는 그 앞에서 피한다. 자신의 실체를 보고 놀란 것이다. 하나님께서 모세에게 손을 내밀어 뱀의 꼬리를 잡으라 하신다. 뱀을 다 잡지 않아도 된다. 꼬리로 충분하다. 뱀의 꼬리는 힘이 모여져 있는 곳이다. 뱀은 꼬리를 좌우로 움직여 치면서 앞으로 나아간다. 뱀의 율동은 내가 억압해 놓은 나의 욕구와 욕망의 에너지들이다. 그리고 동족을 쳐 죽인 살인의 공격성이다. 동족에게 배신당한 깊은 외상적 상처다. 그 꼬리를 잡는 것이다. 나의 몸속에 숨겨두었던 욕망의 에너지와 파괴적 에너지가 통제되고 절제되어 말씀에 잡힌 것이다.

3. 다시 모세의 손에 잡힌 지팡이

꼬리가 잡힌 뱀은 다시 지팡이가 되었다. 주님은 본을 보여주시며 이런 식으로 기적을 보여주라 하신다. 이 기적은 하나님이 모세를 잡으시는 모양을 보여주는 것이다. "네가 손을 내밀어 뱀의 꼬리를 잡으니 지팡이가 된 것처럼, 나는 내 손을 내밀어 너를 잡아 쓸 것이다."라고 말씀하고 있다. 여기서도 뱀의 꼬리를 잡는 데 모세가 그냥 아무것도 하지 않고 잡을 수 없다. 손을 내민다는 것은 모세의 결단을 통한 몸의 행위를 통해서야 기적이 일어남을 보여준다.

놀랍지 않은가? 하나님께서 손을 내밀어 뱀의 꼬리를 잡으라 하자, 모세는 손을 내밀어 뱀의 꼬리를 잡으니 지팡이가 되었다. 이것은 마치 신약성서에서 주님이 오병이어의 기적을 베푸실 때의 모습과 유사하다. 주님은 소년이 갖고 있던 떡 다섯 덩이와 물고기 두 마리를 들고 축사하신 후 나눠주신다. 나누기를 시작하자 물고기 두 마리와 떡 다섯 덩이로 5천 명을 먹이고도 남게 되었다. 그것도 12 광주리나 남았다(마 14:13-21, 막 6:30-44, 눅 9:10-17, 요 6:1-14). 넉넉하고도 풍족하게 남았다는 말이다.

함께 한 사람들이 다 먹고도 남아 12 광주리에 찼다는 말에 깊은 의미가 있다. 이들이 나가서 또 다른 사람들에게까지 나눠줄 넉넉한 기적이 되었다는 뜻이다. 이것이 오늘 교회가 회복해야 할 영성이다. 영적으로 빈곤하여 사회의 염려가 된 교회가 아니라, 방향을 잃고 휘청거리는 이 땅의 백성들에게 나누어줄 열두 광주리 떡이 교회 안에 충분하게 남아 있어야 한다.

이 백성이 왜 망하게 되었는가? 양식이 없어서도 아니고 옷이 없어서도 아니다. 지금 이 땅은 어느 때보다 화려한 것들로 가득하다. 아모스 선지자는 우리가 하나님의 말씀을 잃어버렸다고 했다. 함석헌 선생은 우리가 뜻을 잊어버렸다고 했다. 안창호 선생은 우리가 거짓에 빠져 있다고 했다. 오늘 우리의 교회에 진정한 정신, 진정한 영성이 고갈되었다. 하나님의 말씀이 죽었고 힘이 없어졌다. 교회의 강단에 말씀이 살아나야 한다. 책에서 나온 말씀이 아니고, 입에서 암기하여 나온 말씀이 아니고, 머리로 계산해서 나온 말씀이 아니고, 목숨을 건 삶의 결단에서 나온 말씀이 살아나야 한다.

헨리 나우웬은 『예수님의 이름으로』라는 책에서 떡과 우리를 동일시해서 우리의 영적 발달과정을 설명한다. 나우웬의 가르침에 따르면, 우리는 하나님의 사랑 받은 존재들이다. "사랑받은 존재!" 이것이 우리의 존재의 뿌리다. 사랑받은 사람은 사랑받은 사람으로서 자라가야 하는 과제가 있다. 그것은 하나님의 손에 잡혀 들려 부서져 나눠지는 것이다. 잡힌 사람은 들리는 곳으로 이어진다. 들려졌다는 말은 우리가 축복받은 존재라는 것이다. 높임을 받아 위엄을 떨치는 삶을 말한다. 그런데 축복을 받아 높아진 우리는 삶에 고통이 따른다. 고통에는 삶의 유한을 알리는 자연스런 고통도 있지만, 어떤 때는 재난을 포함한 비극적 고통도 있다. 의인이든 죄인이든 예외 없이 인생은 고통으로 점철되어 있다. 하나님의 손에 잡힌 사람이 생애를 통해 고통을 경험한다. 이 고통으로 우리의 삶이 찢기고 나누어진다. 그런데 이 찢김과 나눔이 세상에 평화와 구원을 전하는 힘이다.

주님이 몸소 보여주었다. 골고다 산상에서 주님의 몸이 십자가에 달려 찢기어졌다. 광야에서 모세가 놋뱀을 든 것처럼 하나님은 십자가에 자신의 아들 예수를 매달았다(요 3:14). 저기 십자가에 달리신 예수를 보면서 우리는 우리의 잔악함과 포악함의 죄를 본다. 저기 하나님의 가장 사랑받은 아들 예수가 우리의 잔악한 죄에 의해 십자가에 달렸다. 그 예수는 하나님의 사랑이다. 그런데 동시에 그 십자가는 우리의 잔혹한 죄를 고발한다. 그리고 주님의 십자가가 우리에게 말한다. '너희도 이 십자가를 지고 살아야 한다.' 십자가 앞에서 우리를 본다. 십자가는 우리의 삶의 거울이다. 내가 바로 십자가에 달려야 하는 죄인임을 고발하는 거울이다. 그리고 십자가 위의 주님이 말한다. '너도 나와 함께 십자가를 져다오.' 우리의 삶이 십자가 위에 달린 주님을 따라야 함을 보여준다. 십자가는 죄인을 품으시는 하나님의 사랑이다. 이 사랑 때문에 용서와 화해가 이어진다.

4. 하나님의 손에 잡힌 지팡이 모세

삶의 궁극은 나눔으로 이어진다. 모세를 부르신 것은 고통받는 백성을 구원하기 위한 하나님의 계획 때문이다. 하나님은 자신의 구원 역사를 위해 자연의 품에서 하루하루 살아가고 있던 모세를 부른다. 모성의 품에 있던 모세를 광야와 자연으로 몰더니 이제는 자연의 품에서 세상과 역사의 거센 풍파 속으로 부른다. 부르심에 두려워 갖은 변명으로 피하려 하지만 하나님의 결심은 변함이 없다. 이제 모세의 인생에 펼쳐질 역사는 거친 파도가 예상된다. 그 거친 파도의 겹겹을 만날 때마다 모세는 하나님께 부르짖을 것이다. 그리고 어떤 일을 하든지 그의 손에는 지팡이가 들려져 있을 것이다. 이후 이스라엘의 역사에서 지팡이의 역할이 법궤로 옮겨갈 때까지 모세의 지팡이는 고통당하는 백성이 보고 따라야 할 지표가 된다.

하나님의 부르심을 받은 모세는 장인 이드로에게 작별을 고하고 아내와 아들들을 나귀 등에 태우고 애굽으로 돌아간다. 이때 모세의 손에는 하나님의 지팡이가 들려 있었다(출 4:20). 성경의 고백이 놀랍다. 모세의 손에 들려진 지팡이는 모세의 것이 아니고 하나님의 것이다. 하나님의 지팡이이다. 이제 모세와 아론이 바로 앞에 선다. 바로 앞에서 아론의 지팡이를 던져 뱀이 되는 기적을 보이자, 바로의 마술사들도 자기들의 술법으로 지팡이를 던져 뱀이 되게 하였다. 그러자 아론의 지팡이가 저들의 지팡이를 모두 삼켜버렸다. 그러함에도 바로는 백성을 데리고 가겠다는 모세의 요청을 거부한다(출 7:8-13).

이후 애굽에 열 가지의 재앙이 차례로 임한다. 이 재앙에서 하나님은 지팡이를 통해 기적을 이어간다. 첫 번째 재앙은 아론의 지팡이로 애굽의 모든 물을 피로 변하게 하였다. 이 사건에서 모세는 아론의 지팡이를 통해 기적을 행한다(출 7:19). 이 재앙은 겉으로 보기에는 모세가 아론을 시켜서 기적을 일으킨 것처럼 보이지만, 실상은 '하나님의 지팡이'로 일으킨 기적 사건이다. 열 가지 재앙에 누구의 지팡이가 사용되었는지 정리하면 다음과 같다. 물을 피로 만든 사건, 개구리와 이가 들끓게 한 처음 세 번의 기적에는 아론의 지팡이가 사용된다. 그리고 파리와 가축병과 종기를 퍼트리는 사건에는 하나님의 지팡이가 친히 사용된다. 우박과 메뚜기와 흑암의 경우는 모세의 지팡이가 사용되고 마지막 장자 사망에는 하나님이 친히 자신의 지팡이를 사용한다. 그렇지만 여기서 누구의 지팡이가 사용되었느냐가 중요한 것이 아니다. 누구의 지팡이가 사용되었든 성경의 고백은 모든 기적은 하나님께서 일으키는 것이며, 인간은 그 도구로 사용된다는 사실이다. 기적의 주인공은 하나님이다. 우리는 하나님의 손에 잡힌 지팡이 곧 하나님이 사용하시는 도구이다.

모세의 손에 쥐어진 하나님의 지팡이는 거침이 없다. 모세는 열 가지 재앙으로 바로를 이기고 홍해를 가르며 애굽 군대를 바다에 수장시킨다. 야훼의 약속이 성취되는 것을 보면서 비로소 모세의 믿음이 자라기 시작한다. 수르 광야와 신 광야와 르비딤 광야를 지나면서 더 많은 기적을 체험하고(출 15:22-18:27), 하나님을 인정하며 고백하고 예배하는 사람으

십계명 판을 든 모세. 귀도 레니(1600)

로 거듭난다. 이러한 모세의 영적 상승은 시내산에서 그 정점에 이른다.

하나님의 사람 모세는 시내산에서 십계명을 받을 때 하나님의 강림을 체험하였고, 이어서 시내산 정상에 올라 하나님의 말씀을 새긴 두 돌판을 받을 때 사십일 주야로 단식하면서 하나님과 대면한다(출 24:18; 신 9:9). 광야 회막에서 현현하신 하나님과 얼굴을 맞대고 대화하는 경지로까지 갈 정도로 모세의 영성은 최고조에 달한다(출 33:11).

5. 모세의 전인적 해방자로서의 리더십과 4차 산업혁명 시대

하나님의 손에 잡힌 지팡이 모세와 모세의 손에 들려진 지팡이를 통해서 우리는 모세가 이스라엘 공동체를 애굽에서 탈출하게 하여 가나안 땅으로 인도한 성경의 역사상 불세출의 위대한 지도자임을 깨닫는다. 그러나 단지 이런 이유 때문에 모세가 성경적 관점의 대상이 된 것은 아니다. 무엇보다 그가 성경에서 리더십이 무엇인지를 보여준 최초의 인물이라는 점에서 그의 위대함이 더욱 돋보인다. 그의 리더십은 출애굽기로부터 민수기, 신명기에 걸쳐서 드러나고 있다. 출애굽 사건에서는 백성들에게 자유를 주는 전인적 해방의 리더십을, 광야생활 가운데서는 백성들을 일관되게 보호하고 중보하는 리더십과 협동, 분권의 리더십과 위기관리의 리더십을 보여준다.

출애굽 사건에서의 리더십

출애굽 사건에서 드러난 모세의 리더십은 이스라엘 민족 역사의 변혁을 이끈 해방자의 모습이다. 애굽 왕 바로가 겪은 열 가지 재앙은 기득권을 독점하려는 왕조 세력에 대한 징벌적 상징을 뜻한다. 바로가 싸울 대상이 모세가 아니라 그의 손에 들려진 지팡이를 통해 역사하는 하나님이었음을 깨닫게 하기 위한 것이었다. 모세는 출애굽의 과정과 광야생활 가운데서 백성의 필요와 충분조건을 채우기 위해서 끊임없이 하나님과 그들 사이에서 최선의 노력을 기울인 리더였다. 전인적인 해방을 위하여 사방으로 논쟁하고 중보하고 헌신하는 리더의 모습을 유감없이 발휘하였다. 하나님의 부름을 받은 리더는 소명에 따라 중보지향적이며 하나님의 뜻을 구체적으로 성취하기 위하여 앞장서 일한다. 따라서 모세의 리더십도 백성들을 자유롭게 하는 전인적 해방자로서의 면모를 지니게 된다.

광야생활 속에서의 리더십

간단하게 표현한다면 협업·분권·중보·위기관리의 리더십을 보여준다. 광야생활 가운데 모세의 리더십은 끊임없는 도전에 직면하게 된다. 첫 번째 도전은 두 인구 조사(민 1:1-46, 26:1-65)에서 나타나고 있는 것과 같이, 늘어난 인구수와 교체되고 있는 신세대와 관련된 도전이다. 여기서 새로운 형태의 리더십을 요구받게 되면서, 모세는 하나님께 호소하고(출 17:4), 장인 이드로의 충고를 수용하면서 능력있는 사람들을 세워 자신이 하는 일을 함께 협업할 뿐만 아니라, 그들을 백성 위에 세워 리더십을 나누고 분권제도를 실시한다(출 18:1-27; 민 10:29-32). 두 번째 도전은 하나님을 향한 백성들의 원망(민 11:1), 가나안 정탐꾼들의 불신앙(민 13:1-33), 다단과 아비람의 반역(민 16:1-3) 등 백성들의 불만과 반역이었다. 이 같은 위기 상황 중에서 지속적이고 일관되게 요청되고 있는 것은 모세의 중보적 리더십이었다. 즉 모세는 백성들의 끊임없는 불신앙과 반역에 대해 심판과 처벌보다는 기도와 중보를 도모했다는 것이다(민 14:13-19; 16:46). 그 백성들을 일관되게 보호하고 중보하는 모세의 책임과 행동을 통해 우리는 윤리적 리더십의 모형을 찾을 수 있다.

세 번째 도전은 '므리바에서 반석을 친 사건'(민 20:10-13)에서 모세의 리더십이 위기에 직면했음을 알 수 있고, 이 위기를 어떻게 극복하는지를 보게 한다. 므리바 사건을 계기로 하나님은 장로 70명에게 그의 신을 부으시고 모세의 단독적인 책임을 분담시킨다(민 11:25). 모세의 리더십의 형태는 출애굽한 구세대에 초점이 맞춰져 있었기에 새 세대에게 새로운 리더십이 요청되었다. 모세의 리더십을 따라야 할 백성 가운데 예언을 하는 등으로 인해 모세의 리더십이 위기에 직면하였다. 그런데 모세는 그들이 하는 일을 수용하였던 것을 볼 수 있다(민 11:29).

변화의 시기에는 지도자의 신뢰성 문제가 중요하게 대두한다. 모세 이야기는 각 개인의 처지에서 보자면 큰 희생을 의미하는 집단적 요구로 가득 차 있다. 모세도 그것을 알고 있었다. 커다란 도전 때문에 집단에 가해지는 무리한 요구를 다루는 모세의 방식은 예나 지금이나 중요한 변화 경영의 모범 사례라고 할 수 있다.

모압 평지에서의 리더십

신명기는 신세대를 향하여 리더가 어떤 모습을 갖추어야 하는지를 보여준다(신 17:15-19). 첫째, 공동체 구성원들의 목소리를 들어서 결정하는 민주적인 선택의 과정을 거쳐야 한다. 둘째, 사람을 부릴 때는 공동체의 상황과 문화를 이해하고 알고 있는 자 중에서 선택해야 한다. 셋째, 리더의 지위는 군림하거나 힘으로 지배하는 것이 아님을 보여주고 섬기는 자다(servant leadership). 넷째, 한 개인으로서 가정과 삶에 성실함을 보여주어야 한다. 다섯째, 재물에 대해 탐욕을 부리지 말아야 한다. 여섯째, 평생 배우는 자의 모습을 통해 지속적으로 성장하고 발전해야 한다.

이렇듯 모세는 영적 리더로서 전인적인 카리스마와 중보적 리더십을 보여주었고, 이로써 모세가 윤리적 지도력(히 11:25)을 지니고 있던 리더였음을 알 수 있다. 결론적으로 모세는 하나님의 권위를 대변하는 종교적이며 윤리적인 가치와 규범을 기초하였고, 이것에 근거하여 강인한 지도력을 발휘하였으며, 유대-기독교 전통 속에서 가장 모범적인 리더로서 자리매김하였다.

모세는 또한 하나님의 인도하심과 음성을 듣고 그 말씀에 의지하여 순종하는 중보적 리더였다. 모세는 구성원과 동료 리더들의 비난과 반역 앞에서 기도하는 리더였다. 그렇게 함으로써 현재의 자기 모습과 자기 인식을 통해 형성된 자아 사이의 불일치를 줄이기 위해서 부단히 노력하였다. 그는 자기 통제뿐 아니라 리더와 구성원 간의 관계의 투명성과 균형을 지키기 위해 노력하는 리더였다.

그러나 모세는 구성원들에게 비전을 제시하고 목표를 달성하는 데 효과적인 카리스마적 리더십을 보여주기는 했지만, 소통의 리더십은 제대로 보여주지 못했다. 모세는 윤리적 가치와 규범에 기초하는 행동의 동력과 목표 의식을 제공하는 윤리적 리더십은 있었지만,

또 다른 측면, 즉 리더가 구성원들에게 자기 행동과 관계를 통하여 규범적으로 적절한 행동을 보여주고 쌍방향 의사소통, 강화 및 결집, 의사 결정 등을 보여주는 리더십은 부족했던 것 같다.

4차 산업혁명 시대에 필요한 모세의 리더십

그렇다면 모세의 리더십을 통하여 지금, 여기, 4차 산업혁명의 시대에 우리에게는 어떠한 리더십이 요구되는가? 오늘날 우리 사회가 요구하는 리더십은 고도의 윤리적 리더십과 자기 인식과 자기 통제를 지속적으로 실천함으로써 구성원들에게 긍정적인 영향력을 미치는 리더십이다. 하지만 이제 우리가 주지하다시피 4차 산업혁명이라는 과학혁명의 시대에는 이러한 리더십만으로 만족할 수 없는 시대에 돌입하고 말았다. 그야말로 융합적 사고와 창의적 인재상에 부합하는 리더십이 필요하게 되었다.

즉 21세기에 들어서면서 경제적 문제가 이념적 윤리를 뛰어넘어 독창성 있는 자생 능력을 요청하듯이, 4차 산업혁명은 창의적 인재, 즉 모든 영역에서 스스로 생각할 수 있는 리더를 요청하고 있다. 따라서 이 시대 우리에게 필요로 하는 리더는 개인의 성향과 능력을 수용하고 포용할 수 있는 리더십을 지녀야 할 것이다. 다시 말해서 창의력이 새로운 인재의 덕목으로 제시되고 있는 오늘, 우리에게 필요한 것은 주변을 통섭하는 유연한 사고력과 열린 마음이라는 것이다. 따라서 적극적으로 이웃을 배려하고 소통하는 리더십을 추구해야 할 것이다.

결론적으로, 모세가 출애굽 이후 광야 생활과 모압 평지에서 보여주었던 전인적 해방자로서의 리더십을 우리 사회에 과감히 확대 적용할 필요가 있다. 주변을 두루 살피고 구성원의 집단 지성을 폭넓게 이끌어갈 수 있는 소통형 리더십, 갖가지 다양한 의견을 수렴하고 조율하여 비전을 제시하고 추구하는 통합형 리더십이 필요하다. 특히 리더의 비전과 목적을 일방적으로 제시하기보다는 구성원 전체의 공통 비전과 긍정적인 목적을 겸허하게 섬기는 서번트 리더십(servant leadership)이 오늘 우리 사회에 꼭 필요하다.

국내외적으로 엄중한 위기 상황에 빠져 있는 대한민국을 살리고 교회를 새롭게 갱신하기 위해서는, 모세가 실천한 전인적인 해방자로서의 헌신과 리더십을 우리 사회의 영적 신질서(New Normal)의 모형으로 삼게 되기를 바란다.

■ 적용

　모세는 비스가 산에서 가나안 땅을 바라보면서 죽었는데, 그의 무덤을 아는 사람은 아무도 없다(신 34:5-6). 모세의 생애에 그의 손에 들려졌던 지팡이는 모세 자신이었다. 강가에서 건짐을 받는 것으로써 모세의 생이 시작되었다. 그리고 유모로 변신한 어머니의 품에서 하나님 사랑과 히브리 동족의 정체성을 간직했다. 이후 애굽의 궁중에서 시대의 문화와 규범을 익혔다. 그리고 자신의 동족이 고통당하는 것을 참지 못하여 살인한 후, 광야에서 긴 인고의 시간을 보냈다. 희망을 다 내려놓고 자연인이 되었을 때 하나님은 그를 역사 속으로 부르셨다.

　모세는 하나님과 백성 사이에서 백성을 중보하는 지도자였다. 그러나 그는 힘을 잃어갔다. 그 힘을 잃게 된 것은 하나님을 향한 신뢰와 하나님께 돌려야 할 영광을 자신의 것으로 돌리면서 시작되었다. 모세의 손에 잡힌 지팡이는 어떤 때는 자신을 지탱해주는 힘이었고, 앞으로 밀기도 하고 치기도 하고 하늘을 향해 들기도 하면서 하나님의 기적을 일으켰다.

　불평하고 원망하는 백성을 품고 하나님께 백성의 중보자로 나설 때 모세는 하나님의 종이었고 이스라엘의 지도자였다. 그러나 하나님의 자리에 서서 마치 하나님인 양 백성의 죄를 고발할 때는 지도력을 잃었다. 모세를 보면서 우리 자신을 본다. 지팡이로서의 우리를 본다. 손을 떠난 지팡이는 뱀이 될 뿐이다. 지팡이는 주인의 손에 잡혀 있을 때 본래의 사명을 다한다.

1. 지금 우리의 지팡이는 하나님의 손에 잡히어 있는가? 내 욕망에 잡히어 있는가? 둘을 분별하여 정리해 보자. 집단으로 모여 있다면 자신이 정리한 것을 서로 나눠보자.

2. 지금 우리가 손에 쥔 우리의 지팡이는 내 것인가 하나님의 것인가? 내 인생이 나의 것인가? 하나님의 영광을 위한 것인가? 깊이 자문하며 묵상해 보자.

3. 모세가 출애굽과 광야 생활에서와 모압 평지에서 보여준 리더십은 어떠하였는가, 그리고 그 가운데 현재 우리 사회에서 적용이 가능한 리더십은 무엇인지를 나눠보자.

세 번째 도구

●

기드온의 횃불과 나팔 — '전략'

이승율

한국기독실업인회(CBMC) 명예회장

이에 백성을 인도하여 물가에 내려가매 여호와께서 기드온에게 이르시되 누구든지 개가 핥는 것 같이 혀로 물을 핥는 자들을 너는 따로 세우고 또 누구든지 무릎을 꿇고 마시는 자들도 그와 같이 하라 하시더니 손으로 움켜 입에 대고 핥는 자의 수는 삼백 명이요 그 외의 백성은 다 무릎을 꿇고 물을 마신지라 여호와께서 기드온에게 이르시되 내가 이 물을 핥아 먹은 삼백 명으로 너희를 구원하며 미디안을 네 손에 넘겨주리니 남은 백성은 각각 자기의 처소로 돌아갈 것이니라 하시니. (사사기 7:5-7)

기드온이 그 꿈과 해몽하는 말을 듣고 경배하고 이스라엘 진중에 돌아와서 이르되 일어나라 여호와께서 미디안 군대를 너희 손에 붙이셨느니라 하고 삼백 명을 세 대로 나누어 각 손에 나팔과 빈 항아리를 들리고 항아리 안에는 횃불을 감추게 하고 그들에게 이르되 너희는 나만 보고 내가 하는 대로 하되 내가 그 진영 근처에 이르러서 내가 하는 대로 너희도 그리하여 나와 나를 따르는 자가 다 나팔을 불거든 너희도 모든 진영 주위에서 나팔을 불며 이르기를 여호와를 위하라, 기드온을 위하라 하라 하니라.

기드온과 그와 함께 한 백 명이 이경 초에 진영 근처에 이른즉 바로 파수꾼들을 교대한 때라 그들이 나팔을 불며 손에 가졌던 항아리를 부수니라 세 대가 나팔을 불며 항아리를 부수고 왼손에 횃불을 들고 오른손에 나팔을 들어 불며 외쳐 이르되 여호와와 기드온의 칼이다 하고 각기 제자리에 서서 그 진영을 에워싸매 그 온 진영의 군사들이 뛰고 부르짖으며 도망하였는데 삼백 명이 나팔을 불 때에 여호와께서 그 온 진영에서 친구끼리 칼로 치게 하시므로 적군이 도망하여 스레라의 벧 싯다에 이르고 또 답밧에 가까운 아벨므홀라의 경계에 이르렀으며 이스라엘 사람들은 납달리와 아셀과 온 므낫세에서부터 부름을 받고 미디안을 추격하였더라. (사사기 7:15-23)

이스라엘 백성이 애굽에서 나와 가나안을 정복한 후부터 왕국을 건설할 때까지 백성들을 다스린 지도자 열두 명의 사사가 있었다(민 25:5). 그들은 선지적이며, 제사장직과 왕직을 겸하였다. 또한 그들은 하나님의 부름에 응답한 사람들로서 줄곧 이방의 세력들로부터 이스라엘을 지켜내는 역할도 하였다. 그 가운데서 제5대 사사로 부름받고 미디안의 압박과 수탈을 벗어나게 한 사람이 바로 기드온이다.

당시의 사사는 '다스리다'라는 뜻을 지니고 있으며, 재판관 혹은 통치자들보다 더 포괄적인 의미를 갖는 단어였다. 그들은 군대를 일으키고 통솔하는 역할도 갖고 있었다. 대부분의 사사들은 한 지역 또는 전국적인 범위에서 이스라엘 백성을 적의 손에서 해방시킨 카리스마적인 영웅으로 추앙되었다. 이처럼 사사들의 영향력은 영적인 요소 하나만을 가지고 출현한 것이 아니었다. 이스라엘의 삶 전체에 걸쳐서 영향력을 행사하는 존재였다.

1. 기드온은 어떤 사람인가?

기드온(Gideon)은 성경에 등장하는 이스라엘의 제5대 사사로 40년 동안 활동했으며, 이러한 그의 행적은 사사기 6~8장에 기록되어 있다. 기드온이란 이름은 '찍어 넘김', '베는 사람'이라는 의미이다. 또 다른 이름, 여룹바알(Jerubbaal)이라고도 불렸는데, 이는 '바알과 맞선다'라는 의미이다. 그 외에 여룹베셋(Jerubbesheth)이라고도 불렸는데, 이는 '수치와 더불어 이김'이라는 의미이다. 기드온은 요아스의 막내아들로 므낫세 지파였으며, 아비에셀 사람으로 고향은 오브라였다.

당시는 미디안과 아말렉 족속에 의해 7년 동안 수탈과 압제를 당해오고 있었다. 기드온은 이러한 이방 족속으로부터 이스라엘을 구하기 위한 사사로 부름을 받아 3백 명의 군사로 13만5천 명의 미디안의 대군에게 승리하였다. 전혀 승리를 장담할 수 없는 군사적 열세를 극복하고 대적들을 무찔러 이스라엘에 평안의 시대를 열었던 그는 과연 어떤 인물이었을까?

그는 그저 평범한 한 소시민에 불과한 존재였다. 미디안 사람이 곡식을 수탈하는 등 이스라엘 사람들을 괴롭히자, 밀 농사를 지어 소출한 것을 빼앗기지 않으려고 타작을 포도주 틀에서 하고 있었다. 그때 여호와의 사자가 나타나 "이스라엘을 미디안의 손에서 구하라!"라고 하는 말을 듣는다. 그는 자기 집이 므낫세 지파 가운데 가장 작고 본인 또한 자기 집에서 가장 보잘것없는 자라는 것을 피력하면서 책임을 맡지 않으려고 한다. 이로써 그가 상당히 겸손한 사람이었음을 알 수 있다. 하지만 여호와의 사자는 짐짓 그의 말을 듣지 않은 것처럼 "미디안 사람 치기를 한 사람을 치듯 하리라."고 확증해 준다. 이 말은 기드온이 상대할 적은 수효가 어떠하든지 간에 하나님께서 반드시 그와 함께해 주시겠다는 암시이다.

또 한편으로 그는 신중한 사람이었다. 부름을 받았을 때, 가장 보잘것없는 존재인 자신을 부르심에 대해 확신하기 위하여 하나님께 표징을 구하였다. 기드온은 "주께서 이미 말씀하심 같이 내 손으로 이스라엘을 구원하시려거든… 양털 한 뭉치를 타작마당에 두리니 만일 이슬이 양털에만 있고 주변 땅은 마르면 주께서 이미 말씀하심 같이 내 손으로 이스라엘을 구원하실 줄을 내가 알겠나이다."라고 하였고, 그대로 되었다. 그러자 이튿날 기드온이 일찍이 일어나서 양털을 가져다가 그 양털에서 이슬을 짜니 물이 그릇에 가득하게 되었다.

이 표징 하나만으로도 충분히 약속의 말을 믿을 수 있을 것 같은데, 그는 또다시 "주여 내게 노하지 마옵소서. 이번만 양털로 시험하게 하소서. 원하건대 양털만 마르고 그 주변 땅에는 다 이슬이 있게 하옵소서."라고 표징을 구한다. 그 밤에 곧 양털만 마르고 그 주변 땅에는 다 이슬이 있었다. 이렇듯 표징을 두 번이나 구하면서 확신하고자 했던 기드온은 참으로 신중한 사람임이 틀림없다.

으레 소시민들이 권력 앞에서 자신의 뜻을 펴지 못하는 것처럼, 기드온 역시 미디안의 힘 앞에 한없이 연약한 존재였다. 그가 하나님의 표징을 두 번이나 확증하려고 했다는 사실에서 알 수 있다. 하지만 확신을 하게 된 그는 자신을 들어 세우신 하나님의 소기의 목적을 다 이루고, 미디안과의 전쟁 이후에 이스라엘 백성들이 40년 동안이나 태평성대를 누리게 하였다.

기드온의 부름과 전쟁에서의 승리와 이후 평안의 시대를 열면서 그가 보여주었던 삶을 통해 우리는 많은 것을 배울 수 있지만, 그의 면면 중에서 전쟁을 승리로 이끌어가는 과정에서 드러난 그의 확고한 사명감과 전략적 성향에 대해서 주목하고자 한다.

2. 기드온이 부름받고 처음으로 한 일

기드온이 사사로서 제일 먼저 한 것은 우상을 제거하는 것이었다.

사실 당시 우상을 제거하는 행동은 목숨이 위협을 받을 정도로 위험한 행동이었다. 그런데도 기드온은 담대히 하나님의 명령에 따라 우상들을 제거했다. 이전까지 두려움과 연약함에 휩싸여 하나님의 부르심에도 의문을 품고 순종하지 않았던 기드온이었는데, 이제는 담대히 사사로서 그 사명을 온전히 감당하고 있다. 그의 달라진 모습은 여룹바알이라고 바뀐 이름에서도 확인할 수 있다. 무엇이 그를 이렇게 만들었을까?

하나님께서 함께하신다는 믿음 때문이다. 기드온은 그가 요구한 표징을 통해 하나님께서 함께하심을 깨닫고 하나님을 의지했다. 그리고 그러한 것들에 대한 하나님의 표징을 확인하고는 뒤도 돌아보지 않고 무조건 순종하였다. 그가 감당해야 했던 첫 번째 사명은 자신의 아버지 요아스가 소유하였던 바알의 제단을 파괴하는 것이었다. 이 제단을 파괴하는 것은 당시 대부분의 이스라엘 사람들이 그랬던 것 같이 요아스도 가나안 주위의 이방 종교에 굴복하여 가나안의 만신전 예배와 이에 연관된 다산 제사에 참석하고 있었다는 것을 폭로하는 것이었다. 하나님은 기드온에게 제단 곁에 세워져 있던 아세라 목상을 찍어 번제를 드리라 하였다. 이 목상은 고대 셈족의 여신 아세라에 대한 인습적인 상징이었을 것으로 추측된다.

기드온은 하나님의 말씀을 그대로 행하였고, 이 사실을 안 사람들은 기드온을 잡아 죽이려고 하였다. 그 아버지의 심경은 어떠했을까? 언제나 개혁이란 내부에서 터져 나온다. 바로의 통치에서 이스라엘 백성을 구해내기 위해 애굽의 공주로부터 양육 받았던 모세가 바로를 대적하는 이스라엘의 지도자로서 그들을 탈출시켰듯이, 역사상에서 이러한 사례는 얼마든지 찾을 수 있다. 이방 종교를 숭배하던 기드온의 집안에서 기드온은 종교개혁을 단행했던 것이다. 기드온은 하나님의 제단을 세우고 아버지 소유인 7년 된 수소를 끌어와 아세라 목상으로 태워 제단에 바친다. 이로써 한편으로는 소심하기도 하고 겸손하기도 했던 기드온은 종교개혁의 대서사를 이루어내고 말았다. 이러한 기드온의 종교개혁의 모범은 마틴 루터의 종교개혁에도 영향을 미쳤다고 사가들은 말한다.

이렇듯 기드온은 자신을 아는 데는 겸손하였고, 일을 행동으로 옮기기 전에는 신중하였으며, 일단 수락한 후에는 끝내 실천하는 사람이었다는 것을 그가 부름받은 후에 처음으로 한 일을 통하여 알 수 있다. 이로써 그가 미디안과의 전쟁을 어떻게 치러내게 될지도 미루어 짐작하게 된다.

3. 300 용사를 선별하는 과정에서 드러난 그의 선구안적 리더십

이스라엘은 역사적으로 주변의 이방 민족들과의 전쟁의 역사로 점철되어 있다고 해도 과언이 아니다. 항상 하나님 앞에서 자고하거나 패역할 때에 어김없이 전쟁과 수탈의 고난을 당하곤 하였다. 그럴 때마다 인간의 이해와 상상으로는 할 수 없는 기사와 이적을 통하여 다시금 제자리로 돌아오곤 하였다.

기드온이 사사로서 부름을 받고 그 역시도 자신이 감히 상상할 수 없는 상황 속에서 상식으로는 도저히 납득할 수 없는 방법과 도구로 전쟁을 승리로 이끌게 되었다. 그중에서도 기이한 것은 군사를 선출하는 방법이었다. 기드온이 그와 같이 300 용사를 선별한 것에서 배울 수 있는 교훈은 무엇인가?

양털 뭉치를 가지고 하나님께 징표를 구하였고 그대로 이루어지자, 기드온은 마침내 확신을 가지고 하롯 샘 곁에 진을 치고 미디안을 맞아 싸울 준비를 하였다. 이때 그를 따라 전쟁에 참여하겠노라고 모여든 백성이 3만2천 명이었다. 그런데 대적인 미디안과 아말렉과 동방의 군사들은 메뚜기 떼처럼 그 수효를 헤아릴 수 없었고, 그들이 타고 온 낙타와 말은 해변의 모래와 같이 많았다고 한다(삿 8:10). 그러니 수적으로는 참패할 수밖에 없는, 맞서 싸울 상대가 아니었다.

그 많던 미디안 군사의 수효는 12만 명이 죽고 남은 자가 1만5천 명이 되었다(삿 8:10)는 말에서 13만5천 명이었음을 추정할 수 있다. 그렇다면 결국 미디안 군사 대 기드온의 군사의 수효는 4대1로 싸워야 하는 실정이었다. 전투를 시작하기에는 이미 군사 규모에서 밀리는 상황이었다. 그런데, 그런데 정말 놀라운 일은 그 가운데서 두려워 떠는 자를 돌려보낸 사건이었다. 우리의 일상의 삶 가운데서 일을 도모하고자 할 때 두려워하거나 떠는 경우가 있다. 미리 지레 겁을 먹는 것이다. 이런 경우에는 좋은 결과를 기대할 수 없다. 오히려 그런 사람들의 정서가 주위에 퍼져서 전체에 부정적인 영향을 미치게 된다. 그런데 그러한 자들이 2만2천 명이나 되어 그들이 돌아가고 나자 1만 명이 남게 되었다. 이제 13.5대 1의 전투를 감행해야만 하는 상황이 벌어지고 말았다. 이쯤 되고 나면 기드온 당사자는 물론 남은 자들도 두려움에 떨게 될 법한 일인데, 여기에서 군사 수효를 더 감축한다.

이제 남은 자들을 데리고 물가로 내려간다. 그러고는 또 다른 테스트를 거쳐서 남은 자를 추리게 된다. 그 테스트는 누구도 생각하지 못한 일이었다. 물을 마시되 손으로 떠서 혀로 핥아먹는 자와 무릎을 꿇고 마시는 자를 구별하는 것이었다. 모여서 첫 번째 테스트를 거치느라 아마도 그들 모두가 갈증을 느꼈을 것이다. 그러니 우선 해갈하고 싶은 마음에 물을 평소에 하던 대로 마셨을 것이다. 그런데 그 가운데서도 남들과 다른 방식으로 물을 마시는 소수의 사람들이 있었다. 그야말로 남다른 사람들이라고 할 수 있다. 어떤 순간이라도 사람들은 자신들이 평소에 해오던 습관이 저절로 드러나게 되어 있다.

"손에 물을 움켜 떠서 개같이 핥아 먹는 사람"을 선별하였다. 랄프 왈도 에머슨이 "생각이 행동을 낳고 행동이 습관을 만들고 습관이 성격을 형성하고 성격이 운명을 결정한다."라고 말하였듯이, 아무리 일촉즉발의 전쟁 상황이었더라도 평상시의 몸에 밴 생활습관이 그대로 노출되어 선별되는 사람들이 있었던 것이다. 그들은 개같이 물을 핥아 먹었다고 하는데, 왜 하필이면 개에게 비유되었을까?

성경에서 개는 경계심과 조심성이 강한 동물로 인식되었다. 고대 근동 지방, 특히 애굽 지역에서 그처럼 인식되었다. 애굽에는 나일강이 있어 곡창을 이루는 비옥한 지역으로 꼽혔으나, 나일강에는 악어가 많이 서식하고 있었고, 따라서 개들은 물을 먹을 때 사방을 두리번거리며 살펴보면서 경계심을 조금도 늦추면 안 되었다. 물을 먹는 행동 하나로 남은 자를 선별하는 기드온의 선구안적인 결단과 지도력은 역사적으로 어디에서도 찾아볼 수 없는 사례이다.

몸에 밴 습관대로 신중하고도 경계심을 늦추지 않는 삶의 태도는 이처럼 짧은 해갈의 순간에 여과없이 드러난 것이다. 이러한 자들의 수효를 헤아리니 고작 300명이었다. 이 수효로는 달걀로 바위 치기가 될 법한 상황이었다. 무려 450대1로 싸워야만 하게 되었다. 고대의 전쟁은 무거운 칼을 휘둘러 상대방을 굴복시키는 것이었기에 상상할 수 없을 정도로 힘이 소진되는 것이었다. 아무리 용맹스럽고 힘이 넘친다고 해도 450명을 감당할 수는 없는 노릇이었다. 참으로 믿을 수 없는 상황이 벌어지고야 말았다. 그럼에도 엄선된 소수 정예, 300 용사로 적군과 싸워야 한다는 사실 앞에 숙연해지지 않을 수가 없다.

소수 정예라는 말은 왠지 모르게 비장함은 물론 무척이나 빼어나고 거침없는 자들일 것이라는 추측을 하게 한다. 더욱이 그들은 서로 팀워크가 잘 이루어져서 어떤 일이 주어져도 능히 해낼 수 있는 사람들로 간주되곤 한다. 그럼에도 이 수효로 거대한 미디안 군대를 상대한다는 것은 풍전등화 같은 것이었다. 그러나 300명의 정예군을 핵심 인력으로 하여 작전을 짜고 펼치기 위해서는 용맹함과 진취적인 성향을 발휘할 만한 사람들로 구성해야만 했을 것이다. 작전도 중요하지만 이를 수행할 만한 남다른 소양이 있어야 할 것이다. 기드온은 바로 그러한 소양을 갖춘 자들을 선별하여 남은 자들(remnants)로 삼아 전쟁을 치렀다.

성경 역사를 포함한 인류의 역사 가운데 늘 무엇인가 변혁을 이루고 세상을 변화시키는 사람들은 오직 남은 자들이었다. 우리가 살아가는 현대사회 속에서도 마찬가지이다. 어떤 단체, 공동체, 기관이라 할지라도 끝까지 길게 활동하는 사람들이 그 뜻과 정신을 이루어내는 것을 본다. 이 300 용사들 역시 바로 그러한 역사를 이루어낸 자들이었다. 그리고 이러한 남은 자를 뽑아낸 기드온의 선지적이고도 영적인 결단과 분별력 있는 행동의 리더십에 찬사를 보내지 않을 수 없다.

4. 기드온의 전략

300명이라는 소수 정예군을 인솔하여 어떻게 전쟁을 치를 것인지 그 전략이 자못 궁금하지 않은가. 당시 기드온의 심경이 어떠했을지 미루어 짐작이 가고도 남음이 있다. 흥미로운 것은 기드온이 전쟁에 임하는 태도다. 그는 세심하게 전략적 구상을 했다. 기드온은 어느 순간 뛰어난 전략가로 변신했다. 그는 작전을 펴기 전에 대적들의 진영을 미리 확인하고 느껴야 할 필요가 있었다. 눈으로 확인하여 직감하지 않고는 너무 막막하여 전투 계획을 세울 수가 없었을 것이다. 혼자서 염탐하기보다 객관성 있는 현장 확인을 위해 부하인 부라와 함께 적의 진영으로 내려갔다. 기드온의 군대는 산 위에 진을 치고 있었고, 미디안의 군대는 모레산 골짜기에 진을 치고 있었다. 이것부터 이미 지형을 최대한 이용한 군사전략이다.

미디안 연합군 진영으로 내려가서 보니 미디안 족속을 비롯하여 아말렉 족속과 동쪽의 사막 지역에서 올라온 동방의 사람들의 수가 메뚜기 떼와 같이 온 평원을 새까맣게 뒤덮고 있었다. 또 낙타가 얼마나 많았는지 해변의 모래알처럼 그 수를 헤아릴 수 없을 정도였다(사사기 7:12)고 서술되어 있다. 아무리 신중하고 야간 기습 공격에 빼어난 소수 정예군이라 할지라도 300명으로 상대하기에는 어림도 없는 일이었다. 그런데 그들을 보는 순간의 두려움을 느끼기도 전에 기드온의 귀에 미디안 진영에서 서로 말하는 소리가 들렸다. 마침 미디안 군사 중 한 사람이 지난밤에 꾼 꿈 이야기를 다른 동료 군사에게 말하고 있는 것이었다.

그 꿈의 내용은 보리떡 한 덩어리가 위쪽 산에서 굴러 내려와 미디안 진영으로 들어와서는 장막을 치니 모든 장막이 일시에 와르르 무너졌다는 것이다. 그러자 다른 군사가 그것은 다름 아닌 기드온의 칼일 것이라고 덧붙인다. 보리떡은 기드온을 상징하고 장막은 당시 유목민으로서 장막 생활을 하던 미디안을 가리키는 것이었다. 이런 꿈 이야기를 엿들은 기드온은 승리를 확신하게 되었다. 그렇다면 어떻게 해야 할 것인가?

기드온은 그들의 말을 듣고는 곧바로 이스라엘 진영으로 돌아왔다. 그러고는 전시 상황에 적합한 전략을 발표하였다. 그의 전략은 그야말로 조직적인 결속력을 꾀하면서도 탁월한 것이었다. 먼저 그들에게 용기백배할 수 있도록 "일어나라!"고 외친다. 확신에 찬 그의 외침에 300 용사들은 전의를 가다듬을 수밖에 없었을 것이다. 그러고는 "나만 따라와서 내가 하는 대로 따라서 하라!"고 포고한다.

기드온의 전략은 첫째, 어두운 밤, 즉 이경 초(밤 10시~새벽 2시)에 300명을 3부대로 나누어 적진에 몰래 접근하게 하는 것, 둘째, 손에는 무기를 드는 것이 아니라 오른손에는 나팔을 들고 왼손에는 빈 항아리를 들되 그 안에 횃불을 감추는 것, 셋째, 적진에 가까이 접근하면 기드온의 신호에 따라서 항아리를 깨고 나팔을 불며 횃불을 들고서 큰소리로 "여호와와 기드온의 칼이여!"라고 외치게 하는 것이었다.

이러한 그의 전략은 어찌 보면 현대의 비디오 게임에서 사용하는 일종의 치트키 작전이 아닐 수 없다. 얼마나 기발한 발상인가! 이 작전에는 노림수가 있었는데, 기드온이 택한 신의 한 수는 13만5천 명의 적군은 물론, 해변의 모래알처럼 많은 낙타들이 기습공격으로 서로 부딪치며 혼비백산하는 전략을 택했다는 점이다.

낙타는 인간에게 매우 유용한 동물이다. 사막 지역에서는 짐을 운반하는 데 더할 나위 없는 가축이며 육류 제품을 만드는 데 사용되는 식용 가축이기도 하다. 또한 낙타의 털은 옷감이나 천막을 만들기도 하고 뼈는 세공하여 값진 물품을 만들기도 하며 젖은 치즈를 만든다. 그러니 낙타의 쓰임은 인간의 생활과 밀접하게 연관되어 여러 가지의 이로움을 주고 있다. 심지어 이 전쟁에도 군사들과 함께 참여하고 있다니 그 쓰임의 가치는 놀랍기만 하다. 그런데 이같이 쓰임의 용도가 다양한 낙타가 매우 겁이 많다는 사실이다. 기드온은 낙타의 이러한 성정을 백분 활용한 것이다.

겁 많은 낙타가 고요하고도 어두운 밤에 갑자기 항아리가 깨지는 요란한 소리와 동시에 갑자기 밝혀지는 횃불에 놀라 날뛰었다. 게다가 여기저기에서 300명의 용사가 나팔을 불며 시끄럽게 외치는 소리에 공포로 마구 날뛰기 시작했다. 이러한 상황에 놀란 것은 낙타뿐만이 아니었다. 미디안 연합군 역시 예기치 못한 상황에서 낙타마저 날뛰고 있으니 혼비백산하여 자중지란을 일으킬 수밖에 없었다. 기드온의 용사들은 무기를 전혀 들고 있지 않았기에 그들을 죽일 수 없었는데도 그들은 자기들끼리 서로 뒤엉켜 죽이기까지 하면서 진영은 졸지에 아수라장이 되고 말았다. 전쟁에서의 가장 큰 무기는 군사의 수효도 아니요, 칼과 창도 아니요, 바로 두려움이다.

기드온의 300용사가 미디안을 공격(삿7:19-25)

두려움을 가지는 쪽이 패배할 수밖에 없다. 목숨을 부지하겠다고 칼부림을 휘두르면서 도망을 치는 미디안 연합군들은 자기들끼리 사상자를 냈는데, 그 수효가 12만 명이나 되었다니 거의 전멸 수준이 아닐 수 없다.

이때 기드온은 처음부터 전투에 가담하지 않았던 이스라엘 지파들을 종용하여 도주하는 자들을 차단해달라고 하였다. 기드온은 남은 1만5천 명의 미디안 연합군이 퇴각하는 도주로를 차단하여 궁지로 몰아넣었다. 요단강을 건너려는 미디안 연합군들을 300용사들이 추격하여 미디안의 남은 두 왕 세바와 살문나를 사로잡는 데 성공하였다. 결국 300명으로 전투에서 승리하고 집요한 추격

끝에 두 왕을 사로잡아 처단함으로써 크게 성공을 거둔 기드온에게 이스라엘 백성들은 찬사를 보내며 감탄해 마지않았다.

그러고는 기드온에게 왕이 되어 통치해줄 것을 간청하였다. 그러나 기드온은 현명한 사람이었다. 자신이 사사로서 임시로 이스라엘을 이끄는 것은 찬성하였지만, 자신의 자손들이 세습하여 나라를 다스리는 왕정 정치는 동의하지 않았다. 왕정은 하나님이 원하는 제도가 아니라는 것을 강조하였다. 만약에 그것이 올바른 제도였다면 왜 하나님이 여호수아를 들어 세우지 않으셨겠느냐는 것이었다. 이렇게 하여 기드온의 일대 활약이 마무리되었다.

이상의 과정과 성과를 보면서 우리는 기드온이 행했던 전략적 성과에 대해 다시 짚어볼 필요가 있다. 기드온은 고지를 확보하였고, 적진까지 파고 들어가 그들의 상황과 정보를 미리 파악하였다. 그리고 그에 따른 전략과 일사분란한 조직력으로 과감하게 적진을 선제공격함으로써 군사적 실행 능력을 유감없이 발휘하였다. 더욱이 전투의 성과를 처음부터 참여하지 않은 지파들과 나누는 아량과 지혜를 지니고 있었다. 전투 막바지에 도주하는 패잔병들을 소탕하는 데 참여하였던 에브라임 지파는 처음부터 참여하지 못한 것에 대해 불평을 늘어놓았다. 기드온은 그 직위와 위세를 몰아 그들의 시기심과 질투심을 질타할 수 있었음에도 불구하고 오히려 전과를 골고루 나누고 상대방의 위신을 세워줌으로써 그들의 불평을 가라앉힐 수 있었다. 그리고 더 이상의 갈등과 분쟁이 없도록 조치하였다. 상대가 교만과 질투의 마음으로 공격해올 때 자신을 낮추고 상대방을 높여주는 지혜는 이웃과 화합을 이끌어내고자 할 때 취할 수 있는 가장 효과적이며 우호적인 협상이 아닐 수 없다.

미디안과의 전쟁에서 승리하는 기드온. 니콜라 푸생, 바티칸 미술관(1626)

5. 기드온이 사용한 무기들

우리는 흔히 전쟁을 치를 때 사용하는 무기가 무엇인지 시대를 막론하고 상식적으로 잘 알고 있다. 고대 시대에는 창이나 칼을 사용하였고, 이후 근현대에는 총과 포탄뿐만 아니라 원자폭탄과 같은 무기도 사용하였다. 그런데 기드온은 그 누구도 무기로 활용할 수 없는 것을 들고 전투에 나섰다. 항아리와 횃불과 나팔이었다. 역사 이래 병기를 사용하지 않고 우리의 일상생활 속에서 흔하게 사용하는 평범한 도구를 이용하여 전투를 치른다는 것은 도저히 상상할 수 없는 일이다.

항아리는 무엇인가를 담는 그릇이고 깨어지기 쉬운 것이다. 기드온은 이러한 항아리의 특징을 절묘하게 이용하여 전투에 무기로 사용하였다. 항아리 속에 횃불을 넣어 겉으로 드러나지 않게 하고는 찰나의 순간에 일제히 항아리를 깨뜨리게 하여 극적인 효과를 보았다. 그런데 항아리는 인간의 육체를 상징하기도 한다. 그래서 바울은 우리를 보배 담은 항아리에 비유하기도 한다 (고린도후서 4:7-18). 항아리가 흙으로 만들어졌듯이 우리 인간도 흙으로 지어졌으니 흙으로 돌아가야 한다는 것이다 (창세기 3:19). 뿐만 아니라 기드온이 빈 항아리에 횃불을 넣었듯이 우리 안에도 횃불과 같은 보배, 곧 빛이 담겨 있다는 것이다. 이 깨어지기 쉬운 항아리를 300 용사들이 일제히 깨뜨리자 미디안 연합군은 혼비백산하여 아군과 적군을 구별하지 못하고 서로 죽임으로써 거의 전멸하게 되었다.

이렇게 항아리가 깨짐으로써 전투에서 이길 수 있었던 것처럼 우리 자신도 깨어지고 부서져야 우리 안의 빛이 드러나게 된다. 빛이 드러나려면 항아리는 반드시 깨져야 한다. 우리가 깨어지고 부서짐으로써 우리 안의 내부의 적인 미디안이 부수어질 것이다. 내부의 적, 곧 네피림의 후손인 미디안은 힘, 규모, 크기를 숭상하여 세상의 가치에 따라 살고 싶어하는 것을 상징한다. 우리는 우리 자신의 항아리를 깸으로써 이러한 것들을 부숴 버리고 우리 안에 숨겨져 있던 보배를 드러내야 한다. 다시 말해서 인생의 존재 목적을 인식하게 하는, 하나님의 자녀로서의 빛을 드러나게 해야 할 것이다.

기드온은 미디안 진영을 염탐하고 돌아와서는 하나님께서 역사하심을 확신하고는 300 용사에게 "일어나라, 여호와께서 미디안과 그 모든 진영을 너희 손에 넘겨주셨느니라!"라고 외쳤다. 그러면서 자신의 전략을 그들에게 알렸고, 300 용사들은 "그들에게 이르되 너희는 나만 보고 내가 하는 대로 하되, 내가 그 진영 근처에 이르러서 내가 하는 대로 너희도 그리하여…"라는 기드온의 전략대로 일사분란하게 따라서 움직였다.

그들은 공격 명령이 떨어질 때까지 횃불을 숨긴 항아리를 들고 있다가 일시에, 바로 하나님의 때에 한꺼번에 항아리를 깨고 횃불을 높이 치켜들어 빛의 숲을 이루었다. 그러고는 동시에 나팔 소리도 함께 연동하여 불어대면서 함성을 지르기까지 하여 천지를 진동시켰다. 빛과 소리가 한꺼번에 터져 나온 것은, 하나님의 절대적인 힘이었고, 이미 기드온에게 미디안 족속을 넘기신 섭리에 의한 것이었다.

나팔은 소리를 내는 것이지만, 그 겉모양만으로는 소리가 나지 않는다. 나팔은 부는 사람의 호흡이 소리로 표현되는 것이기에 부는 사람의 의도가 무엇이냐에 따라서 그 크고 중함이 달라진다. 이 나팔을 통하여 인간 안에 불어넣어진 하나님의 생기가 외쳐지는 것이므로, 그 힘의 집중으로 울리는 소리에 사람들이 혼비백산하게 된다는 것이다. 나팔 소리는 또한 하나님으로 하여금 우리를 '기억하게' 하는 능력이 있다. 복음의 나팔 소리가 이와 같다. 복음의 소리는 하나님으로 하여금 우리를 기억하게 하기 때문에 불가능한 일들도 가능하게 될 수 있다. 나팔을 분다는 것은 진리의 말씀을 선포하는 것과 같다.

여기에서 불어댄 나팔은 양각 나팔이었다. 으레 전쟁 시에는 은 나팔을 불었으나, 기드온은 양각 나팔을 사용하였다. 양각 나팔은 평화를 선언할 때 부는 나팔이었다. 기드온의 전투는 빛과 소리의 전투였다. 따라서 이 전투의 특징은 항아리가 부서지고 깨질 때,

양각 나팔을 울림으로써 평화가 주어진다는 것을 알리는 것이었다. 사람과 사람 사이의 평화를 선언한 것이었다.

대개 인간의 전쟁은 힘과 크기와 경쟁을 통해서 이루어지지만, 하나님의 전쟁은 소리로써 충분하다는 것이다. 이 소리로써 승리한 이야기는 여호수아의 여리고 성 함락 장면에서도 연출된다. 병사와 제사장들이 6일 동안 나팔을 불면서 여리고 성 주위를 돌다가 일곱 번째 날에 성을 일곱 번 돌고 나팔을 불어대자 성이 무너진 것이다(수 6:15, 20). 그와 마찬가지로 기드온의 전쟁 역시 병기의 전쟁이 아니라 소리의 전쟁이었음을 알 수 있다.

우리가 알고 있듯이 신체는 생존 본능에 따라 소리에 가장 먼저 자연스럽게 반응하기 마련이다. 갑자기 들리는 크고 빠른 소리는 주변에 위험이 있다는 신호이다. 주변에 위험이 도사리고 있다면 본능적으로 우리 몸은 그 상황에서 벗어나거나 싸울 준비를 하려고 한다. 이런 소리를 들으면 호흡수, 혈압, 심박수가 올라간다. 당시 미디안 연합군은 항아리 깨지는 소리와 나팔 소리와 함성을 지르는 소리를 듣고는 본능적으로 도망을 치려고 했을 것이고, 일부는 싸우려고 해도 몸의 상태가 도저히 반응할 수 없었을 것이다. 인간은 오감 중에서 청각이 가장 먼저 반응한다고 한다. 어떠한 상황 속에서도 귀를 가장 먼저 기울이게 된다. 본능적으로 귀를 기울임으로써 세미한 소리, 생명의 소리, 내면의 소리를 들을 수 있다.

이제 적진의 전장 상황을 상상해본다. 적군 13만5천 명이 텐트를 치고 낙타 등 짐승과 함께 누워있으려면, 엄청난 넓이의 땅이 필요했을 것이다. 기드온의 300 용사가 둘러쌌다고 한들 얼마나 위협을 줄 수 있을지 의문이다. 또 캄캄한 적진 앞에 횃불을 들고 서 있는 기드온의 용사가 그대로 노출되었으니 적으로부터 공격받을 수도 있는 위험한 상황이었다. 그리고 이들이 한 손에 횃불을 들고 다른 손으로 나팔을 들었으니 어떠한 전쟁 무기도 들고 나갈 수 없었다. 단지 "여호와와 기드온의 칼이여!"라고 외쳤을 뿐인데, 적들이 자기들끼리 칼로 서로 죽이도록 하나님께서 역사하셨음을 분명히 알 수가 있다. 즉 칼은 미디안의 칼이지만, 그 칼이 '여호와와 기드온을 위하여' 일했다.

6. 기드온의 횃불을 진리의 빛으로, 기드온의 나팔을 복음의 소리로

기드온이 항아리와 횃불과 나팔을 전쟁의 무기로 사용한 것은 빼어난 전략이기도 하지만, 오늘날의 시대에 비추어 보면 그 상징하는 바가 매우 크다. 항아리 속에 담겨 있던 횃불은 우리 안에 내재되어 있는 진리의 빛이다. 이 빛은 드러나야만 하고 온 세상에 비추어져야만 한다. 이 진리의 빛을 담고 있는 것은 오늘날의 성서이다. 따라서 이 빛이 드러나고 비추어지기 위해서는 성서를 읽어야만 한다. 누구나 성서를 읽기 위해서는 성서가 저마다의 손에 들려야 한다. 이 일을 위하여 국제기드온협회(The Gideons International)가 결성되었다.

1989년에 존 H. 니콜슨(John H. Nicholson)과 사무엘 E. 힐(Samuel E. Hill) 두 사람이 한 호텔에서 한 방을 배정받아 서로 믿음의 이야기를 나누는 가운데 기독실업인과 전문인이 협회를 결성하기로 하였다. 그리고 이후 1899년에 윌 J. 나이츠(Will J. Knights)를 포함하여 조직을 출범하였다.

이 조직은 기드온의 300 용사가 한마음, 한뜻으로 전투에 임하였듯이, 하나의 비전을 품고 한 생각으로 나아가고자 하였다. 또한 기드온의 300 용사를 세 부대로 편성했듯이 이 기드온 협회도 세 그룹으로 나누어서 역할을 감당하고 있다. 이 협회 결성의 기저에는 이 세 사람이 뜻을 모으고 처음으로 펼쳐서 읽었던 사사기 6~7장의 말씀이 자리하고 있다.

이 협회의 회원들은 기드온의 나팔 소리가 평화를 선언하는 것이었듯이 오늘날 복음, 곧 기쁜 소식을 전하고 있다. 기드온 협회를 통한 복음의 소리는 200여 국가에 그들의 언어로 된 성서를 편찬하여 보급함으로써 이루어지고 있다. 기드온의 나팔 소리가 평화를 선언하는 것이었듯이 성서를 접하고 싶은 자들은 그야말로 본능적으로 이 복음의 말씀을 받아들이게 될 것이다. 그러한 결단은 자신의 세계관과 인생관과 가치관을 바꾸게 해줄 것이다. 이로써 마음의 평화가 나팔 소리처럼 주변으로 확대될 것이 분명하다.

국제기드온협회는 기드온이 높이 들고 적진으로 향했던 횃불과 나팔 대신에 성서를 높이 들고 만방으로 나아가고 있다. 그리하여 세계 도처에 잠복하고 있는 미디안 연합군을 물리치고 진리의 빛, 복음의 소리를 땅끝까지 외치며 나아가고 있다.

7. 기드온의 승리가 오늘날 우리에게도?

사실 우리는 지금까지 300 용사를 소수 정예병이라고 간주해 왔다. 하지만 한편으로 깊이 파고 들어가 보면 과연 그들이 우리가 일반적으로 생각하는 것처럼 정예병이었을까? 기드온의 테스트를 통과한 것이니 물론 정예병임이 틀림없다. 하지만 모여든 무리의 면면을 본다면, 적진에 뛰어 들어가 적들을 쓰러뜨릴 만큼 훈련된 자들이 아니었다. 전투를 잘하도록 준비되고 훈련된 자들은 아니었지만, 기드온의 전략을 수행하기에 최적화된 사람들임에는 의심의 여지가 없다. 여기에서 우리는 지도자의 전략과 수행 능력은 따르는 자의 능력과 실력 여하를 막론하고 일을 성취할 수 있다는 교훈을 배우게 된다. 그러면서 현재 이 지구촌이 처하고 있는 상황들을 돌아보지 않을 수 없게 된다.

현재 우리가 발붙이고 살아가는 지구의 현상들을 보면서 이구동성으로 하는 말들이 있다. 우리나라는 물론 전 세계적으로도 존경하고 따를 만한 리더가 부재하다는 것이다. 그렇다. 우리 시야에는 믿고 따를 만한 리더가 부재할 수도 있다. 하지만 각처에서 기드온 같은 리더가 때를 기다리고 있을 거라는 낙관을 해본다. 자신의 삶의 자리에서 묵묵히 자리를 지키면서 자기 일을 성실하게 해나가는 사람들이! 그러한 사람들이 자신의 자리를 박차고 분연히 일어서서 외치게 될 것이다. 이스라엘에서 농사짓는 기드온을 택해서 리더로 세웠듯이, 정치의 자리, 경제의 자리, 문화의 자리, 심지어 전투와 갈등이 벌어지고 있는 현장에서조차도 기드온처럼 세워질 그 누군가가 일어서기를 기대해 본다.

또 기드온의 전략은 훈련되지 않은 소수 300 용사조차도 전쟁을 수행할 수 있는 충분한 인적 자원으로 사용하는 것이었다. 생각해보라! 칼과 창과 방패로 중무장했을 뿐만 아니라, 심지어는 낙타를 타고 전투를 하려고 준비한 미디안 연합군을 어떻게 이길 수 있었겠는가? 결국 기드온은 하나님을 위한 확고한 사명감과 전략적 지혜를 다하여 싸운 결과로 놀라운 승리의 개가를 울렸다. 그 승리의 대오에 참여한 300 용사는 기드온과 더불어 영구불멸하는 하나님의 군대로 칭송될 것이다. 이런 점에서 우리는 기드온의 전략에 동참한 이 300 용사의 정체성에 대해 좀 더 깊이 있는 이해를 할 필요가 있다.

남은 자 300 용사는 사실 7년 동안이나 지속되어온, 지긋지긋한 미디안의 압제와 수탈로부터 벗어나고자 하는 희망으로 일어났다. 그리고 더 나아가서는 이스라엘을 위한 충정심에서 나아온 자들이었다. 그들은 지원병이요 민병대였다. 두려운 자를 돌려보낼 때는 남아 있던 그들도 심중에 갈등이 있었을 것이다. 자신의 의지대로 남은 자도 있었겠지만 어찌하다 보니 남은 자 무리에 끼어 있었을 수도 있다. 그런데 자신들도 모르게 평소의 모습대로 물을 떠서 핥아먹었다는 이유로 남은 자가 되었다. 그것도 300명만이! 하나님께서 남겨 놓은, 남은 자만이 할 일을 할 수 있다!

현재 우리의 시대는 기드온의 시대의 형세와 비슷하다. 한반도의 상황이 마치 300 용사와 미디안 연합군과의 대치 국면과 같다. 국토의 크기에서도 그러하지만, 주변 강대국들은 자국의 이익에 따라 한국을 국제정치적 하수인으로 부리려 하거나 경제적으로 속국화하려는 경향을 보인다. 한편으로 한반도는 북한이 핵 무력을 언제든지 사용할 가능성을 지니고 있어 그 형국이 문자 그대로 풍전등화와 같다. 거기에다 설상가상으로 내부적 국론분열과 정치적 포퓰리즘 및 당리당략은 국가의 미래를 한 치 앞도 보이지 않게 짙은 어둠 속으로 국민들을 몰아가고 있다.

 이러한 때에 각자의 삶의 자리에서 자신들이 속해 있는 공동체에서 자신도 알지 못하던 성향 또는 습관적 우월성이 드러나면서 우리가 처한 모든 상황을 종식시킬 사람들이 일어나게 될 것이다. 기드온과 같은 리더가 나타나 그들의 손에 횃불과 나팔을 들게 할 것이다. 그리고 어둠속으로 들어가 빛을 비추고 평화의 소리를 널리 퍼지게 할 것이다.

 각계 각 분야에 기드온 300 용사와 같은 이 시대의 미래를 짊어질 차세대 정예병을 잘 선발하고 육성하는, 지속가능한 전략을 세워야 할 것이다. 그들 인재와 함께 시대 흐름의 고지를 확보한 다음, 북한과 주변 강국의 정세를 면밀히 파악하고 분별하면서 이에 합당한 실천적 대응책을 세워야 할 것이다. 그런 다음 조직적인 결속력과 집중력으로 우리 눈앞에 가로 놓여있는 국내외 장벽을 향해 과감하게 돌파해 나가야 한다. 그래서 얻어진 성과가 있다면 그것을 우리만 취할 것이 아니라 이웃 국가들과 함께 공히 누려야 할 것이다.

■ **적용**

1. 기드온이 사용한 무기는 전투 무기가 아니라 횃불과 항아리와 나팔이었다. 항아리는 바로 이러한 나의 세상적인 가치관과 에고를 상징하므로 이를 기드온의 용사가 깨뜨려 부순 것처럼 우리도 그리해야 할 것이다.

   그렇다면 항아리 즉 나를 두르고 있는, 살아가면서 천착하는 제일 우선의 가치는 무엇이며, 나를 나답게 살아가게 하지 못하는 장애(항아리)는 무엇일까?

2. 항아리 안의 빛, 다시 말해서 하나님의 빛의 자녀요 빛의 일꾼으로서의 정체가 드러나서 갈등과 문제의 소지들이 사라지게 될 것이다. 나팔 소리는 하나님과 직면할 수 있는 내면의 미세한 소리뿐만 아니라 천둥 같은 소리로도 우리에게 다가올 수 있다. 그 소리를 듣고자 한다면 우리는 더욱더 내 안에 계신 하나님의 임재를 갈구해야 할 것이다.

   우리가 빛과 소리로서의 삶을 살아가려면 어떻게 해야만 할까?

3. 한반도에서 살아가는 우리는 지구촌의 그 어떤 나라보다도 톡특하고 첨예한 상황에 놓였다. 이데올로기의 첨예한 대립 속에서도 남과 북은 부단히 하나되기 위한 작은 몸짓들을 해오고 있다. "민간주도의 상호호혜"라는 기치를 내걸고 서로 윈-윈하는 전략을 시도하고자 한다. 이 기치(빛)를 갈무리하고 준비하는 도구가 항아

리다. 이 항아리 속에 우리는 '꿈의 전략'을 숨기고 있는 것이다. 독일 통일의 사례에서 배웠듯이 우리는 경제적 장치도 마련해야 할 것이다. 통일 비용이 만만치 않을 것이라고 예측하는데, 경제적 필요충분조건을 모두 갖추어야 할 것이다.

어느덧 70년 동안이나 허리가 두 동강이 나서 철조망에 휩싸여 있는 한반도의 아픔을, 그 고통을 종식시킬 그날은 언제 우리 앞에 다가올 것인지, 우리는 이 사명을 이루기 위해서 어떠한 노력을 기울이고 있는지 자문해 보아야 한다.

우리가 한반도의 상황에 직면한 문제를 풀어가기 위해서는 기드온의 전략에서 무엇을 배워야 할 것인가?

네 번째 도구

●

다윗의 물맷돌—'맞춤형 강점'

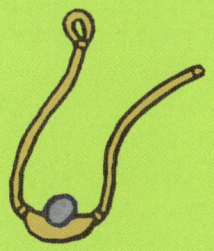

김윤환

시인, 백석대 대학원 기독교문학 교수

　　다윗은, 허리에 사울의 칼까지 차고, 시험삼아 몇 걸음 걸어 본 다음에, 사울에게 "이런 무장에는 제가 익숙하지 못합니다. 이렇게 무장을 한 채로는 걸어갈 수도 없습니다" 하고는 그것을 다 벗었다. 그렇게 무장을 해 본 일이 없었기 때문이다. 그런 다음에, 다윗은 목동의 지팡이를 들고, 시냇가에서 돌 다섯 개를 골라서, 자기가 메고 다니던 목동의 도구인 주머니에 집어 넣은 다음, 자기가 쓰던 무릿매를 손에 들고, 그 블레셋 사람에게 가까이 나아갔다. 그 블레셋 사람도 방패 든 사람을 앞세우고 다윗에게 점점 가까이 다가왔다. …"주님께서 너를 나의 손에 넘겨주실 터이니, 내가 오늘 너를 쳐서 네 머리를 베고, 블레셋 사람의 주검을 모조리 공중의 새와 땅의 들짐승에게 밥으로 주어서, 온 세상이 이스라엘의 하나님을 알게 하겠다. 또 주님께서는 칼이나 창 따위를 쓰셔서 구원하시는 것이 아니라는 것을, 여기에 모인 이 온 무리가 알게 하겠다. 전쟁에서 이기고 지는 것은 주님께 달린 것이다. 주님께서 너희를 모조리 우리 손에 넘겨주실 것이다." 드디어 그 블레셋 사람이 몸을 움직여 다윗에게 점점 가까이 다가오자, 다윗은 재빠르게 그 블레셋 사람이 서 있는 대열 쪽으로 달려가면서, 주머니에 손을 넣어 돌을 하나 꺼낸 다음, 그 돌을 무릿매로 던져서, 그 블레셋 사람의 이마를 맞히었다. 골리앗이 이마에 돌을 맞고 땅바닥에 쓰러졌다. 이렇게 다윗은 무릿매와 돌 하나로 그 블레셋 사람을 이겼다. 그는 칼도 들고 가지 않고 그 블레셋 사람을 죽였다. (사무엘상 17:39-50)

1. 성경 속 돌의 상징

성경에 돌로 표현된 곳이 창세기에서 계시록까지 약 150회 정도 나온다. 대부분 상징성을 담은 돌로 등장한다.

구약에서 여호수아가 말씀을 하나님의 율법책에 기록하고, 큰 돌을 취하여 거기 주의 성소 옆에 있는 상수리나무 아래에 세운 후 온 백성에게 말하기를 "보라, 이 돌이 우리에게 증거가 되리니 이는 주께서 우리에게 하신 모든 말씀을 이 돌이 들었음이라. 그러므로 너희가 너희 하나님을 부인하지 못하도록 이 돌이 너희에게 증거가 되리라."(수 24:26-27)고 무생물인 돌이 기억하리라는 기록이 있다.

신약에서는 예수께서 완악한 바리새인에게 대답하여 말씀하시기를 "내가 너희에게 말하노니, 이 사람들이 침묵을 지킨다면 돌들이 즉시 소리를 지르리라"(눅 19:40)고 일갈하신 것은, 말씀의 소중함을 강조하는 것이지 돌 자체에 신성한 의미를 부여한 것은 아니다.

성경은 매우 중요한 돌에 대한 비유로 예수 그리스도를 '모퉁이의 머릿돌', 또는 '산돌'이라고 표현한다. 당시의 종교 주류(건축자)들이 버린 돌이 구원에 있어 '모퉁이의 머릿돌'(마 21:42)이 된다는 진리를 표현한 것이다.

다니엘서 2장 34~35절에 "왕께서 보셨는데, 손으로 다듬지 아니한 돌이 철과 진흙으로 된 그 형상의 발을 쳐서 산산이 부수니, 그 철과 진흙과 놋과 은과 금이 함께 산산이 부서져서 여름 타작마당의 쭉정이같이 되어 바람에 날려 사라져 간 곳이 없어졌으며, 그 형상을 친 돌은 태산을 이루어서 온 세상을 가득 채웠나이다"라는 대목에서 등장하는 돌은 "사람의 손으로 다듬지 않은 돌"과 관련이 있다.

이 돌은 참으로 두려운 돌로서, 그것으로 이방 나라들이 산산조각 나는 엄청난 돌이다. 이 돌이 바로 산돌이신 예수 그리스도를 상징하고 있다.

예수께서 세례 후 성령에 이끌려 광야에서 기도하며 금식하실 때 마귀가 예수를 시험하며 돌덩이를 빵이 되게 하라고 미혹한 장면도 나온다(마 4:3). 주님을 돌로 시험한 마귀의 돌 언급은 신자들이 육적인 데 현혹되어 신앙의 진리를 비켜서지 않도록 상징적으로 강조한 것이다. 예수에 대한 또 다른 상징으로서의 '흰돌'은 계시록 2장 17절에 나오는데 재림 때에 성도들에게 주시는 영광된 은총을 의미한다.

이번 주제에서 다루게 될 '다윗의 물맷돌'은 구약 사무엘상 17장의 기사이다. 물맷돌은 물매에 달아 던지던 것으로 목동들이 맹수들로부터 양을 지킬 때 사용한 돌인데, 이 설화 속에서는 신앙의 깊은 진리를 담은 상징성을 담고 있다. 작고 매끄러운 돌을 빠른 속도로 던짐으로써 웬만한 무기보다 파괴력이 있음을 보여주고 있다. 따라서 다윗의 물맷돌이 구원의 도구로 쓰임 받는 것에 대한 집중된 탐구는 하나님의 구원 사역에 대한 흥미로운 이해와 문학적 신학적 은유의 새로운 발견을 통해 깨달음의 은혜를 더해 줄 것이다.

2. 평면적 해석을 뒤집는 말콤 글래드웰의 『다윗과 골리앗』

물맷돌의 위력은 어디서 오는가?

세계적인 베스트셀러 작가이자 크리스천 석학인 말콤 글래드웰은

『다윗과 골리앗』(2014)이라는 자신의 책을 집필하면서 잃었던 신앙을 되찾았다고 한다. 책 속에서 언급된 바에 의하면, 소년병 다윗의 투석(投石)은 사실 엄청난 훈련과 기술을 필요로 하는 것이었다. 성경에 투석 병사를 "머리카락도 맞힐 수 있는 명수"(삿 20:16)라고 묘사할 정도다. 말콤 글래드웰이 '투석병 다윗'의 물맷돌 모션을 어떻게 논리적으로 분석했는지를 보면 신앙적 시사점을 좀 더 발견

다윗과 골리앗. 피에트로 다 코르토나라 불린 피에트로 베레테니
그림. Sala13, Musei Vaticani

할 수 있다.

성경 속 전투 장면에서 골리앗을 향해 달려가는 다윗은 갑옷을 입지 않았기 때문에 속도와 기동성이 높았을 것이다. 그는 물매에 돌을 장전하고 휙휙 돌렸다. 그는 골리앗의 신체에서 유일한 취약지점인 이마를 노리고 초당 여섯 번 이상 회전할 때까지 점점 더 빨리 물매를 돌렸다. 이는 골리앗의 두개골을 관통해서 의식불명에 빠뜨리거나, 심지어 죽이고도 남을 만한 위력이었다. 저자의 진술에 의하면 다음과 같은 세 가지 유추가 가능하다.

첫째, 다윗은 가만히 있고 하나님께서 다윗의 신체를 직접 움직여 물맷돌을 골리앗 이마 정중앙에 던지셨다. 마치 아바타를 조종하듯 말이다.

둘째, 다윗의 물매 실력과는 무관하게 그가 던진 돌이 우연히 골리앗 이마에 박혔다. 이 경우 하나님은 다윗의 팔 근력과 포물선 방향, 돌의 무게와 골리앗과의 거리 등 모든 물리법칙을 '잠시' 어기셔야 한다. 돌이 날아가는 모양이 조금은 부자연스러웠을 수도 있다. 다윗의 행동과 돌의 움직임은 전혀 별개였을 것이기 때문이다.

셋째, 다윗은 여태껏 성실히 연습하고 훈련해 왔듯이 용맹하게 물매를 돌려 돌을 던졌고, 그 돌을 이마에 정통으로 맞은 골리앗이 죽었다. 마치 실력이 출중한 양궁선수가 과녁 정중앙에 화살을 꽂듯 말이다.

이때 하나님의 기적은 하나님을 위한 의분으로 용맹하게 거인 골리앗에 맞서 주를 위해 물매를 돌린 다윗 그 자체였을 것이다.

말콤 글래드웰은 다윗의 물맷돌이 세 번째 방식이라는 가정하에, 꼭 필요한 전제로 다윗의 성실한 연습량과 출중한 실력 그리고 하나님을 목숨보다 사랑하는 뜨거운 신앙을 들었다. 다윗의 이 모습이 오늘날 크리스천이 가져야 할 영성과 실력을 거의 완벽에 가까운 모습으로 나타냈다고 볼 수 있다.

따라서 우리가 지녀야 할 영적 무기로서 물맷돌에 대한 탐구는 신앙의 근력을 키우는 매우 의미있는 과정이라고 볼 수 있다. 그러한 측면에서 말콤 글래드웰의 『다윗과 골리앗』의 제1부에서는 실제로는 도움이 되지 않는 것들을 의지하거나, 실은 우리를 더 강하고 현명하게 만들어주는 것들을 무시하는 관념의 오류를 제시해주고 있다.

강자는 결코 알지 못하는 약점의 역설: 강자를 이기는 약자의 기술

다윗과 골리앗의 결투에서 조건과 힘의 역효과가 나타났고, 약자의 무궁무진한 지략이 드러난 역설적 장면이 연출되었다. 기존의 전술 인식을 반전하는 놀라운 진리를 보여주는 것이다. 권력을 가진 사람들은 사실은 보이는 것만큼 강하지 않다. 약자들 역시 보기만큼 약하지 않다.

거인 골리앗이 갑옷을 입고 칼과 창으로 중무장하고 있는 바로 그것을 약점으로 만들어 버릴 수 있는 다윗의 스피디한 공격은 그야말로 맞춤형 강점으로 바뀌었다.

따라서 이 책에서 소년병 다윗의 이야기를 통해 가진 게 별로 없는 약자가 오히려 큰 믿음의 강자로 바뀌는 역사를 실감한다. 또한 권력자들의 강점이 오히려 믿음의 사람에게 약점이 될 수 있음을 이 책은 일깨워 준다. 믿음의 사람이 세속의 권력자를 능히 이길 수 있음을 강하게 피력한다.

3. 물맷돌은 준비된 사람에 대한 상징

다윗의 물맷돌 다섯 개의 의미

다윗이 엘라 골짜기에서 골리앗과 싸우러 나갈 때, 과연 그가 시냇가에서 물맷돌 몇 개를 주워 가지고 블레셋 장수 골리앗에게로 나갔을까? 다윗이 단 한 번의 돌팔매로 골리앗을 쓰러뜨렸기 때문에 하나만 준비했을 것으로 생각할 수 있다. 그러나 성경은 다윗이 다섯 개의 물맷돌을 준비했다고 기록한다.

사무엘상 17장 40절에 "손에 막대기를 가지고 시내에서 매끄러운 돌 다섯을 골라서 자기 목자의 제구 곧 주머니에 넣고 손에 물매를 가지고 블레셋 사람에게로 나아가니라"라고 기록되어 있다.

다윗이 다섯 개의 물맷돌을 준비한 것은 믿음이 약해서이거나 혹여 있을 수 있는 실수를 대비해 여분으로 준비한 것이 아니다. 구약 역사를 연구하는 이들은 블레셋을 구성하는 다섯 개의 부족과 관련이 있다고 보았다. 당시 다윗이 쓰러뜨린 골리앗은 블레셋 대표 장수가 아니라 가드 부족의 장수였다. 블레셋은 가드, 가사, 아스돗, 에그론, 아스글론 등 5개 부족 연맹체(수 13:3)이므로 블레셋과 싸운다는 것은 다섯 부족과의 싸움이며, 다윗은 이를 고려해 각 부족의 장수를 대적할 물맷돌 다섯 개를 준비했다고 보는 관점이다.

그러나 다윗이 물맷돌 다섯 개를 준비한 것은 성실한 목자로서 일상의 습관이 몸에 밴 것으로 보는 것이 훨씬 설득력이 있다. 왜냐하면 다윗이 스스로 사울 앞에서 말했던 것처럼 들판에서 양떼를 지키기 위하여 사나운 짐승들인 사자나 곰과 숱한 싸움을 하고 쫓아내기를 거듭하는 생활을 해왔기 때문이다. 그래서 항상 '충분한 물맷돌들'이 필요했기 때문에 물매 주머니에 돌을 넣을 때마다 여러 개를 넣었을 가능성이 크다.

물맷돌은 준비되고 훈련된 '성실함'의 상징

그러면 사무엘이 이새의 아들들에게 기름 부으러 갈 때, 하나님은 외모를 보시지 않고 중심을 보신다고 하셨다. 다윗이 성경에 처음으로 등장할 때의 모습은 양 떼를 지키는 평범한 목동이다. 하나님이 보신다는 중심은 바로 성실함이었다. 그런 의미에서 양치기로서 다윗의 성실함이 항상 준비된 물맷돌에 담긴 것이고, 그렇게 일상에서 성실함으로 쌓인 실력이 되었던 것이다.

다윗의 물맷돌 모형(세계기독교박물관)

목자들은 지팡이와 막대기 두 가지를 꼭 가지고 다녔다. 여기에 한 가지 더 물매를 가지고 다녔다. 이 물매는 다윗이 말한바 사자와 곰이 목자가 돌보는 양들을 잡아갈 때, 그들을 쫓아버리거나 잡는 데 사용했다. 주변에서 짐승들이 양들을 위협할 때 쫓아내는 도구이기도 했다. 고대 근동에서 물맷돌은 엄연한 무기의 하나였다.

성경에는 물맷돌 부대가 있었음을 보여주는 구절들이 있다. 사사기 20장 16절에서는 베냐민 지파에 물맷돌에 특화된 왼손잡이 700명으로 구성된 부대가 있었음을 보여준다. 그 외에도 여러 곳에 나타난다(대상 12:2; 대하 26:14; 왕하 3:25).

앗시리아의 산헤립이 유다를 쳐들어왔을 때, 이 물매 부대를 앞세우고 왔다. 이집트의 투탕카멘의 무덤에서도 물매와 물맷돌이 발굴되었다. 물매는 그리스와 로마 군인들에게 중요한 무기였으며, 그들의 동전이나 벽화에서도 발견된다. 다윗은 물매 실력이 뛰어났다. 그의 실력으로 골리앗을 단 한방에 넘어뜨리고 이스라엘을 위기에서 구했다. 많은 사람이 다윗이 물맷돌로 골리앗을 쓰러뜨린 것은 하나님을 향한 믿음이 있었기 때문이라고 한다.

많은 그리스도인은 세상이든, 내 앞에 막아선 골리앗 같은 어떤 존재나 시련 앞에 서면 두려움에 자신이 작아지는 것을 경험한다. 그리고 그것을 그저 믿음 없음으로 이야기한다. 하지만 실은 닥친 위기에 대해 준비된 성실함이 부족한 경우가 더 많다.

다윗의 물맷돌은 '믿음'의 무기

실제로 우리 앞에는 홍해나 골리앗과 같이 믿음 없이는 넘을 수 없는 문제가 수시로 나타난다. 그래서 우리는 믿음에 더하여 갖추어야 할 실력이 필요한 것이다. 내 앞의 거대하고 넘지 못할 장벽이어서 두려운 게 아니라, 더러는 실력을 갖추지 못해서 두려운 경우도 많다.

하나님이 다윗을 쓰실 때, 그가 그저 믿음만 좋은 사람이었기 때문은 아니었다. 그에게는 골리앗과 대결할 수 있는 마땅한 실력이 준비되어 있었다.

다윗이 언젠가는 골리앗과 대결하리라는 마음을 먹고 물맷돌 실력을 갈고닦은 것은 아니다. 그에게 주어진 일상의 삶이 목자로서 자신이 맡은 양 떼를 사자나 곰으로부터 지키기 위해 평소에 훈련한 것이었다. 그러한 실력을 하나님이 제 형제와 나라를 구하는 데 사용하게 하신 것이다.

우리는 자신에게 질문해 보아야 한다. 다윗이 가진 믿음이 있는가? 아니면 다윗이 가진 물매와 돌만 가지고 있는가? 다윗이 가진 하나님의 이름이 모욕당하는 것에 대한 의로움이 있어야 하고, 또한 의로움을 드러낼 실력을 갖춘 믿음의 무기가 준비되어야 함을 가르쳐 주고 있다.

일상의 삶 속에서 실력을 겸비한 믿음의 물매가 있어야 골리앗과 같은 거대한 시련을 넘어설 수 있는 강력한 무기를 갖추었다고 할 수 있다. 그리고 그 바탕 위에 믿음이 있어야 대적할 수 있는 용기도, 승리의 선포도 가능한 것이다.

물맷돌에 담긴 거룩한 분노

다윗은 들에서 양을 치고 있다가 급히 오라는 아버지의 전갈을 받고 불려와서 사무엘을 만난다. 헐레벌떡 달려온 다윗을 만난 사무엘은 최고의 보석을 발견한 듯 형용할 수 없는 눈길로 다윗을 바라보았다.

하나님의 선지자가 다윗에게 기름을 부은 사건은 다윗에게 상당한 용기를 주었을 것이다.

몇 달이 지난 뒤 블레셋 족속이 이스라엘에게 싸움을 걸어왔는데, 이스라엘을 괴롭히는 주변 족속들이 여럿이 있었지만, 블레셋 족속처럼 이스라엘을 자주 못살게 괴롭히는 족속은 없었다. 그들과의 전쟁이 시작되자, 이새의 집안에서도 세 아들이 징집되어 전쟁터로 나갔다. 아버지는 전쟁터에 나간 아들들에게 먹을 것을 전해 주기 위해서 다윗을 보냈다. 다윗이 전쟁터에 가서 형들을 만나 이야기하는 동안, 블레셋 군대의 골리앗 장수가 나와서 늘 하던 대로 또 큰소리를 쳤다. "여러 사람이 싸울 필요가 뭐 있느냐? 너희 중에 한 사람이 나와서 나를 이기면 우리는 너희의 종이 되겠다. 그러나 내가 그를 이기면 너희는 우리의 종이 되기로 하자." 키와 덩치가 엄청나게 큰 골리앗은 청동 갑옷으로 완전 무장을 하고 머리에는 투구를 썼다. 이스라엘의 군사는 물론 하나님을 조롱하는 말투였다. 이스라엘 군사들은 완전히 기가 죽어있었고, 두려움에 떨면서, 감히 그와 싸우겠다고 나서는 사람이 아무도 없었다. 다윗은 '저놈이 무엇이기에 감히 우리의 형제와 동포를 괴롭히고 살아계신 하나님을 조롱하는 것인가?'라고 분노하면서 골리앗에게 관심하게 된다. 이러한 다윗의 소문은 곧 사울 왕의 귀에까지 들어갔다.

사울의 부름을 받은 다윗은 자신이 기꺼이 나가서 싸우겠다고 말한다. 그러자 사울 왕은 외모로만 다윗을 보고는 어리고 경험도 없다는 이유로 참전을 허락하지 않는다. 그러나 다윗은 자신이 그동안 양을 치며 살았는데, 사자나 곰이 새끼 양을 채어갈 때는 쫓아가서 양을 구할 때 그 짐승의 목을 비틀어 죽였다, 그러니 블레셋 장수도 쓰러뜨릴 자신이 있다고 강변했다.

사울이 다윗의 참전 요구를 수용해야 했던 강력한 선포가 바로 사무엘상 17장 36~40절에 나온다. "주의 종이 사자와 곰도 쳤은즉 살아 계시는 하나님의 군대를 모욕한 이 할례 받지 않은 블레셋 사람이리이까 그가 그 짐승의 하나와 같이 되리이다 또 다윗이 이르되 여호와께서 나를 사자의 발톱과 곰의 발톱에서 건져내셨은즉 나를 이 블레셋 사람의 손에서도 건져내시리이다 사울이 다윗에게 이르되 가라 여호와께서 너와 함께 계시기를 원하노라 이에 사울이 자기 군복을 다윗에게 입히고 놋 투구를 그의 머리에 씌우고 또 그에게 갑옷을 입히매 다윗이 칼을 군복 위에 차고는 익숙하지 못하므로 시험적으로 걸어 보다가 사울에게 말하되 익숙하지 못하니 이것을 입고 가지 못하겠나이다 하고 곧 벗고 손에 막대기를 가지고 시내에서 매끄러운 돌 다섯을 골라서 자기 목자의 제구 곧 주머니에 넣고 손에 물매를 가지고 블레셋 사람에게로 나아가니라".

다윗은 하나님에 대한 전적인 신뢰와 자신의 동족을 위협하는 블레셋에 대한 거룩한 분노로 골리앗을 정면으로 대응하며 엄청난 선언을 하게 된다.

"다윗이 블레셋 사람에게 이르되 너는 칼과 창과 단창으로 내게 나아오거니와 나는 만군의 여호와의 이름 곧 네가 모욕하는 이스라엘 군대의 하나님의 이름으로 네게 나아가노라 오늘 여호와께서 너를 내 손에 넘기시리니 내가 너를 쳐서 네 목을 베고 블레셋 군대의 시체를 오늘 공중의 새와 땅의 들짐승에게 주어 온 땅으로 이스라엘에 하나님이 계신 줄 알게 하겠고 또 여호와의 구원하심이 칼과 창에 있지 아니함을 이 무리에게 알게 하리라 전쟁은 여호와께 속한 것인즉 그가 너희를 우리 손에 넘기시리라"(삼상 17:45-47).

골리앗과 마주한 다윗이 물매에 돌을 넣어 빙빙 돌리다가 '탁' 치니까 그 돌이 날아가 골리앗의 이마에 정통으로 박혔고 골리앗은 '억' 하고 쓰러졌고, 다윗은 달려가서 골리앗의 칼로 그의 목을 베어버렸다. 그러자 블레셋 군사들이 모두 두려워하며 도망함으로써 대반전의 승리를 맛보게 된다.

흔히 우리는 다윗과 골리앗의 싸움에 하나님이 도와주신 것으로 생각하는데, 그렇게만 이해하면 중요한 신앙의 진리를 놓치게 된다. 정확한 믿음의 표현은 하나님을 조롱하는 골리앗을 쓰러트리는데 다윗을 쓰셨다고 보는 것이 정확하다. 즉 하나님을 대적하는 자에게 하나님이 쓰는 자를 통해 그 믿음과 승리의 영광을 받으신다는 것이다.

다윗의 물맷돌은 그러한 의미에서 거룩한 분노가 담긴 다윗의 믿음이었고, 하나님은 그의 결단과 실력을 사용하신 것이다.

더 크게 쓰임 받은 반전의 예표

골리앗과의 전투에서 싱거우리만큼 멋지게 승리한 다윗은 그로부터 이스라엘의 핵심적인 인물로 부상하게 된다. 사울 왕의 교만과 어리석음이 비교되면서 점차 이스라엘 왕국의 제2인자를 거쳐 마침내 사울의 핍박을 넘어 왕위를 차지하고 이스라엘을 태평성대의 강대국으로 부흥시키는 실로 놀라운 인생 역전을 이루어냈다. 물론 하나님의 계획 아래 있었던 것이기는 하지만, 다윗이 자신의 자리에서 믿음과 성실함을 잘 지키고 연마함으로써 하나님의 사자의 반열에 오르게 된 것이다.

다윗이 사용한 물맷돌이라는 도구는 결국 준비된 자만이 쓰임받는다는 성경적이면서도 지극히 보편적인 신앙의 원리를 보여주는 것이다. 다윗은 단순히 양치기로서의 능력뿐 아니라, 악기를 다루고 시를 지으며 당시 목동들로서는 보기 힘든 창조적 재능까지 겸비하여 당시는 물론 오늘의 신앙인에게도 감동과 도전을 주는 성경 속 핵심 주인공이 된 것이다.

하나님의 독생자이신 예수가 하나님과 동등됨을 취하지 않고 가장 낮은 자리에서 가장 가난하고 병든 자, 구원이 간절한 자에게로 다가오셨다. 그들에게 복음을 선포하고 사랑의 공생애를 보내신 후 최종적으로 십자가 희생을 감당하신 예수는 온 인류의 죄와

1 다윗과 골리앗. 12세기경, 루브르 박물관, 파리
2 다윗과 골리앗. 1123년, 카탈루냐 박물관, 바르셀로나

사망으로부터 구원과 승리를 이끌어내셨다. 그리하여 우리의 영원한 대장군이 되신 구주 예수의 모형으로서 다윗이 하나님으로부터 쓰임 받았다는 구체적 상징이 바로 다윗이 준비한 다섯 개의 물맷돌인 것이다.

지금 우리의 믿음과 준비된 실전 능력, 거룩한 분노와 반신앙적인 것과 싸울 수 있는 용기가 우리가 준비해야 할 물맷돌이다.

4. 다섯 물맷돌의 오늘의 의미

신약성경 속에서 다섯이란 숫자는 수차 등장하는데, '오병이어'의 기적과 달란트 비유에서 '다섯 달란트' 가진 자의 성실함을, 열 처녀 비유에서 다섯 처녀의 기름 준비 등, 예수 그리스도의 사역과 말씀에서 구원과 성실한 믿음의 준비를 묘사할 때 등장한다.

앞에서 함께 살펴본 다윗의 물맷돌을 오늘의 신앙과 삶의 관점에서 되새겨 적용해 볼 때, 성경이 말하는 구원의 진리를 일상의 삶으로 증거할 수 있다. 이에 다윗의 다섯 개 물맷돌의 신앙적 교훈을 다섯 개의 키워드로 정리해 본다.

첫 번째 물맷돌, 하나님 사랑과 동족 사랑

다윗이 골리앗과 싸움에 나선 가장 큰 동기는 바로 사랑이다. 다윗은 가깝게는 자신의 가족과 양 떼에 대한 원초적 사랑도 있지만, 이스라엘을 지키시는 이가 하나님이시라는 믿음으로 생긴 하나님에 대한 극진한 사랑이라고 할 수 있다.

하나님이 바벨탑 사건 이후 각 민족을 언어별로 나눈 이유는, 인간 사회에 힘있는 특정 세력이 언어가 다른 타민족을 힘과 무기로 찬탈하지 않고 각 민족의 고유 영토에서 각자의 방식대로 자결권을 행사하기를 원하셨기 때문이다. 예나 지금이나 인류 사회는 여전히 힘센 자가 약한 자를 억압하고 부리며 제 유익의 도구로 삼고 있음을 성경 속의 역사를 통해서 알 수 있다.

하나님을 사랑한다는 것은 곧 하나님의 뜻인 평화를 사랑하고 하나님이 일러주신 방식대로 사랑으로 살아가는 것을 의미한다. 자기 유익보다 공동체의 유익을 사랑하는 것, 내 생각보다 하나님의 뜻을 더욱 존중하고 따르는 것이 하나님 사랑의 첫걸음이라고 할 수 있다.

사랑이 지배하는 나라, 사랑으로 평화를 이루는 나라가 바로 하나님 나라이며, 그러한 원칙으로 사는 것이 바로 하나님 사랑의 삶인 것이다. 다윗은 자신의 유익이나 안위보다 하나님의 사랑하심을 믿고 자신을 그 사랑의 도구로 내어놓았다.

하지만 그것이 신앙적 신념이라면, 원초적 사랑은 바로 남다른 형제애와 동족애라고 할 수 있다. 하나님이 예비하신 자신의 영토와 동족은 자신이 지켜야 할 소중한 가치이며 삶의 이유임을 다윗이 보여주고 있다.

우리나라의 세종대왕이 백성을 사랑하여 한글을 창제한 일이나 왜적으로부터 나라와 동포를 지킨 충무공 이순신 장군이나, 일제의 침략에 맞서 자신을 던진 안중근 의사와 김구 선생이 바로 민족애와 동포애를 가진 사랑의 인물들이다. 또한 '사랑의 원자탄'으로 알려진 손양원 목사께서 아들을 잃어버린 고통을 껴안고 아들을 살해한 청년을 양자로 삼는 놀라운 사랑이 있었다. 이것이야말로 하나님의 사랑 방식이고 그리스도의 구원방식인 것을 우리는 이미 알고 있지 않은가.

복음을 전한다는 것은 두 가지 의미를 갖고 있다. 교인 수효를 늘리는 단순한 행위가 아니다. 내 가족의 영혼, 내 이웃의 영혼을 진실로 사랑하여 덩치만 좇는 골리앗의 삶이 아니라, 작지만 정의와 평화를 숭상하는 하나님 나라의 삶을 확장하는 것이다.

오늘에 되새길 구원 사역의 제1무기인 사랑의 물맷돌이 준비되어 있는지, 자신에게 또는 우리들의 교회에게 질문해야 할 시기이다.

두 번째 물맷돌, 믿음

다윗에게는 아버지 이새로부터 받은 신앙의 유전이 있었겠지만, 실은 그의 믿음은 이미 예비된 것이라고 할 수 있다. 믿음과 효심 가득한 이방 여인 룻과 맺어진 보아스의 가문에서 이새와 다윗이 나고, 다윗의 가문에서 구원자를 내시겠다는 하나님의 계획 아래 다윗의 믿음이 자라난 것이다.

우리가 신앙인이 되었다는 것은 우리의 선택과 노력이라기보다는 하나님의 사랑이 어머님의 태로부터 미리 택정하여 구별된 존재로 부르셨다는 것을 깨닫고, 날마다 감사하며 사는 것이 믿음의 출발이다.

주님이 분명히 말씀하셨다 "너희가 나를 택한 것이 아니요 내가 너희를 택하여 세웠나니 너희는 내 것이라"(요 15:16). 중요한 것은 그러한 자기 정체성을 바탕으로 자신의 삶을 하나님께 의뢰(기도)하며 주님의 뜻(말씀)대로 자신을 이끌어가는 것이 순결한 믿음이다.

　우리가 거대 장벽인 골리앗과 같은 세상을 이기려면, 다윗과 같이 이미 하나님의 예비하심을 믿고 담대히 응전하는 태도를 갖추는 것이야말로 준비해야 할 믿음의 물맷돌이다.

　다윗이 사울과 결정적으로 다른 점은 바로 하나님께 대한 전적인 신뢰와 충성이 있었다는 것이다. 다윗도 연약하여 훗날 부정의

골리앗에게 물맷돌을 던지는 다윗
[https://m.blog.naver.com/PostView.naver?blogId=woogy68&logNo
=222856758594&categoryNo=420&proxyReferer=]

죄를 짓기는 하였지만, 그의 일생을 통틀어 보면 하나님을 사랑하고 순종하고 따르고 의지하는 신앙심이 특별하였다.

물론 사무엘이 다윗과 골리앗의 전투가 있기 전에 여호와 하나님의 명을 따라 이새의 집에서 다윗에게 첫 번째 기름 부음을 행한 것(삼상 9:15-17)이, 다윗에게 하나님이 자신을 쓰시리라는 믿음을 더욱 굳건하게 했으리라고 충분히 짐작해 볼 수 있다.

믿음의 자세는 사람 관계에서도 다르지 않다. 사람을 쓰고자 할 때, 가장 마음이 가는 사람은 가장 유능한 사람이 아니라 가장 정직하고 충성스런 사람이다. 왜냐하면 능력이 많은 사람일수록 그가 딴마음을 먹었을 때, 그 딴마음의 후유증이 심각하게 드러나기 때문이다. 하지만 정직하고 충성스런 사람은 끝까지 의리를 지키며 자신을 기용한 이를 배신하거나 피해를 주지 않으려 한다.

다윗은 사울 왕으로부터 죽음의 위협을 여러 번 당했고, 그 후 왕을 제거할 기회 또한 여러 번 있었지만, '하나님의 기름 부음 받은 왕을 죽일 수 없다'라고 생각함으로써 하나님을 경외하는 마음과 자신을 기용한 왕에 대해 겸비함을 나타냈다. 이러한 다윗의 하나님을 향한 사랑, 충성심, 의지하고 순종하는 마음은 오늘의 신앙인이 지켜야 할 가장 중요한 믿음의 물맷돌이다.

세 번째 물맷돌, 몸에 밴 성실함

하나님이 다윗을 도우셨기 때문에 다윗이 어떠한 상황에서도 승리할 수밖에 없다고 단정 짓는다면 결국 신앙인의 역할은 소용없게 된다.

다윗에게 준비된 물맷돌을 던지는 탁월한 기술은 그의 성실함에 대한 하나님의 선물이라 할 수 있다. 하나님은 아무리 기도를 많이 해도 스스로 준비하지 않는 자에게는 일을 맡기실 수 없는 것이다.

당시 전쟁에 나온 병사들 대부분은 양 치는 일을 주업으로 하는 사람들이었다. 양치기 일을 하다가 전쟁이 터지니까 다윗의 세 형처럼 전쟁터로 나온 것이다. 그런데 물맷돌 던지는 것은 대부분 양치기가 할 수 있는 기술로, 다윗보다 실력이 좀 떨어질 수는 있을지 몰라도 다윗만이 할 수 있는 기술은 아니었다.

지금도 중동지방에서 양을 치는 사람들은 물맷돌을 잘 던진다. 다윗 당시 이스라엘 사람들은 실제로 전투할 때 물매를 사용했고, 특별히 물맷돌 부대까지 있었다. 이스라엘만이 아니고 이집트와 앗시리아, 그리고 로마의 군인들도 물매를 무기로 사용한 흔적이 남아 있다. 따라서 다윗이 양치기를 했으므로 물매를 사용하는 기술이 탁월했다고는 할 수 없다.

다윗은 형들이 모두 전쟁터로 징발되어 나간 자리에 자신이 그 양들을 지키기 위해서 끊임없는 돌팔매질 연습을 했을 것이다. 아버지가 맡긴 양 떼를 지키는 일은 양들의 생명을 지키는 일이자 가족의 생계를 지키는 일이었기 때문이다. 그러한 다윗의 몸에 밴 성실함과 책임감으로 고도의 훈련이 이루어진 결과, 골리앗의 머리를 정통으로 맞히게 된 탁월한 실력이 된 것이다.

우리가 물맷돌을 잘 던지는 기술도 필요하지만, 우리 삶에 하나님이 지명하신 목표와 가치를 정확히 알고 믿음의 삶을 방해하는 적들을 정교하게 물리치는 지속적인 훈련이 필요한데, 이는 다윗의 물맷돌 세 번째 의미가 된다.

무조건 용기를 내어 하나님의 이름으로 나아가 거대한 골리앗을 쓰러뜨리러 가자고 하는 것은 무모한 일이다. 별다른 열정도, 훈련도, 실력도 없이 하나님의 이름을 주술처럼 외면서 나간다고 하나님이 역사하시지는 않는다.

우리 앞의 골리앗과 같은 세속적인 가치와 목표들이 우리의 믿음을 조롱하고 있을 때, 많은 에너지를 소진하지 않더라도 거뜬히 넘어서는 비결은, 신앙을 바탕으로 하는 성실과 집중력이라는 물맷돌을 준비하는 것이다.

지금 나의 성실성을 주님도 동의하시는지 자신에게 물어보면 더욱 명료해진다. 안일하고 요행을 바라는 것으로 하나님의 도우심을 구하는 것은 하나님을 경홀히 여기는 것이라고 할 수 있다.

네 번째 물맷돌, 과유불급의 지혜

다윗이 골리앗과의 결투에 나갈 때의 장면은 일반적인 전투준비와 다른 양상으로 기록되어 있다.

사무엘상 17장 도입부에서 골리앗의 준비상태는 그의 신체적 우월함과 착용한 무기들에 맞춰져 있다. "블레셋 사람들의 진영에서 싸움을 돋우는 자가 왔는데 그의 이름은 골리앗이요 가드 사람이라 그의 키는 여섯 규빗 한 뼘이요 머리에는 놋 투구를 썼고 몸에는 비늘 갑옷을 입었으니 그 갑옷의 무게가 놋 오천 세겔이며 그의 다리에는 놋 각반을 쳤고 어깨 사이에는 놋 단창을 메었으니 그 창 자루는 베틀 채 같고 창날은 철 육백 세겔이며 방패 든 자가 앞서 행하더라"(삼상 17:4-7).

그러자 사울이 마침내 다윗을 골리앗과 결투를 시키기로 결정하고는 그에게 챙겨주려고 한 것들이 있었다. 군복, 놋 투구, 갑옷,

칼 등이 그것들인데, 이런 것들은 골리앗이 갖추고 있던 장비들(5절)과 유사하다. 그러나 다윗은 이런 갑옷과 칼들이 익숙하지 않아서 다 벗어버리고, 오직 막대기와 돌 다섯 개를 가지고 간다(39-40절).

골리앗이 착용한 장비들 중에서 다윗이 착용한 것이 단 하나도 없다는 것을 본문은 분명하게 강조하고 있다. 따라서 애당초 골리앗과 다윗의 대결은 장비나 우월한 신체적 조건의 대결도 아니라는 것을 시사한다. 그야말로 우월한 조건을 갖춘 골리앗과 그런 모든 조건과 장비들을 갖추지 않은 다윗과의 이해되지 않는 대결의 모습이었다. 그러나 신체나 장비의 조건이 열악함에도 승리를 가져온 데는 오직 믿음만으로 설명되지 않는 다윗의 전술 전략이 깔려있다는 점을 알아야 한다.

무엇보다 다윗은 골리앗과 칼싸움이나 몸싸움으로 승리할 계획이 없었다. 그의 계획은 한 마디로 과유불급(過猶不及)의 전술이었다. 자신에게 맞지 않는 갑옷이나 투구, 칼 등을 다 버리고 가장 가벼운 상태를 유지했다는 것이다.

골리앗의 신체적 유리함을 보면 키는 여섯 규빗 한 뼘으로 약 2.38m가 되기 때문에 엄청나게 큰 키라고 할 수 있다. 또한 그가 착용한 방어 장비들은 놋 투구와 비늘 갑옷, 방패, 그리고 놋 각반이다. 철저하게 자신을 보호할 수 있는 방어 장비들을 갖추고 있는 모습이다. 동시에 그의 공격 무기들은 놋 단창, 칼, 창 등이라고 기록하고 있다. 그러나 다윗은 자신의 신체조건에 가장 잘 맞는 상태를 통해 소위 빠른 몸놀림과 속도의 우월성을 활용하여 승리하게 된 것이다.

골리앗은 무거운 장비들을 착용하여 자신을 방어할 준비를 했지만, 결국 상대방을 공격하는 데 있어서 그 무게로 인해 속도가 느려짐으로써 다윗의 빠른 몸놀림을 이겨낼 수 없었다.

"블레셋 사람이 일어나 다윗에게로 마주 가까이 올 때에 다윗이 블레셋 사람을 향하여 빨리 달리며 손을 주머니에 넣어 돌을 가지고 물매로 던져 블레셋 사람의 이마를 치매 돌이 그의 이마에 박히니 땅에 엎드러지니라 다윗이 이같이 물매와 돌로 블레셋 사람을 이기고 그를 쳐 죽였으나 자기 손에는 칼이 없었더라"(삼상 17:48-50).

우리의 신앙과 삶에서도 많은 것을 치장하고 덧씌우고 갖춘다고 모든 것이 유리한 것은 아니다. 오늘날 교회와 성도들의 신앙 주변에 본질 외 너무 많은 것들이 켜켜이 쌓여있다. 예배와 말씀, 봉사와 성실한 삶을 통한 전도라는 단순하고 명료한 준비 외에 부차적인 도구들을 동원하여 그럴듯한 예배의 풍경, 신앙의 우월성을 과시하려는 골리앗 같은 종교형식을 볼 때가 있다.

제도적 교회는 그야말로 예배를 통해 말씀의 은혜를 받고 성경과 봉사 훈련을 통해 성도의 삶의 양식을 몸에 익히기 위해 세워진 공동체다. 교회 내부의 사역이 과중하여 그 무게에 지쳐 신앙이 흐려지며 주님과 교제하기보다 교인끼리 교제에 심취되어, 더러는 위로를 받지만 더러는 상처를 주고받는 모순이 발생되고 있는 것을 종종 목격하게 된다.

우리의 신앙에 예수의 사랑과 그분이 가르쳐 주신 진리와 은혜의 삶 이외에 다른 것들은 과감히 덜어낼 필요가 있다. 주말과 주일에 교회에서 보내는 시간만큼 가족과 삶의 공동체에서도 그 성실성이 나타나야 한다. 세상적인 짐이 신앙에 방해가 되기도 하지만, 과도한 종교 생활의 짐이 은혜를 방해하기도 한다는 점을 간과해서는 안

된다.

다윗의 물맷돌 네 번째 의미는 세상의 짐이건, 신앙의 짐이건 종종 점검하여 무게를 줄여 몸을 가볍게 하여 하나님 나라의 삶을 누리는 은총의 의미로 삼아야 한다.

다섯 번째 물맷돌, 행함의 용기

하나님을 조롱하는 것에 분노했다는 것은 다윗이 그만큼 하나님을 사랑한다는 의미다. 사무엘상 2장 30절에 보면 하나님께서 엘리 제사장에게 경고하며 "그러므로 이스라엘의 하나님 나 여호와가 말하노라 내가 전에 네 집과 네 조상의 집이 내 앞에 영원히 행하리라 하였으나 이제 나 여호와가 말하노니 결단코 그렇게 하지 아니하리라 나를 존중히 여기는 자를 내가 존중히 여기고 나를 멸시하는 자를 내가 경멸하리라"라고 말씀하신 것을 되새길 필요가 있다.

하나님을 존중한다는 것은 그분의 뜻을 존중한다는 것이고, 그분이 말씀하신 진리의 삶을 실천하는 용기를 요청하는 것이다. 말하자면 종교의 형식, 신앙의 모양은 있으나 진실로 주님을 경외하지 않는, 마치 신앙을 자기 생활의 비타민이나 문화적 우월감으로 행하는 것은 결코 하나님을 존중하는 것이라고 할 수 없다.

오늘날 이구동성으로 기독교의 위기를 부르짖고 있다. 그러나 곰곰이 생각해보면 위기의 중심에는 교회가 있었고, 교인이 원인자가 되는 것이 상당 부분이었다.

하나님을 높이는 자는 사람을 함부로 대해서는 안 된다. 교회 내 신앙인들 내부에 잘못된 관행에 대하여 스스로 회개하고 바른길을 간구하고 권면하는 용기가 필요하다.

성경의 많은 선지자가 하나님의 길에서 벗어난 이스라엘 왕들과 종교 지도자, 민족에게 분노했으며, 바울은 전도 여행을 하다가 아덴에 우상이 가득한 것을 보고는 분노했다. 주님께서도 안식일에 손이 오그라든 사람을 고쳤다고 사람들이 비난할 때 분노하셨다. 성전을 관리하는 사람들이 성전의 제도를 이용하여 이익을 취할 때 예수는 분노하셨고, 율법 학자들과 바리새인들의 위선에 대해 예수는 심한 욕설과 함께 분노의 저주를 퍼부으셨다. 예수께서는 한없이 자비로우시며 한없이 관대하신 분이지만, 하나님께서 조롱받는 일에는 크게 분노하셨다. 이러한 분노가 거룩한 분노다.

무엇보다 예수는 우리의 죄에 대하여 슬퍼하시고 분노하셨다. 성경의 말씀처럼 우리는 '태어날 때부터 진노의 자식'이었다(엡 2:3). 죄가 우리를 사로잡고 있어서 우리는 꼼짝하지 못한 채 죄의 노예로 살아가고 있는 것을 주님은 슬퍼하신 것이다. 외롭고 슬프고 비참한 우리의 영혼을 보시면서 그분의 슬픔, 그분의 분노가 십자가로 나타난 것이다. 그래서 예수님의 십자가를 깊이 체득하게 되면 자연스럽게 하나님을 사랑하게 되고, 하나님을 사랑하는 사람은 하나님께서 수치와 조롱을 받을 때 자연히 분노하게 되는 것이다.

러시아의 시인 네크라소프는 말한다. "슬픔과 분노 없이 사는 사람은 자신의 조국을 사랑하지 않는 사람이다." 이 표현에 '조국'이라는 말 대신에 '하나님'이라는 단어를 넣어서 생각해본다. 잘못된 종교행위로 하나님의 이름이 모욕당하는 것을 볼 때, 되새겨 본다. "긍휼과 분노 없이 사는 사람은 자신의 하나님을 사랑하지 않는 사람이다."

구별된 신앙생활에도 용기가 필요하지만, 비본질적인 규칙과

이슈에 붙잡혀 경건을 잃어버린 신앙에 대해서도 거룩한 분노를 가져야 한다. 하나님의 거룩성을, 해묵은 도그마를 세상에 부르짖는 것만으로는 잃어버린 영혼을 찾을 수도 없고, 하나님 나라의 확장을 꿈꿀 수도 없다. 자신의 변화와 교회의 변화를 통해 교회의 문턱을 낮추고 교회로 오라고 하기 전에 먼저 이웃으로 다가가는 교회로서 행함이 있어야 한다.

다윗의 물맷돌 다섯 번째 의미는 하나님을 경외하는 삶, 폭압자에 대한 거룩한 분노, 사랑을 실천하는 용기 있는 행함이 담겨 있는 것으로 되새기게 되는 것이다.

5. 두려움을 넘어서는 물맷돌을 소유한 성도

다윗의 물맷돌 이야기는 하나님의 도움으로 작은 다윗이 아주 큰 골리앗을 이기고 약자가 강자를 이기는 것으로만 해석하면, 자칫 무슨 신화처럼 성공담, 아주 특출난 사람들만이 차지하는 부와 명예 등 많은 사례로 몰아가게 된다. 그렇게 되면 또 다른 골리앗으로서의 간증담을 생산해내는 오류를 범하게 된다.

다윗의 믿음, 성실, 용기가 하나님이 쓰시는 구원의 도구로 해석하는 것이 중요하다. 우리 인생에 '골리앗' 같은 세상의 적으로는 장애, 불운, 두려움, 억압 등이 있다. 다윗의 물맷돌의 상징적 의미는 크게 하나님을 경외하고 가족과 동족에 대한 사랑으로 출발하여, 지나친 치장이나 무거운 짐들을 과감히 내려놓고, 그동안 일상속에서 연마된 자신의 재능과 하나님이 주신 지혜로 두려움의 대상을 능히 이기고 새로운 인생의 비전을 발견하는 참 평강을 얻는 구원의 의미를 갖고 있다. 다윗의 물맷돌은 새로운 신앙적 문학적 상상력을 통해 하나님이 기뻐하시고 능히 쓰시는 인생의 가장 탁월한 무기를 오늘의 우리에게 제공해주었음을 감사하게 된다.

말콤 글래드웰은 『다윗과 골리앗』의 저서에서 "세상은 거대한 골리앗이 아니라 상처받은 다윗에 의해 발전한다."라고 했다. 그리고 "권력을 과도하게 사용하면 정당성의 문제를 낳고, 정당성이 없는 힘은 항복이 아닌 반항을 낳는다."라고도 한 바 있다.

그의 표현대로 세상의 아름다움과 가치 중 수많은 것들은 우리가 상상한 것보다 더 큰 용기와 목적의식을 가진 양치기로부터 나온다. 지금 우리는 자신과 세상과 교회 내부의 적들에게 다시금 외치며 준비된 물맷돌을 사용해 보자. 다윗의 뜨거운 선포를 함께 외치며.

"너는 칼과 창과 단창으로 내게 나아오거니와 나는 만군의 여호화의 이름, 곧 네가 모욕하는 이스라엘 군대의 하나님의 이름으로 네게 나아가노라. 오늘 주님께서 너를 내 손에 넘기시리니, 내가 너를 쳐서 네 목을 벨 것이다. 또 주님의 구원하심이 칼과 창에 있지 아니함을 이 무리에게 알게 하리라. 전쟁은 주님께 속한 것인즉, 그가 너희를 우리 손에 넘기시리라"(삼상 17:45-47).

■ **적용**

1. 다윗의 물맷돌이 구원의 도구가 되었다는 것은 결국 다윗의 삶의 자세가 민족의 구원을 이루는 데 하나님이 사용하실 만큼 준비가 되어 있었기 때문이다.
나를 하나님이 구원의 도구로 사용하시도록 쓰임 받겠다는 결심을 하면서, 나의 삶 속에서 무엇을 도구로 삼을 수 있을지를 나누도록 한다.

2. 구약성서에 기록된 이 사건으로 인해 훗날 강력한 권력과 힘을 가지고 선전했음에도 불구하고 상대적 약자에 의해 어이없이 지게 되는 경우를 '다윗과 골리앗의 싸움'이라고 비유하게 된다. 그리고 이 말은 약자가 강자와 맞서는 상황을 나타내는 보다 대중적인 의미로 쓰이게 되었다. 소년 다윗이 키가 9척이나 되고 갑옷과 단창으로 무장한 골리앗을 무찌르기 위해서 준비한 것은 고작 지팡이와 물매, 작고 매끄러운 돌 다섯 개였다.
그럼에도 다윗의 물맷돌은 골리앗의 이마 정중앙을 맞혔고, 이로써 이 대결은 그 누구도 예기치 못한 반전의 결과를 가져왔다.
다윗의 물맷돌에는 강자가 알지 못하는 약자의 역설적 능력이 담겨 있었던 것이다. 나의 약함이 나의 강함이 되는 비결에는 어떤 것이 있을까?

3. 다윗의 물맷돌이 다섯 개였다는 점에 대해서는 성경적 쓰임과

그 의미를 함께 생각해볼 필요가 있다. 오병이어에서 물고기 다섯 마리, 마태복음의 달란트 비유에서 다섯 달란트, 열 처녀 비유에서 지혜로운 다섯 처녀와 어리석은 다섯 처녀의 비유 등이 있는가 하면, 블레셋을 구성하는 다섯 개—가드, 가사, 아스돗, 에그론, 아스글론—의 부족과 관련이 있기도 하다. 당시 다윗이 쓰러뜨린 골리앗은 가드 부족의 장수였다(수 13:3). 따라서 블레셋과 싸운다는 것은 다섯 개 부족과의 싸움이며, 다윗은 이를 고려해 물맷돌 다섯 개를 상징적으로 준비했을 가능성도 있다고 본다.

이처럼 다윗의 물맷돌이 다섯 개였다는 것에서 '하나님 사랑과 동족 사랑, 믿음, 몸에 밴 성실함, 과유불급의 지혜, 행함의 용기'라는 다섯 가지 상징과 적용점을 찾을 수 있었다.

이러한 생활 속 구원의 방식에 대한 거룩한 습성을 위해 우리는 무엇을 먼저 준비해야 할까?

다섯 번째 도구

●

다윗의 비파와 시와 춤
—'찬양·경배·치유·공감'

심광섭

감리교신학대학교 은퇴교수

　사울에게서는 주님의 영이 떠났고, 그 대신에 주님께서 보내신 악한 영이 사울을 괴롭혔다. 신하들이 사울에게 아뢰었다. "임금님, 하나님이 보내신 악한 영이 지금 임금님을 괴롭히고 있습니다. 임금님은 신하들에게, 수금*을 잘 타는 사람을 하나 구하라고, 분부를 내려 주시기 바랍니다. 하나님이 보내신 악한 영이 임금님께 덮칠 때마다, 그가 손으로 수금을 타면, 임금님이 나으실 것입니다." 사울이 신하들에게 명령을 내렸다. "그러면 수금을 잘 타는 사람을 찾아보고, 있으면 나에게로 데려오너라." 젊은 신하 가운데 한 사람이 대답하였다. "제가 베들레헴 사람 이새에게 그런 아들이 있는 것을 보았습니다. 그는 수금을 잘 탈 뿐만 아니라, 용사이며, 용감한 군인이며, 말도 잘하고, 외모도 좋은 사람인데다가, 주님께서 그와 함께 계십니다." 그러자 사울이 이새에게 심부름꾼들을 보내어, 양 떼를 치고 있는 그의 아들 다윗을 자기에게 보내라고 명령하였다. 이새는 곧 나귀 한 마리에, 빵과 가죽부대에 담은 포도주 한 자루와 염소 새끼 한 마리를 실어서, 자기 아들 다윗을 시켜 사울에게 보냈다. 그리하여 다윗은 사울에게 와서, 그를 섬기게 되었다. 사울은 다윗을 매우 사랑하였으며, 마침내 그를 자기의 무기를 들고 다니는 사람으로 삼았다. 사울은 이새에게 사람을 보내어 일렀다. "다윗이 나의 마음에 꼭 드니, 나의 시중을 들게 하겠다." 그리하여 하나님이 보내신 악한 영이 사울에게 내리면, 다윗이 수금을 들고 와서 손으로 탔고, 그때마다 사울에게 내린 악한 영이 떠났고, 사울은 제정신이 들었다. (사무엘상 16:14-23)

　다윗의 이야기는 사무엘상 16장부터 열왕기상 2장 12절까지

---

*이 다섯 번째 도구에서는 같은 악기인 수금과 비파와 하프를 혼용하였다.

다섯 번째 도구 다윗의 비파와 시와 춤—'찬양·경배·치유·공감'　133

이어진다. 성경의 단일 인물과 관련된 이야기 중에 가장 긴 이야기이다. 많은 경우에 성경은 인물이 처한 상황, 인물의 마음과 감정에 대한 세미한 서술이 없는 채로 사건을 단순하고 빠르게 풀어간 반면에 성경 이야기를 소재로 창작한 작가나 예술가들은 본문 안에 숨겨지고 은닉된 행위의 동기와 감정 그리고 환경과 상황을 상상력을 동원해 자세히 묘사한다. 그러기 때문에 성경의 인물들은 작가나 예술가들에 의해 현재적으로 끊임없이 재창조되고 변형되어 새롭게 탄생한다.

다윗의 이야기는 수많은 성서학자의 마음을 사로잡는 이야기일 뿐 아니라, 예술가들의 상상력에 불을 지핀 이야기이다. 특히 예술 작품은 단지 성경의 원래 이야기의 사실적인 재현에 관심이 있는 것이 아니라, 새로운 문제의식을 노출하고 사회적, 문화적 관심사를 탐구하는 기회로 작용한다. 다윗은 이스라엘 왕조의 기초자로서, 메시아적 비전을 제시하는 인물이며 유다 전통과 기독교 전통의 정점에 서 있는 인물이다. 다윗은 또한 역사 속에서 왕, 정치인, 판관, 목자, 음악가, 시인, 하나님의 마음에 합한 사람 그리고 여성 편력자 등 매우 많은 이미지로 재생산되었다.

다윗은 인간의 개인적 삶과 신앙뿐 아니라 종교와 문화적으로 광범위하게 그리고 특히 정치권력이 요동치고 바뀔 때마다 중심적으로 언급되는 인물이다. 모세는 토라의 중심인물이며 이스라엘 역사에서 능가할 수 없는 인물이다(신 34:10). 그러나 이스라엘은 다윗에게서 왕국을 세운 자의 아이콘을 찾는다. 바빌론 포로기 이후에 이스라엘은 모세가 아니라 다윗에게서 미래의 인물상, 곧 메시아적 상을 찾으며, 초대교회에도 영향을 주어 기독교가 제국교회가 된 이후, '왕'으로서의 다윗의 이미지는 언제나 인기 일 순위였다. 기독교 역사에서 다윗의 이미지는 크게 '그리스도의 예형', '회개하는 원형', '왕의 모델' 등 세 가지 유형으로 나타났다. 르네상스와 초기 근대에 다윗은 빼어난 아름다움을 갖춘 권력과 영광의 아이콘으로 부활했다. 다윗은 모세처럼 출생 이야기와 어린 시절 그리고 소년 시절의 이야기가 없다. 사무엘서에 나타난 다윗의 이야기는 다윗이 왕이 되는 과정과 왕으로서의 삶 그리고 그의 죽음 이후에 지속되는 왕국의 역사이다. 다윗은 제왕적 인물의 전형적 모범이 된다. 르네상스 기의 대표적인 화가 미켈란젤로(Michelangelo), 베로키오(Verrochio), 도나텔로(Donatello), 베르니니(Bernini) 등은 다윗에게서 미와 도덕적 완전성과 더불어 제왕적 권력을 읽고 그린 대표자들이다.

한국교회는 일제 식민지와 근대화를 통과하고 통일 한국을 기대하면서, 다윗에게서 하나님의 마음에 합한 강력한 힘의 근원을 소유한 믿음 좋은 군주의 모델로 이해하고 있다. 그는 이름 없는 목동 출신으로서 왕이라는 권력의 정점에 이르기까지 수많은 고난과 역경, 불신과 배반, 전쟁과 범죄의 소용돌이를 헤치고 정상에 우뚝 선 성공한 존재의 모형이다.

다윗은 하나님의 은혜와 하나님에 대한 충실한 믿음으로 권력의 최고 정점에 이른 성공한 사람으로 교회의 무의식을 지배하고 있으며 선망의 대상이 되고 있다. 그러나 이 글은 다윗이 권력 중심의 '정치적 인간'이기 이전에 하나님을 사랑했던 아름다운 성정의 소유자인 '미적 인간'임을 부각해 아름다움이 진정한 힘의 근원임을 말하고자 한다. 우리의 진정한 힘은 예술과 문화에서 나온다. 도스토옙스키의 "아름다움이 세상을 구원할 것이다"라는 명언은 오늘 우리 시대에 심금을 울린다. 그전에 프랑스 혁명에 실망한 독일의 작가 프리드리히 실러도 "인간은 아름다움을 통해 자유에 도달한다"라고 말했다. 한국의 백범 김구 선생은 해방 후 나라를 새로 세우는 비전에 담긴 연설에서 세계 평화가 권력(權力)과 부력(富力)을 통해서가 아니라 문화의 힘을 통해 실현되어야 한다고 다음과 같이 역설했다.

"나는 우리나라가 세계에서 가장 아름다운 나라가 되기를 원한다. 가장 부강한 나라가 되기를 원하는 것은 아니다. 내가 남의 침략에 가슴이 아팠으니, 내 나라가 남을 침략하는 것을 원치 아니한다. 우리의 부력은 우리의 생황을 풍족히 할 만하고, 우리의 강력은 남의 침략을 막을 만하면 족하다. 오직 한없이 가지고 싶은 것은 높은 문화의 힘이다. 문화의 힘은 우리 자신을 행복되게 하고, 나아가서 남에게 행복을 주겠기 때문이다… 나는 우리나라가 남의 것을 모방하는 나라가 되지 말고 이러한 높고 새로운 문화의 근원이 되고, 목표가 되고, 모범이 되기를 원한다. 그래서 진정한 세계의 평화가 우리나라에서, 우리나라로 말미암아서 세계에 실현되기를 원한다."

그동안 대중은 다윗의 위대성을 무너뜨리고 점령하고 정복하여 승리의 궤도를 달려 마침내 권력의 정상에 오른 정치인(homo politicus)에서 보았다. 반면 이 글은 사랑과 자비와 긍휼과 용서의 태도에서 "공의(츠다카)와 정의(미쉬파트)"(삼하 8:15)를 이루는 다윗의 아름다운 삶, 곧 미적 인간(homo aestheticus)에서 그의 큰 하나님의 사람됨을 보고자 한다. 인애와 정의를 통해 실현되는 풍성한 생명의 세상은 보이지 않는 하나님의 보이는 형상인 그리스도를 따르는 기독교적 삶의 목표이다.

1. 수금 타는 뮤지션 다윗

구약성경에서 다윗이 왕이 된 역사를 서술하는 첫 이야기는 골리앗을 쓰러뜨린 다윗 이야기가 아니라, "수금 타는 다윗"(삼상 16:14-23)의 이야기다. 여기서 다윗이 사울 왕의 총애를 입게 된 것은 골리앗을 쓰러뜨려서가 아니라, 악령에 시달리는 사울 왕을 위로하고 치료한 훌륭한 수금 연주가였기 때문임을 주목해야 한다. 예일대학의 구약교수 헤이즈(Christine Hayes)도 다윗의 여러 특징 중 음악과 시의 능숙함을 첫째로 꼽는다.

다윗이 공적인 자리(public ministry)에 데뷔한 직책은 사울을 위한 궁정의 음악치료사이다. 그는 수금을 잘 타는 악사로서 사울 왕의 궁에 머물게 된다. 사울은 주님의 말씀을 순종하지 않은 이후로부터 하나님의 영이 떠나고 그 자리에 악한 영이 들어옴으로써 괴롭힘을 당한다. 악한 영의 정체는 무엇일까? 요즘 언어로 말한다면 '신경증적 불안'이나 '우울증' 혹은 '분열증적 망상'에 걸린 듯하다. 솔로몬의 잠언이 특효약이다. "그 무엇보다도 너는 네 마음을 지켜라. 그 마음이 바로 생명의 근원이기 때문이다"(잠 4:23).

사울은 수금 연주를 들으면 질병이 나을 수 있다는 신하의 조언을 받아들여 다윗을 음악치료사로 궁에 들어오게 한다. 다윗은 자기의 재능으로 왕을 섬기고 도울 수 있는 기회를 얻은 것이다. 얼마나 기쁜 일인가! 아버지 이새가 사무엘에게 선보이기를 망설였던 막내 양치기 다윗, 그러나 아름다운 눈을 가진 홍안의 다윗, 신하는 왕에게 다윗을 이렇게 소개한다.

그는 베들레헴 사람 이새의 아들로서 "수금을 잘 탈 뿐만 아니라,

용사이며, 용감한 군인이며, 말도 잘하고, 외모도 좋은 사람인데다가, 주님께서 그와 함께 계십니다"(삼상 16:18). 다윗은 음악가, 용감한 군인, 수사에 뛰어난 사람, 외모가 아름다운 청년, 주님의 영이 함께 하는 사람인 것이다. "그리하여 하나님이 보내신 악한 영이 사울에게 내리면, 다윗이 수금을 들고 와서 손으로 탔고, 그때마다 사울에게 내린 악한 영이 떠났고, 사울은 제정신이 들었다"(16:23). 다윗은 음악으로 치료를 할 만큼 뛰어난 영적 연주가다.

인간의 정신적 질병은 분열과 억압으로부터 나온다. 사울의 번뇌의 원인은 야훼의 신이 그에게서 떠난 데서부터 시작된다. 사울은 하나님으로부터 분리되고 소외되어 악신이 지핌으로써 신경증적 불안증세가 나타난다(삼상 16:14). 사울은 길갈에서 사무엘이 도착하기 전에 번제를 드렸고(삼상 13장), 아말렉과의 전투에서 전리품을 갈취하는 죄를 범했다(삼상 15장)고 성경은 기록한다. 하나님께 순종하지 않고 하나님 말씀을 지키지 않음으로써, 가시적이고 물질적인 세계에 집착하고 포로가 되어 하나님과의 분열을 자초한 것이다. 사울에게 임한 정신분열은 하나님으로부터의 멀어짐에서 비롯된 것이라고 볼 수 있다.

인간은 본질상 우울적 자리에서 번뇌(煩惱)하는 인간이다. 사울은 골리앗이 인도하는 강력한 블레셋의 공격 앞에서 남다르게 걱정이 심했으리라 생각한다. 번뇌하는 사울의 모습은 특별히 저주받은 사울의 모습이라기보다는 일반적 인간의 일상적 모습이다. 번뇌하지 않고 사는 사람이 어디 있으랴. 번뇌의 원인이 안팎에서 가해지는 강박과 억압으로 인하여 생긴 정신의 분열 상태에 있다면, 구원이란 이런 것들에서 벗어나 하나님과 화해하는 삶이다.

음악에 인간의 영혼을 위로하고 치료하는 힘이 있다고 한다. 음악은 다른 예술보다 더욱 인간을 초월의 세계로 이끌기 때문이다. 이것은 음악만이 갖는 보이지 않는 초월성 때문이다. 회화나 건축 등 다른 예술 장르들이 시각적(가시성)이라면 음악은 청각적(비가시성)이다. 다시 말해 음악은 우리가 매일 눈을 뜨고 살아가는 일상의 보이는 이 세계, 물질적 가시적 세계를 넘어, 비가시적인 추상의 세계, 초월의 세계, 영원의 세계로 우리를 안내할 수 있다.

음악은 시간과 이어져 있으면서도 시간에 흡수되지 않는다. 이것이 음악의 초월성이다. 음악이 유한한 인간의 언어 이전에, 신과 인간을 연결하는 종교의 가장 기본적 요소로 사용되었음을 상기할 때 쉽게 이해할 수 있다. 음악은 처음부터 물질적 지시 대상에

다윗이 사울을 위해 하프를 연주하다(David Playing the Harp for King Saul, 1630-35). 얀 반 덴 호케(Jan van den Hoecke)

속해 있지 않기 때문에 정신과 감각의 무한한 유추와 암시가 가능하다. 음악은 이러한 상상 속에서 비가시적 초월의 세계를 열어줌으로써 초월세계와 분열된 인간을 화해하고 치유한다.

음악은 아무런 개념적·논리적 사유를 거치지 않고 즉각 '자율'을 만들어낼 수 있는 예술이다. 음악은 생동하는 에너지이고 기운으로서, 이 기운이 우리의 몸으로 흡수되는 순간, 이성적 사유를 거치지 않고 곧장 우리의 영혼과 만난다. 음악은 이성적 사유 너머에 존재하는 정신과 직접 교감한다. 음악은 분열된 의식을 되돌려 직접성으로 인도하고 또 거기서 분열된 의식을 위로하고 치유할 수 있다.

다윗의 수금 연주에는 양치기로서 하나님을 노래하고, 자연을 노래하고, 인간을 노래한 선율이 녹아 있다. "주님의 영이 그날(기름 부음 받은 날)부터 계속 다윗을 감동시켰다"(삼상 16:13)라고 성경은 기록한다. 평상시의 시습(時習)—때때로 연습한 것이 축적되다가 성령의 부음으로 그 기량이 임계점을 넘은 것이다. 그는 연주할 때마다 성령의 속삭임을 듣는다.

수금을 타면서, 주님을 찬양하여라.
열 줄 거문고를 타면서, 주님께 노래하여라. (시 33:2)

다윗의 수금 연주는 얀 반 덴 호케의 그림에서처럼 정신이 분열된 사울에게 일시적으로나마 초월의 감각을 열어주고 위로하여 정신의 온전함을 회복시켜 줌으로써 하나님과 다시 화해하는 삶을 살게 해주었을 것이다.

2. 창과 하프(무력과 예술)

이 그림은 렘브란트의 사울 왕 앞에서 하프 타는 다윗 그림이다. 사울이 왼쪽에 있다. 그는 성경에는 없는 왼손으로 커튼을 들어 왼쪽 눈을 가리고 오른쪽 팔로 창을 움켜쥐고 있다. 젊은 다윗은 오른쪽 약간 낮은 자리에 앉아 수금을 타고 있다. 악한 영이 또 사울을 강하게 사로잡았기 때문이다. 다윗은 하프연주에 몰입해서 사울의 태도를 감지하지 못하는 듯 보인다. 다윗이 하프를 연주하는 것 같지만, 하프는 다윗을 넘어 평화의 이상과 높은 하늘과 너른

사울 앞에서 하프를 연주하는 다윗. 렘브란트(c. 1655~60)

땅에서 오랜 기간 정제된 아름다운 리듬을 선사한다.

사울은 하프연주에 마음이 움직이고 감동이 되어 한 눈에서 흘러나오는 눈물을 젖은 채 두지 않고 커튼을 잡고 그 눈물을 닦는다. 그리고 크게 부릅뜬 오른 눈으로는 다윗을 주시하고 있으며 틈만 나면 그를 죽일 방도를 찾기 위해 골몰하고 있다. 성경은 "사울이 창으로 다윗을 벽에 박으려고 하였다. 다윗이 사울 앞에서 피하였으므로, 창만 벽에 박혔다. 다윗은 도망하여 목숨을 건졌다"(삼상 19:10)라고 기록한다.

다윗은 골리앗을 죽이고 블레셋을 물리친 상태이고, 사울은 이로 인해 점점 인기가 높아만 가는 다윗을 시기하고 질투한다. 사울의 아들 요나단은 다윗에게 마음이 끌려, 마치 제 목숨을 아끼듯 다윗을 아끼는 마음이 생겨 그와 가까운 친구로 지내기로 굳게 언약을 맺는다. 그리고 자기가 입고 있던 겉옷을 벗어서 다윗에게 주고, 칼과 활과 허리띠까지 모두 다윗에게 준다. 사울 또한 다윗에게 어떤 임무를 주어서 보내든지, 맡은 일을 잘 해냈기 때문에 다윗을 천부장으로 임명하였다.

다윗이 블레셋과 싸울 때마다 승리하자 백성들은, 특히 여인들이 춤을 추면서 "사울은 수천 명을 죽이고, 다윗은 수만 명을 죽였다"라고 노래를 불렀다. 이 노래를 들은 사울은 그날부터 다윗을 시기하고 의심하기 시작하였다. 사울의 딸 미갈마저 다윗을 사랑하게 되자, 사울은 본격적으로 그를 속이고 죽일 생각을 하기 시작한다. 사울은 다윗을 전장에 내보내기도 하지만 번번이 다윗은 승리하고, 사울이 요구한 적의 포피 100개보다 2배가 많은 200개를 베어오기도 한다.

하프(예술)는 정신 나간 인간에게도 진실에 가닿는 눈물을 흘리게 하고 치유의 가능성을 열어두지만, 시기와 의심으로 휘두르는 창(권력) 앞에서 이내 무력해진다. 창이 이성의 진위인식과 선악의 심판에 해당한다면, 하프는 이성의 진위인식과 행위의 선악을 넘어서서 매 순간 자유로울 수 있는 미적 식별력을 의미한다. 식별력은 최고의 판단 능력이다.

그러나 이 식별력은 인식의 창이 내 편과 네 편을 갈라 위협하거나 도덕적 의무로 강요당하고 억압당할 때는 마비되어 제대로 발휘되지 못한다. 자유는 나와 다른 편을 제압하는 투쟁이 아니라, 민중의 상호 소통과 통합의 공감대를 통해 자연스럽게 나타나야 하기 때문이다. 이러한 자유만이 아름답다. 아름다움이 존재하는 곳에는 강요하거나 명령하지 않아도 저절로 행하는 자유로운 주체가 태어나기 때문이다.

3. 사울 왕의 불안과 살의(殺意)

블레셋의 공격을 물매 하나로 물리친 다윗, 골리앗의 머리까지 선사 받은 사울 왕, 이제 그는 다윗을 집에 보내지 않고 궁정에 머무르게 하면서 장군의 벼슬을 하사한다. 온 백성은 물론 사울의 신하들까지도 그 일을 마땅하게 여긴다.

또 블레셋과 전투가 있었다. 승전하고 돌아오는 다윗의 행렬을 맞이하는 백성들의 환성은 가히 축제와 같다. "다윗이 블레셋 사람을 쳐 죽이고 군인들과 함께 돌아올 때, 이스라엘의 모든 성읍에서 여인들이 소구와 꽹과리를 들고 나와서, 노래하고 춤추며 환호성을 지르면서 사울 왕을 환영하였다"(삼상 18:6). 분명히 사울 왕을 환영하러 나온 인파다. 그런데 승전의 주역은 다윗임을 이미 간파한 것일까. 백성들, 특히 여인들은 가만있지 않았다.

"이때에 여인들이 춤을 추면서 노래를 부르자"(18:7) 사울 왕은 무척 당혹했을 것이다. 자신을 환호하러 나온 인파인 줄 알았는데, 여인들의 시선이 다윗에게 쏠리더니만, 자신을 신출내기 다윗과 비교하여 깎아내린다. 벌써 민심의 향방이 다윗에게 이리 기울었단 말인가. 사울 왕은 다윗 왕에 쏠린 인기를 마음으로 수용하지 못한다. 그래서 "이 말에 사울은 몹시 언짢았다." 언짢아할 수 있다. 학창 시절에 성적 등을 남과 비교하며 지적하는 부모님의 말씀이 제일 듣기 싫었다. 그냥 나의 잘못과 부족함을 꾸짖었으면 더 좋았을 것이다. 남들과 비교하면 속도 많이 상하고 훈계가 닫힌 마음의 투명 유리문에 맞고 튕겨 나간다.

사울은 마음의 이 언짢음을 계속 생각한다. 생각할수록 화가 치밀어 올랐다. 나쁜 생각은 순식간에 기하급수적으로 늘어나, 그다음 자신의 왕위 자리까지 빼앗길까 봐 걱정하기에 이른다. "사람들이 다윗에게는 수만 명을 돌리고, 나에게는 수천 명만을 돌렸으니, 이제 그에게 더 돌아갈 것은 이 왕의 자리밖에 없겠군!" 하고 투덜거렸다(삼상 18:8).

그리고 그날부터 사울의 마음은 돌과 같이 굳어지기 시작하여 "다윗을 시기하고 의심하기 시작한다"(삼상 16:9). "시기심과 경쟁심이 있는 곳에는 혼란과 온갖 악한 행위가 있습니다"(약 3:16). 빌라도는 예수를 십자가형에 넘겨준 것이 제사장들의 시기 때문임을 알고 있었다(마 27:18). 시기심은 지나가는 감정의 바람이 아니라, 온갖 악행의 쓴 뿌리가 내리고 자라는 밭이라는 것이다.

하루 동안 시기심과 불안이 발작적으로 증폭된 것을 성경은 "하나님이 보내신 악한 영이 사울에게 내리덮쳤다"(삼상 18:10)라고 표현하고 있다. 그러자 "사울은 궁궐에서 미친 듯이 헛소리를 질렀다." 다윗은 여느 날처럼 사울 왕 옆에서 수금을 탔다. 그때에 사울은 창을 가지고 있었는데, 갑자기 다윗을 벽에 박아 버리겠다고 하면서, 다윗에게 창을 던졌다. 다윗은 사울 앞에서 두 번이나 몸을 피하였다. "주님께서 자기를 떠나 다윗과 함께 계시는 것을 안 사울은, 다윗이 두려워졌다"(삼상 18:13)라고 성경 사가는 사울의 심령 상태를 영적으로 포착한다. 하나님이 자기를 떠났다는 생각이 든다는 것은 자기 자신의 정체성이 흔들린다는 것이며, 자기를 상실했다는 것이다. 사울의 마음에 시기심이 자라자 다윗을 의심하게 되고, 의심이 커지니 헛소리를 내지르며 결국 다윗을 죽이려는 행동으로 치닫는다.

독일의 표현주의 화가 오토 딕스(Otto Dix: 1891-1969)는 작은 석판인쇄(lithograph)에 다윗과 사울의 심리적 감정의 정동(靜動)을

사울과 다윗(Saul und David). lithograph(1958), 오토 딕스

매우 직감적으로 표현했다. 눈을 지그시 감은 가녀린 다윗의 하프연주는 사울의 심경을 위로한 것이 아니라, 더욱 불안에 떨게 만들었으며, 그 모습이 커진 눈, 다문 입, 경직된 얼굴, 두 손으로 꽉 쥐고 있는 뾰족한 창끝에서 예리하게 드러난다. 다윗의 두려움은 매일 커져만 갔다.

사울은 심리적으로 신경증적 불안과 망상에 사로잡힌 전형적인 인물이라고 생각된다. 이런 환자는 종종 아무것도 아닌 주변의 사람에게 원인 모를 공포감을 갖거나 이상한 적개심을 드러내고 원한 감정을 품는다. 이때 환자는 이러한 '그림자'를 생겨나게 한 원인이 그 자신 속에 존재한다는 것을 결코 인정하려 하지 않는다. 이것이 병의 원인이다.

4. 시인 다윗

이것은 다윗이 마지막으로 남긴 말이다. 이새의 아들 다윗이 말한다. 높이 일으켜 세움을 받은 용사, 야곱의 하나님이 기름 부어 세우신 왕, 이스라엘에서 아름다운 시를 읊는 사람이 말한다. (사무엘하 23:1)

다윗은 하프를 잘 타는 음악가, 하나님의 궤 앞에서 춤을 추는 자, 성전을 설계한 건축가일 뿐 아니라 시인, 곧 언어로 새집을 짓는 자, "이스라엘의 노래 잘하는 자"(the sweet-singer of Israel), 아름다운 시를 읊는 사람(삼하 23:1)이다.

다윗은 사울과 요나단(삼하 1:17-27) 그리고 아브넬(삼하 2:33

-34)을 위한 비가(悲歌)를 지었다. 다윗은 그의 생애 전체에 관하여 자서전적 서사시를 지었다(삼하 22장). 그는 마지막 말(유언)을 시로 남겼다(삼하 23:1-7). 전승에 의하면 다윗은 많은 시편, 특히 3,600개의 시편과 450개의 노래를 지었다고 쿰란의 시편(11QPSa) 들이 증거한다. 150편의 시편 중 거의 절반에 가까운 73편이 다윗의 시편이거나 다윗에게 바쳐진 혹은 다윗을 위한 시편이다.

시편의 1-3권에서 다윗은 역사적 인물로 소개되는 반면, 4-5권에서는 유다의 구원의 희망을 이해하고 음악과 시의 은사를 통해 그의 정체성을 드러낼 미래의 다윗으로 나타난다. 다윗은 이스라엘 왕으로서 아름다운 시를 쓰고 읊는 사람이며, 수금을 타고 이스라엘의 노래를 부르고 사랑한 사람이다. 다윗의 음악과 시는 야훼의 영으로부터 그에게 부어진 예언자적이며 지혜와 연관된 은사이다.

주님의 영이 나를 통하여 말씀하시니,
그의 말씀이 나의 혀에 담겼다. (삼하 23:2)

또한 다윗에게 주어진 음악적, 시적 은사는 악에 대항하여 싸우고 그의 백성을 보호하고 구원하라고 하나님이 주신 특별한 은사이다(삼하 22:50).

구약학자 에리히 쳉어(Erich Zenger)는 다윗이 초기 유대교와 3세기의 듀라-유로포스(Dura-Europos) 시기뿐만 아니라, 4세기 이후 기독교의 문화사에서 궁정 음악가와 시인으로 새겨진 역사를 흥미롭게 추적하고 있다. 음악가와 시인으로서의 다윗상은 사무엘서에서보다 역대기서에서 두드러지게 드러난다. 그는 음악가이며 시인일 뿐 아니라, 시편으로 기도하고 노래한다. 역대기에서 다윗은 성전 음악의 기초자이며 조직자이고 많은 악기의 발명자이기도 하다. 다윗은 언약궤가 평안을 얻었을 때, 레위인들 중에서 여호와의 성전에서 찬송하는 직분을 맡긴 자들을 뽑아 임명하고 그들에게 아침저녁으로 찬송하고 노래하며 연주하게 한다(대상 6:31).

야훼를 칭송하고 감사하며 찬양하는 사람들 중 우두머리는 '아삽'이다(대상 16:5). 오늘날 성가대 지휘자(교회의 악장)인 셈이다. 다윗이 지었을 것으로 생각되는 첫 시편이 역대상 16장에 기록되어 있다. 우리는 다윗의 시편에서 영성과 아름다움(the spirituality and beauty of the psalms), 다시 말해 아름다운 영성, 영성의 아름다움을 느낀다.

너희는 여호와께 감사하며 그의 이름을 불러 아뢰며
그가 행하신 일을 만민 중에 알릴지어다
그에게 노래하며 그를 찬양하고
그의 모든 기사를 전할지어다
그의 성호를 자랑하라
여호와를 구하는 자마다 마음이 즐거울지로다
여호와와 그의 능력을 구할지어다
항상 그의 얼굴을 찾을지어다. (대상 16:8-11)

온 땅이여 여호와께 노래하며
그의 구원을 날마다 선포할지어다
그의 영광을 모든 민족 중에,
그의 기이한 행적을 만민 중에 선포할지어다

여호와는 위대하시니 극진히 찬양할 것이요

모든 신보다 경외할 것임이여

만국의 모든 신은 헛것이나

여호와께서는 하늘을 지으셨도다

존귀와 위엄이 그의 앞에 있으며

능력과 즐거움이 그의 처소에 있도다. (대상 16:23-27)

여호와께 감사하라

그는 선하시며 그의 인자하심이 영원함이로다

여호와 이스라엘의 하나님을 영원부터 영원까지

송축할지로다 하매

모든 백성이 아멘 하고 여호와를 찬양하였더라. (대상 16: 34, 36) [각각 시 105:1-15; 시 96:2,3; 시 106:47, 48과 비교]

공동번역의 집회서는 다윗을 영웅과 시인의 두 재능을 지닌 자로 소개한다(집회서 47:1-11). 벤 시락(Ben Sirach)은 신명기 17장 14~17절을 변형하여 이상적인 왕의 모습을 다음과 같이 피력한다. "이상적인 왕의 모습을 드러내는 것은 그의 손에 들린 토라가 아니라 그의 입술에 놓은 시편이다. 참된 왕은 시편을 노래하고 기도하는 자이다"(집회서 47: 8-10 참조). 특히 유다의 쿰란 공동체는 악의 권세에 대항하는 인물로서의 다윗을 음악가와 시인으로 자리매김한다.

여기서 왕의 무기는 칼과 창과 방패가 아니라(삼상 17:45) 쿰란 시편 151A가 유다의 오르페우스(Orpheus)로 그린 다윗의 노래이다. 정말 놀랍지 않은가. 칠십인역(LXX)과 불가타역은 다윗에 대한 오르페우스적인 해석을 제거했고 정경은 시편 151편을 포함하지 않았는데, 그 이유는 음악가와 시인으로서의 다윗은 이방인의 관점에서 변질된 다윗이라고 보았기 때문이다. 다윗의 문학성은 "삼천 가지의 잠언을 말하였고, 천다섯 편의 노래를 지은"(왕상 4:32) 솔로몬에게 계승된다.

야훼를 찬양하는 다윗 왕. Sieger Köder (1925~2015)

시(詩)란 절제된 언어로 하나님의 세계를 그리워하는 기도이다. 절제된 언어만이 초월의 세계, 하나님의 세계에까지 가 닿을 수 있다. 시는 언어를 통해 하나님을 내 중심에 모시는 언어이다. 다윗은 말을 잘하는 능변가였다. 그러나 그의 능변은 절제된 언어, 시를 배경으로 하고 있음을 짐작할 수 있다. 시인은 불가능한 것을 말하는 사람이고, 하늘을 열어 보여주는 사람이다. 시와 예술은 삶의 전체를 싣고 하나님에게 나아간다. "삶은 모든 사물의 무게보다 더 무거운 것이다"라고 시인 릴케는 말했지만, 그는 그 무거운 삶에 시의 날개를 달아주어 하늘로 오르게 한 사람이다.

5. 춤추는 다윗

철학자 하이데거(Martin Heidegger)는 일찍이 그 앞에서 기도할 수도 없고 무릎을 꿇을 수도 혹은 노래하고 춤을 출 수도 없는 형이상학의 하나님을 비판한 바 있다. 형이상학의 하나님이 아닐지라도 우리 기독교인들은 과연 그분 앞에서 덩실덩실 춤을 출 수 있을 만큼 하나님을 경배하고 있는가? 춤을 말하기 위해서는 몸을 말할 수밖에 없다. 몸은 오감으로 말하며, 춤은 몸을 드나드는 오감의 자극과 역동성을 보여주는 움직임이다. 오감으로 말하는 몸은 그 매력이 강하고 파급력이 대단하다. 오감으로 말하는 몸은 우리의 존재를 새롭게 자각하도록 촉구한다.

오감(몸)을 통해 환한 하나님을 믿고 숨 쉬기 위해 하나님 앞에서 춤춘 경우들을 성서와 기독교 전통에서 다시 찾을 필요가 있다. 다윗이 그 대표적 예이다. 다윗은 춤꾼이다(삼하 6:14-23). 하나님의 법궤가 드디어 블레셋 적의 수중에서 벗어나 통일왕국의 새 수도 예루살렘으로 옮겨진다. 다윗은 자신의 성공적인 생애와 함께 법궤의 도착을 기뻐하고 있다. 말로는 다할 수 없는 감사와 희열이 넘실넘실 흘러넘쳐 질탕한 축제적 무드가 조성된다. 희열이란 단순히 내향적일 수만은 없다. 희열은 밖으로 나와 표현되어야 한다. 다윗은 자신의 이해력과 통제력을 초월한 삶, 신비와 영광에 다가간다. 질펀한 춤과 질탕(扶蕩)한 놀이는 자신을 자유롭게 풀어놓아 초월에 이르는 한 방법이다.

> 다윗은 모시로 만든 에봇만을 걸치고,
> 주님 앞에서 온 힘을 다하여 힘차게 춤을 추었다. (삼하 6:14)

이 춤은 해방의 주님을 기리는 미리암의 노래와 춤(출 15:19-21)을 닮았다. 해방과 자유를 얻은 춤! 그러나 미리암의 춤이 모두 함께 나와 추는 군무(群舞)인 데 반해 다윗의 춤은 홀로 추는 춤이다. 그렇지만 다윗은 사울 왕의 딸 미갈의 저항을 불러일으킬 정도로 호방하고 경쾌하게 덩실덩실 춤을 춘다. 인간의 정과 뜻(情意)이 말이 되고, 말로도 다할 수 없기에 노래(歌)가 되고, 노래하는 것으로도 부족하여 춤(舞)이 더해진다고 한다. 넘치는 기쁨이나 간절한 마음을 표현하기에 말로도 부족하고 노래로도 부족하기에 몸의 율동적 움직임이 춤이 되어 인간의 희로애락을 느끼고 표현하려 하는 것이다.* 하나님 앞에서의 가무(歌舞)는 종교의 오랜 전통이다.

> 춤을 추면서 그 이름을 찬양하여라.
> 소구 치고 수금을 타면서
> 노래하여라. (시 149:3)

미갈은 어려서부터 궁중의 법도를 배워 자신이나 남들에게 어떤 일탈도 허락할 수 없는 궁중 인물이다. 그러므로 그녀에게 다윗

---

* 신영복, 『강의. 나의 동양고전독법』(파주: 돌베개, 2007), 55.

왕은 하나의 괴기(怪奇)한 노출증 환자로밖에 보이지 않는다. 하나님과 백성들이 보는 앞에서 남사당패 "건달처럼 몸을 온통 드러내시다니!"(삼하 6:20) 이스라엘의 임금으로서 체통이 말이 아니다. 그녀는 오랜 율법을 범하는 것이라고 생각했으리라. 가령, "또 층계를 밟고 나의 계단을 올라오지 못한다. 그 위에서 너희 알몸이 드러나서는 안 된다"(출 20:26)라는 말씀에 천착했던 것이리라.

사람들은 자기중심성의 조붓한 테두리 밖으로 튀어나오는 대신 가면을 쓰고 자신을 감추거나 속인다. 반면 다윗은 도덕주의라는 갑갑하고 답답한 틀 속에 자신을 구겨 넣지 않고 창조적인 일탈을 감행하여 틈을 만들고, 하나님의 현존체인 법궤 앞에서 종교적인 황홀에 충만하여 덩실덩실 춤을 춘다. 다윗의 춤은 하나님의 현존에 대한 몸의 응답이다. 앙리 마티스의 "춤-II"(1909)에서처럼 춤을 통해 푸른색의 하늘과 초록의 땅과 벌거벗은 인간이 춤의 리듬 안에서 연합된다. 춤을 추면서 다윗은 자유와 기쁨, 신적인 아름다움을 온몸으로 표현한다. 춤은 순수한 기쁨의 감각과 순수한 놀이의 감각을 온전히 표현한다. 춤만큼 자연스럽고 해방적이며 전적으로 생명적인 분방한 움직임도 없을 것이다.

만일 다윗이 단순히 종교적 임무를 수행하거나 국가예식을 진행하고 있었던 것이라면, 그는 근엄하게 법궤 앞에서 걸으며 엄숙한 모습으로 행렬을 예루살렘으로 이끌었을 것이다. 그러나 이것은 직무수행이 아니었고, 하나님을 높여드리기 위해 수고스럽게 벌이는 종교적 행사도 아니었다. 그는 자신을 휘감아 돌며 자신을 통하여 흐르는 하나님의 생명에 감각적으로 열려 있었다. 그 하나님은 법궤가 증언하는 대로 역사를 가로지르는 하나님, 구원하고 계시하

언약궤 앞에서 춤추는 다윗 왕. Zanobi Strozzi(1450~55)

고 복을 주시는 하나님이다(유진 피터슨).

아름다움은 미갈이 조롱하는 수치를 끝내 이긴다. 다윗에게는 오로지 하나님을 향한 순전한 마음밖에 없다. "나는 그 야훼 앞에서 춤을 추었소 나는 앞으로도 야훼 앞에서 춤을 출 것이며 이번보다도 더 경망히 굴 것이오"(삼하 6:21). 다윗을 춤추게 만든 즐거움은 기독교 성인들이나 신비가들이 도달한 것과 같은 순수하고 지극한 하나님 사랑의 체험이 표현된 것이다.

■ **적용**

1. 21세기는 언어문자와 더불어 이미지의 시대이다. 문화비평가인 마셜 매클루언은 모든 매체는 인간의 확장이라고 말한다. 언어만이 아니라 이미지가 곧 메시지가 된 문화와 예술의 세상이 된 것이다. 문화는 언어와 이미지를 통해 전달되고 창조된다. 복음은 문화와 예술을 통해 이해되고 전해진 것이 선교의 역사이다. 최근 '한류'라는 이름으로 한국의 문화와 예술이 세계 곳곳에 급속히 퍼져가고 있다. 복음 선교에서의 한국 예술과 문화의 중요성을 인식해야 한다. **어떻게 인간의 문화와 예술이 성령의 창조와 치유의 능력을 전달하는 도구가 될 수 있을까?**

2. 백범 김구 선생의 말씀대로 우리는 대한민국이 무력 강국이 아니라 문화 강국이 되길 바란다. 대한민국의 경제성장과 교회 성장은 정비례하면서 발전해왔다. 그러나 최근 교회는 침체 되거나 성장에 큰 어려움을 겪고 있다. **교회의 지속 가능한 성장력은 어디에서 나올까?** 성령의 크신 역사는 문화와 예술의 힘을 통해 표현될 것이다. 교회는 복음적 문화 예술의 창달에 힘을 쏟아야 한다.

3. 경제성장 제일주의를 목표로 앞만 보고 달려왔던 한국 사회의 모순은 여러 가지 현상으로 드러나고 있다. 사회학자들은 한국 사회를 피로사회, 무감동의 사회, 기업사회로 말한다. 이것이 한국 사회를 지배하는 위험한 바이러스 균이다. **일과 성과에 지친 한국인**

들의 만성적 피로감에서 어떻게 자유할 수 있을 것인가? 존재에 대한 감사와 자연에 대한 경이의 감각을 어떻게 회복할 것인가? 복음적 예술과 문화의 창조를 통해 치유하고 구원하는 길이 최상의 길이다. 교회는 역사적으로 시와 음악을 많이 생산했다. 원래 시는 노래를 위한 가사이다. 창과 칼이 의미하는 강하고 냉정한 무력이 아니라 시와 음악 그리고 춤으로 상징되는 부드럽고 온유한 문화 예술의 힘은 21세기 생태 문명 도래의 시대에 가장 적합한 복음 선교의 도구가 될 것이다.

여섯 번째 도구

●

베드로의 그물 – '영적 능력의 회복'

심광섭

감리교신학대학교 은퇴교수

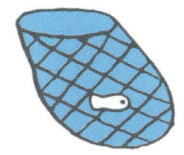

　예수께서 게네사렛 호숫가에 서 계셨다. 그때에 무리가 예수께 몰려와 하나님의 말씀을 들었다. 예수께서 보시니, 배 두 척이 호숫가에 대어 있고, 어부들은 배에서 내려서, 그물을 씻고 있었다. 예수께서 그 배 가운데 하나인 시몬의 배에 올라서, 그에게 배를 뭍에서 조금 떼어 놓으라고 하신 다음에, 배에 앉으시어 무리를 가르치셨다. 예수께서 말씀을 그치시고, 시몬에게 말씀하셨다. "깊은 데로 나가, 그물을 내려서, 고기를 잡아라." 시몬이 대답하였다. "선생님, 우리가 밤새도록 애를 썼으나, 아무것도 잡지 못했습니다. 그러나 선생님의 말씀을 따라 그물을 내리겠습니다." 그런 다음에, 그대로 하니, 많은 고기 떼가 걸려들어서, 그물이 찢어질 지경이었다. 그래서 그들은 다른 배에 있는 동료들에게 손짓하여, 와서 자기들을 도와달라고 하였다. 그들이 와서, 고기를 두 배에 가득히 채우니, 배가 가라앉을 지경이 되었다. 시몬 베드로가 이것을 보고, 예수의 무릎 앞에 엎드려서 말하였다. "주님, 나에게서 떠나 주십시오. 나는 죄인입니다." 베드로 및 그와 함께 있는 모든 사람은, 그들이 잡은 고기가 엄청나게 많은 것에 놀랐던 것이다. 또한 세베대의 아들들로서 시몬의 동료인 야고보와 요한도 놀랐다. 예수께서 시몬에게 말씀하셨다. "두려워하지 말아라. 이제부터 너는 사람을 낚을 것이다." 그들은 배를 뭍에 댄 뒤에, 모든 것을 버려두고 예수를 따라갔다.　(누가복음 5:1-11)

　화가 렘브란트는 이 말씀의 주제를 단순한 도로잉으로 한 번에 그렸다. 베드로의 반응이 중심 주제임은 두말할 필요도 없다. 기적의 흔적은 그물이 돛 위에 희미하게 걸려 있고, 고기잡이에 참여한 몇 사람이 뒤로 무릎 꿇고 있는 모습에서 간접적으로 엿볼 수

여섯 번째 도구: 베드로의 그물—'영적 능력의 회복'

기적적인 고기잡이. 렘브란트, 펜과 붓 드로잉, 1655

있을 뿐이다. 갈릴리 호수와 주변의 아름다운 풍경은 모조리 생략되어 있다. 펜의 가는 움직임과 흐느끼는 듯이 흐름을 만들어 낸 치명적인 붓의 선만이 가냘프게 돛 달린 고깃배임을 말해준다.

이 주제는 누가에만 기록된 베드로와 그의 동료들이 제자로 부름 받는 소명(召命)에 관한 이야기다. 마태(마 4:18-22)와 마가(막 1:16-20)에서는 예수님께서 갈릴리호숫가를 거니시다가 그물을 던지는 베드로와 안드레를 향해 "사람을 낚는 어부가 되라" 말씀하시니 그들이 곧 그물을 버려두고 예수님을 따른 것으로 기록하고 있다. 그리고 조금 후에 세베대의 아들들 야고보와 요한이 예수님의 부름을 받고 따른다.

렘브란트는 제자들의 소명을 마태와 마가를 제쳐두고, 누가의 본문에서 가져온다. 그림의 초점도 그물이 찢어질 정도로 잡아 올린 베드로의 기적적인 고기잡이가 아니라, 예수님의 무릎 아래에 엎드려 "나는 누구일까?" 하고 다시 한번 자기의 정체성을 묻는 사도 베드로다.

"당신은 누구요?"라는 질문에 감히 대답하지 못한 경험이 있는가? 그런 사람이 있다.

그자가 할 수 있는 대답은 "주여, 나를 떠나소서. 나는 죄인이로소이다."(눅 5:8)라는 말뿐이다.

죄인이란 어떤 존재인가? 모순과 역설의 존재로서 좋은 씨만 뿌렸는데, 가라지만 번성하는 세상(마 13:27)의 일원으로 사는 존재다. 사실 인간은 '자기'가 누구인지 잘 모르면서 산다. 세상에서 분주하게 살다 보니 자기를 잘 찾지 못하면서 산다. 자기를 찾으려면 멈추어 자기를 볼 줄 알아야 한다.

1. 나는 누구인가?

렘브란트가 이 그림을 그린 해는 1655년이다. 렘브란트의 일생을 수놓은 수많은 불행은 탕자의 불행과 별반 다르지 않다. 1635년에 아들 롬바르투스를 잃고, 1638에는 큰딸 코르넬리아를 잃고, 1640년에 둘째 딸 코르넬리아를 잃으며, 1642년 깊이 흠모하고 사랑했던 아내 사스키아(Saskia)마저도 잃는다. 그 후 렘브란트는 생후 9개월 된 아들 티투스와 둘만 남는다. 아내 사스키아의 죽음 이후 지난(至難)한 고통 속으로 빨려 들어간다. 티투스의 유모였던 헤이르체르

디르흐크와의 불행한 관계는 여러 차례의 법정 소송을 거쳐 1654년 그녀를 보호시설에 감금함으로써 끝이 난다.

이 그림을 통해 이제 그는 삶의 모퉁이를 돌아 자신이 한없이 흠이 많은 죄인임을, 즉 당신의 것임을 통절하게 고백하고자 하는 것은 아닐까. 예수님은 우리를 죄인으로 취급하지 않으신다. 예수님은 우리에게 죄인이라는 말부터 먼저 하시지 않는다. 사람들은 자신의 더 큰 허물을 감추기 위해 타인의 허물을 드러내어 도덕적 정죄부터 시작하지만, 예수님은 죄책감을 강조하고 심리적으로 억압하지 않으신다. 예수님은 우리를 일으키시고 세워 하나님의 삶에 동참할 수 있는 딸·아들로 성장할 수 있도록 이끌어주실 뿐이다. 이렇게 영적 지도와 성장은 이루어진다.

영적 성장은 교육이나 새로운 규범의 수립에만 있는 것이 아니다. 더 중요한 것은 무조건적인 사랑을 부어줌으로써 시들어가는 생명에 움이 돋는 삶의 변화를 일으키는 것이다. 예수님은 베드로에게 새로운 존재를 선사한다. 예수님은 베드로에게 다가와 그를 위해 자신을 내어주신다. 즉 용서(forgive)하신다. 이렇듯 예수님은 나의 과오를 용서할 뿐 아니라 나의 모호한 실존을 풀어주고 넉넉하게 만든다. 나의 잘못된 행위의 사슬을 벗겨줄 뿐 아니라 근원적으로 내 마음의 사슬을 벗겨준다. "렘브란트의 그림이 걸리는 자리는 중세의 교회에서처럼 교회의 벽이 아니라 마음의 지성소이다. 렘브란트는 예로부터 내려오는 형식에서 벗어나 하나님과 실제로 맺는 신앙을 표현했다"(발터 니그). 히틀러의 나치즘에 저항한 20세기 최대의 행동 신학자 디트리히 본회퍼(Dietrich Bonhoeffer)는 다른 사람들이 말하는 '영웅'이 아니라 그의 양심은 바람에 이는 작은 잎새의 떨림 같았다. 다음은 그가 감옥에서 쓴 한 편의 시다.

나는 누구인가?
사람들은 종종 말하길
내가 감방에서 걸어 나올 때
마치 영주가 자기 성에서 나오듯
침착하고, 활기차고, 당당하다고 한다.

나는 누구인가?
사람들은 종종 말하길
내가 간수들에게 말을 건넬 때
마치 내가 명령하는 사람인 양
자유롭고, 다정하고, 분명하다고 말한다.

나는 누구인가?
사람들은 또 말하기를
마치 내가 승리에 익숙한 사람인 양
불행한 나날을 견디면서
평화롭고, 미소를 지으며, 자연스럽다고 한다.
나는 정말 다른 사람이 말하는
그런 사람인가?
아니면 나는 다만 나 자신이 알고 있는
그런 사람에 불과한가?

새장에 갇힌 새처럼

불안하게 뭔가를 갈망하다가 병들고
목이 졸린 사람처럼
숨 가쁘게 몸부림치고

색깔과 꽃과 새소리를 그리워하고
친절한 말과 인간다운 친근함을 그리워하고
사소한 모독에도 분노에 떨며

큰 사건을 간절히 기대하고
멀리 떨어진 친구를 그리워하다
낙심하고 슬퍼하고
기도하고 생각하고
글 쓰는 일에 지쳐 허탈에 빠지며
의기소침하여 모든 것과 작별하려는 그런 존재.
나는 누구인가?
전자인가 후자인가?
오늘은 이런 인간이고
내일은 다른 인간인가?

타인 앞에서는 위선자이고
자기 자신 앞에서는 경멸할 수밖에 없는
가련한 약자인가?

나는 누구인가?
이 고독한 물음들이 나를 비웃는다.

내가 누구인지
오, 하나님 당신께서는 알고 계십니다.
나는 당신의 것입니다.

"주여, 나를 떠나소서. 나는 죄인이로소이다."라는 베드로의 고백과 "오, 하나님! 나는 당신의 것입니다."라는 본회퍼의 고백은 사실 시대를 뛰어넘은 동일한 고백이고, 그리스도인의 존재 의미를 몽땅 드러내는 고백이며, 참자기의 발견이다. 예수님과의 만남은 나의 눈이 열려 다른 눈을 가지고 오늘을 살게 하고, 마음을 열어 어제의 만남을 오늘 다르게 체험할 수 있게 한다.

2. 깊은 곳, 구원의 신비가 머무는 자리

아래의 작품은 스위스의 화가 콘라드 비츠(Konrad Witz)의 것이다. 그림이 놀랍고 우리를 매혹하는 이유는 사실주의에서나 볼 수 있는 것처럼, 기적을 세부적으로 묘사하고 있기 때문이다. 예수님께서는 갈릴리호숫가를 아무런 큰일도 일어나지 않을 것 같은 일상적인 모습으로 한가로이 거닐고 계신다.

이 작품의 미술사적 중요성은 이전까지 풍경이 주제의 주변 요소로만 사용되다가 작가의 주요 관심사로 등장했다는 점에 있다. 풍경도 우리 앞에서 일어나는 복음의 사건만큼 요긴한 비중을 갖고 그려진 것이다. 비츠는 스위스의 화가로서 자연의 철저한 관찰을 통해 사실적인 기법과 표현을 사용하였다. 르네상스 미술의 특징을

고기잡이 기적. 콘라드 비츠(Konrad Witz), 성 베드로 제단화, 1443~44, 미술·역사박물관, 제네바

잘 대변하는 혁신적인 미술가로 손꼽히기도 한다. 특히 이 작품은 당시 르네상스 미술에서도 새로운 표현기법을 구사한 작품으로 많이 알려져 있다.

앞서 본 것과 같은 주제로 그린 렘브란트의 그림이 단순 소박하고 그리스도 앞에서의 인간의 죄와 겸허를 드러낸다면, 비츠의 이 그림은 섬세하고 화려하며 그리스도의 구원의 신비를 말하는 그림이다. 렘브란트의 그림이 종교개혁 이후 개신교 신앙인답게 내 영혼 안에 일어난 변화의 기적을 보여주는 것이라면, 비츠는 중세 가톨릭 신앙인의 유산을 따라 내 밖에 임하는 구원의 떨리는 은총의 신비를 말해준다.

 이 그림은 '고기잡이 기적'과 '호수 위를 걸으시는 예수님'에 관한 마태의 본문(마 14:22-33)의 흔적이 뒤섞여 남아 있다. 콘라드 비츠가 본 바다는 잎새 하나 흔들림 없을 정도로 바람 없이 고요하고 잔잔하다. 스위스의 유리구슬처럼 투명한 호수를 보는 것 같다. 호수의 수면은 제자들과 배를 그대로 투과할 정도로 맑고 고요하다. 비츠는 이 사건이 일어난 시간은 어둑한 밤이 아니라 구름 낀 대낮으로 그린다.

 베드로는 다른 제자 5명과 함께 "깊은 데로 가서 그물을 내려 고기를 잡으라"(눅 5:4)는 그리스도의 지시를 받들어 그물을 내리고, 이어 정녕 그물이 찢어지도록 고기가 잡혀 올라온다. 네 명의 제자가 안간힘을 다해 고기로 가득 찬 그물을 호수에서 들어올린다.

> 주님! 겐네사렛 호수에서
> 당신의 제자들이
> 많은 물고기를 잡은 것처럼
> 저는 날마다
> 마음의 호수에서
> 많은 물고기를 낚아 올립니다
> …
> 당신 말씀대로 호수 깊은 곳에 그물을 쳐
> 그물이 찢어질 만큼 많이 잡힌 물고기에
> 제자들이 놀란 것처럼
> 저도 당신의 크신 사랑과 능력에
> 할 말을 잃어버린 작은 어부입니다

여섯 번째 도구: 베드로의 그물—'영적 능력의 회복'

주님! 때로는 어찌 할 바를 모르고
제가 절망의 한가운데서
빈 그물을 씻을 때마다
당신은 조용히 말씀하셨습니다
"깊은 데로 가서 그물을 쳐라"

그리고 당신 말씀대로
마음 깊은 곳에 기도의 그물을 치면
비늘이 찬란한
희망과 기쁨의 고기가 잡혔습니다
삶에 필요한
겸손과 인내도 많이 얻었습니다
이제는 더 이상
저의 뜻을 따라 살지 않고
멀리 떠날 준비를 하게 하소서
배와 그물조차 버리고
당신을 따라나선 제자들처럼
모든 정든 것을 버리고도 기쁠 수 있는
사랑의 순명만이 승리할 수 있도록

-이해인, 『깊은 데로 가서 그물을』(누가 5:1-11) 중에서

바다 위를 걸어오시는 예수님

제자들이 호숫가에서 자기들을 향해 걸어오시는 그리스도(마 14:25)를 발견한다. 그리스도께서 물 위를 걸어 움직인다. 걷는다는

표현보다 돛단배가 바람에 의해 움직이는 것처럼 조금의 요동도 없이 미끄러지는 것 같다. 배 안에 있던 제자들이 눈앞에서 벌어진, 이해할 수 없는 사태를 보고 모두 기겁하여 소리 지른다.

베드로는 그분이 그리스도임을 알아차리고 배에서 뛰어내려 몇 걸음 잘 걸어온다. 그렇지만 어느새 자신의 서툰 용기에 스스로 질식한다. 베드로는 바람이 불고 호수가 우는 것을 느낀다. 그는 그예 두려움에 사로잡혀 호수 속으로 풍덩 빠져 순식간에 물속으로 잠겨 들어간다. 허우적거리지만 소용이 없다. 그리스도께서 그에게 다가가 그의 손을 잡는다. 그 순간 바람이 잔잔해지고 호수와 주변 풍경은 다시 유리알처럼 투명해진다.

작가는 매우 사실적으로 인물들을 묘사했다. 후광이 나타나긴 하지만 어부인 사도들의 고된 노동을 사실적으로 표현했다. 그물에는 신기할 정도로 물고기가 가득 차 곧 터질 것만 같다. 베드로는 예수님에게 다가가기 위해 호수 위를 걸었지만, 곧 물에 빠진다. 예수님은 마치 무게가 없는 공기처럼 물 위로 미끄러져 베드로에게 다가간다. 다른 인물이 호수에 비쳐 보이는 것과는 달리, 예수님의 붉은 망토는 수면에 반사되지 않는다. 구주이신 그리스도는 현실과 초현실을 이어주며 넘나드는 존재이기 때문이다.

위의 콘라드 비츠의 그림에서 무엇보다 중요한 것은 이 작품 속에는 신약성경의 이야기만이 아니라, 스위스 출신이었던 화가가 잘 알고 있던 제네바 호수 근처의 시골 풍경이 나타나 있으며, 저 멀리에 몽블랑의 설산(雪山)도 보인다. 호수 근처의 풍경은 마치 지도처럼 그려져 있다. 목장과 밭, 숲과 나무, 집과 담장, 탑과 길들이 고스란히 그려져 있다. 화가들은 어렵지 않게 본문을 자신의 삶의 자리로 옮겨놓고 지금 현실에서 벌어지는 일처럼 말하게 한다. 붉은색 겉옷을 입어 눈에 분명하게 들어오는 예수님은 청색 옷을 입은 베드로와 확연히 대조된다.

콘라드 비츠는 배 안에서 잡힌 고기로 넘치는 그물을 잡고 감격하여 하늘을 바라보는 베드로와 그리스도에게 다가오다가 물에 빠져 허우적거리는 베드로, 두 명의 베드로를 그렸다. 인생은 감격과 허우적댐 사이에서 살아간다. 또한 서 계시는 예수님의 몸에 흐르는 고요한 정적의 거룩한 힘과 배 안에서 허우적거리거나 분주하게 일하는 제자들의 요란함이 대조된다.

하늘을 손짓하는 예수님의 머리 위로 후광이 빛나고, 그 머리는 바로 위 수직선상에 방파제와 같은 산 몽블랑에 가닿는다. 몽블랑 뒤에는 태고의 빙하가 희미하게 눈에 들어온다. 허우적거리는 베드로 위에는 흰 탑이 작은 크기로 강조되어 있다. 이 그림은 아래로 깊고 위로 높지만, 환히 들여다보이고 밖으로 발현한다. 구원의 깊고 높은 신비는 그리스도 안에서 환하게 드러나는 것이기 때문이라고 생각해도 좋을 것이다. 베드로는 과연 이 구원의 신비를 맛보면서 예수님을 따르고 있는 것인가? 마태복음의 기록을 보면 베드로는 예수님이 지상에 살아 계셨을 때 100% 마음을 열고 따르지 못한 것 같다.

3. 베드로에 대한 마태복음의 기억

신약의 첫 번째 책인 마태복음서에 중요한 사건이 있을 때마다

12제자들 중 '베드로'의 이름이 가장 빈번하게 등장한다. 그중에 몇 가지만 기억해보자. 베드로는 12제자들 중 예수께서 제자로 삼으신 첫 제자이다(4:18). 예수께서는 베드로의 장모의 열병을 고쳐주신다(8:14). 베드로는 물 위를 걸어 예수께 가게 해달라고 청한다(14:28). 베드로는 예수께서 비유로 말씀하시자 그 뜻이 무엇인지 설명해달라고 예수께 청한다(15:15).

베드로는 가이사랴 빌립보에서 예수를 "살아 계신 하나님의 아들 그리스도십니다."라고 고백한다(16:16). 베드로는 예수께서 고난을 말씀하시자 곧바로 불가함을 발언한다(16:22). 예수께서는 베드로와 야고보와 그의 동생 요한을 따로 데리고서 변화산이란 높은 산에 올라가셔서 예수께서 변모하신 예수님을 보자마자 바로 입을 열어 표현한다. "선생님, 우리가 여기에 있는 것이 좋습니다. 원하시면, 제가 여기에다가 초막을 셋 지어서, 하나에는 선생님을, 하나에는 모세를, 하나에는 엘리야를 모시도록 하겠습니다"(17:4).

베드로는 예수께서 "부자와 하나님 나라" 비유를 말씀하자, 예수께 이렇게 말한다. "보십시오, 우리는 모든 것을 버리고, 선생님을 따랐습니다. 그러니, 우리가 무엇을 받겠습니까?"(19:27) 베드로는 예수께서 내가 고난을 받을 때 네가 세 번 부인할 것을 예고하자 이렇게 답변한다. "비록 모든 사람이 다 주님을 버릴지라도, 나는 절대로 버리지 않겠습니다"(26:33).

베드로는 예수께서 겟세마네의 곤경의 기도에서 함께 기도해달라는 예수의 부탁을 이행하지 못하고 깊은 잠에 빠진다. 그래서 베드로에게 말씀하셨다. "이렇게 너희는 한 시간도 나와 함께 깨어 있을 수 없느냐"(26:40) 베드로는 예수께서 심문 수난을 당할 때 "멀찍이 떨어져서 예수를 뒤따라 대제사장의 집 안마당에까지" 간다(26:58). 베드로는 "예수를 아냐?"는 한 하녀의 세 번 거듭되는 질문에 모두 부인한다(26:69-75). 베드로는 "닭이 울기 전에, 네가 나를 세 번 부인할 것이다." 하신 예수의 말씀이 생각나서, 바깥으로 나가서 몹시 울었다(26:75).

베드로의 통곡을 그의 참회로 이해한다. 아무튼 마태복음서에는 베드로가 더 이상 언급되지 않는다. 부활의 증인 가운데서도 베드로는 등장하지 않는다. 12제자들 중 가장 활발하게 활동했던 베드로, 예수의 첫 제자이면서 가장 말을 앞서 했던 인물 아닌가. 자기가 누구인지 알아차리고 구원의 깊은 신비까지 맛보았다면, 그는 진짜 예수님의 사람이어야 하지 않겠는가?

그런데 이런 기대와 달리 베드로는 예수께서 겪는 겟세마네의 고난의 시간에 잠을 자고 있었고, 한 하녀의 질문에 부인함으로써 자기분열을 일으킨 겁쟁이와 불안의 실망스러운 사람으로 나타난다. 이러한 자기 언행에 대해 베드로는 매우 괴로워했다. 그는 바깥으로 나가서 남이 보지 않는 곳에서 홀로 몹시 울며 눈시울을 적셨다. 베드로는 엄격한 도덕적 사람은 아닐지 모르지만 진정한 참회의 사람이다. 스페인의 화가 엘 그레코는 25년 사이에 베드로의 참회에 관해 세 작품을 남겼다(1580, 1600, 1605년). 그 화가는 동일한 주제로 베드로의 참회를 묵상한 것이다. 화가는 그림을 통해 베드로의 삶을 닮으려고 한 것이다.

엘 그레코가 그린 베드로의 참회에 관한 세 작품이다. 1580년경에 그린 첫 작품은 눈물이 글썽글썽한 베드로의 얼굴을 그렸다. 베드로는 얼굴을 들어 하늘을 바라보며 손을 깍지 낀 채 기도하는 모습이다.

회개하는 성 베드로(St Peter in Penitence).
엘 그레코(El Greco) 1580s

엘 그레코는 가톨릭 종교개혁기에 베드로의 일관성 있고 신실한 믿음, 곧은 성정(性情)을 드러내고자 한다. 베드로는 흰 머리털에 흰 수염의 곧은 몸가짐의 성자이며, 뒤에 그린 두 그림(1600, 1605년)은 노랑 외투에 흰색 속옷을 입었다.

마태복음서는 그후 베드로의 언행에 대해 침묵하지만, 베드로가 썼다는 편지에 금옥(金玉) 같은 말을 쏟아낸다. 그리스도의 고난과의 사귐, "그리스도의 고난에 동참하는 것"(벧전 4:13)과 "하나님의 성품에 참여"(벧후 1:4)하는 사람이란 말이 바로 주옥같은 말이다. 이러한 베드로의 참모습을 요한복음 21장의 기록을 통해 역사적으로 자세히 살펴볼 수 있다.

4. 베드로의 그물이 길어 올린 예수님의 사랑

요한복음 20장 전반부에서, 무덤을 향하여 경쟁적으로 달려갔던 베드로와 다른 제자는 예수께서 부활하셨다는 사실은 알지 못하고, 무덤이 비어 있었다는 사실만을 확인하고 자기 집으로 돌아온다. 그들은 무덤에 예수님이 부재하신다는 사실만 안 것이다. 그러나 예수님께서는 무덤을 서성이면서 슬피 울고 있던 막달라 마리아에게 나타나신다. 막달라 마리아는 부활하신 예수님을 붙잡지는 못했지만, 두 눈으로 주를 보았다고 제자들에게 증언한다(20:11-18).

예수께서는 이어 부활절 저녁에 제자들에게 나타나시고 도마에게는 네 손가락을 내밀어 상처 난 내 옆구리에 넣어보고 믿으라고까지 말씀하신다(20:19-29). 그리고 30~31절에서 복음서를 기록한 목적을 말하고 마감하는 듯한데, 21장이 이어지면서 여러 제자들(베드로, 도마, 나다나엘, 세베대의 아들들(야고보와 요한), 또 다른 제자 둘)에게 나타나심을 추가로 기록하고 있다.

요한복음 20장과 21장에서 부활사건은 단지 예수님의 부활로 끝나는 것이 아니라 과거 제자들에게 끊임없이 나타났고, 바야흐로 지금 우리에게 나타나 '예수님은 계속해서 살아계시며 계속해서 활동하심'을 증거한다. 요한복음은 예수님의 부활 현현을 제자들의 '부활절의 새로운 삶'과 관련짓는다. '부활절의 새로운 삶'이란 예수님의 부활 현현을 직접 두 눈으로 보고, 주님을 생생하게 받아들이고, 떨리는 심정으로 사랑을 고백하고, 사명을 가슴으로 울렁거리게 받아들임으로써 주님 안에서 숨을 쉬고 겸손함으로 묵묵히 사랑의 주님을 따르는 삶을 말한다.

부활사건은 내 밖에서 일어난 우주적 현상만이 아니라 제자들의 존재 안에서 부활하신 예수님을 구체적으로 보고 접(接)하고, 마음과 삶으로 주를 영접하고, 주님을 따르겠다고 고백하는 거룩한 믿음의 사건이다. 요한복음 21장에서 베드로를 위시한 제자들은 앞서 제자들(도마나 막달라 마리아)보다 더 구체적으로 주님을 만난다.

20장에서 막달라 마리아는 주님을 본 것으로 그친다. 도마는 주님을 만질 수 있도록 허락된다. 그러나 21장의 제자들은 디베랴 호숫가에서 이른 아침에 숯불을 피워놓고 그물로 잡은 153마리의 고기를 예수님과 함께 구워 먹는다. 예수님께서 제자들에게 마지막 만찬에서처럼 떡도 주시고 생선도 주신다. "제자들이 주님이신 줄 아는 고로 당신이 누구냐고 감히 묻는 자가 없다"(21:12).

이 말씀은 한갓 눈앞에 목격된 예수님에 대한 시각적 확실성을

디베랴 호수에 나타나심. 두초(Duccio), 나무에 템페라, 308~11

확인해 주는 언급만이 아니다. 이 말씀은 예수님께 절대 귀의하고 전적으로 의존하게 되어 영원의 문턱에 이른 실존의 고양된 상태, 주님에 대한 외경과 존재의 떨림을 말하는 것이다. 주님께 대한 외경과 주님과 접(接)함으로 인한 존재의 파동치는 변화를 말하는 것이다.

이 변화는 그 어떤 사람보다 영원한 주님을 더 사랑하고, 세상의 그 어떤 물질과 화려함과 명예의 미혹보다도 영원한 주님께 전적으로 귀의하는 삶으로 표현되어야 함을 보여준다. 주님과의 이성적 교류와 윤리적 상응을 넘어 삶 전체의 상합의 경지에까지 들어가는 것이다.

바울의 표현을 빌려 말하면, 베드로는 주님을 부인했던 자로부터 주님을 고백하고 따르는 자로 넘어가고, 최후의 박해와 순교를 견뎌냄으로써 시간에서 영원으로 넘어간다. "그분은 만물을 복종시킬 수 있는 권능으로, 우리의 비천한 몸을 변화시키셔서, 자기의 영광스러운 몸과 같은 모습이 되게 하실 것입니다"(빌 3:21).

'사랑'은 타인을 통해 자기 존재의 절대적 유일성과 영원성을 인식하는 사건이다. 베드로는 세 번째 거듭되는 예수님의 사랑 물음에 "내가 주님을 사랑하는 줄을 주님께서 아십니다"(요 21:17)라고 답변함으로써 주님과 '서로사랑'의 깊은 내통의 경지까지 진입한다. 베드로는 사랑의 예수님을 만나 자신의 인간적 그물을 내던지고 마침내 예수님의 사랑의 그물을 통해 세상의 덫에 걸린 인생을 믿음으로 놓아주고 사랑으로 세워주며 희망으로 날개를 달아주는 삶을 산다.

예수님의 부활 현현은 사랑하는 삶의 절대 긍정, "나를 따라라!"(요

21:19)를 의미한다. 사랑하는 삶은 영원에 붙잡힌 실존이 된다. 베드로의 그물을 통해 만나는 부활하신 예수님은 우리로 하여금 부활에 대한 산 소망을 갖게 하고(벧전 1:3), 성령 안에서 거듭나서 부활절의 새로운 삶을 시작하는 위대한 사건이다. 그 새로운 삶이란 베드로의 그물이 길어 올린 예수님의 사랑의 삶이다. 이는 곧 십자가 사랑으로 엮어진 구원의 그물이다.

■ **적용**

1. 나는 누구인가? 베드로의 삶은 고기잡는 그물에 의존하고 매여 있는 삶이었다. 어느 날 그는 예수의 말씀을 통해 자신의 존재를 새롭게 발견한다. "**나는 누구인가?**" 그리스도인의 존재는 성령 안에서 예수님을 믿음으로 세상의 창조주이신 하나님의 자녀가 되는 새로운 탄생 속에 나타난다. "내가 누구인지요, 하나님 당신께서는 알고 계십니다. 나는 당신의 것입니다."

2. 깊은 곳. 현대인의 눈은 과학을 통해 세례를 받은 눈이다. 과학은 관찰과 실험을 통해 어떻게 세상의 사물이 일어나는지 확인하여 지식을 얻는다. 그러나 그것은 보이는 현상에 그칠 뿐이다. 육안으로 보이지 않는 세계, 미시세계나 거시세계를 다루는 과학도 마찬가지이다. 그러나 과학자는 어느 날 과학의 방법을 넘어 도대체 이런 현상은 모두 '왜' 일어나는가? 이게 다 무엇인가? 하는 의문을 던지지 않을 수 없다. 이 질문이 바로 겉(**평면**)을 꿰뚫고 들어가는 '깊은 곳', 즉 심연에 대한 질문이다. 그 깊은 곳은 이 세상에서 인간이 가지 않는 오지일 수 있고, 가난하거나 병들어 버려진 곳일 수도 있다. 인간의 내면적 심연, 사회적으로 버려진 곳, 삼라만상이 탄식하는 소리는 하나님의 은총의 눈, 곧 영적 감각을 통해 알 수 있는 것이다. 그리스도인은 그러한 심연을 발견함으로써 우리가 사는 오염된 세상을 하나님의 창조로 회복하는 영적 능력을 회복할 수 있다.

3. 베드로는 평생 예수님을 열정적으로 따라다녔지만, 마태복음의 기록에 따르면 회개하는 베드로의 모습을 넘어 깊숙이 그리스도의 부활에까지 진입하지 못한 느낌이다. 그러나 요한복음 20~21장에 기록된 베드로의 존재는 전혀 새로운 존재이다. 거듭난 존재, 말하자면 이제 죽지 않는 부활절의 삶을 사는 존재, 자신의 그물로 예수님의 사랑을 길어 올린 새로운 존재로 태어난다. 베드로는 부활하신 그리스도에게서 사랑과 구원의 그물을 선물 받는다. **베드로와 같은 삶을 어떻게 우리의 삶 속에서 맞이할 수 있는가?** 인생 일대에 얻을 수 있는 가장 중요하고 값진 선물이 아닐 수 없다.

일곱 번째 도구

●

소년이 가진 오병이어 – '드림과 나눔'

이세형

협성대학교 명예교수

　사도들이 예수께 모여 자기들이 행한 것과 가르친 것을 낱낱이 고하니 이르시되 너희는 따로 한적한 곳에 가서 잠깐 쉬어라 하시니 이는 오고 가는 사람이 많아 음식 먹을 겨를도 없음이라 이에 배를 타고 따로 한적한 곳에 갈새 그들이 가는 것을 보고 많은 사람이 그들인 줄 안지라 모든 고을로부터 도보로 그 곳에 달려와 그들보다 먼저 갔더라 예수께서 나오사 큰 무리를 보시고 그 목자 없는 양 같음으로 인하여 불쌍히 여기사 이에 여러 가지로 가르치시더라 때가 저물어가매 제자들이 예수께 나아와 여짜오되 이곳은 빈 들이요 날도 저물어가니 무리를 보내어 두루 촌과 마을로 가서 무엇을 사 먹게 하옵소서 대답하여 이르시되 너희가 먹을 것을 주라 하시니 여짜오되 우리가 가서 이백 데나리온의 떡을 사다 먹이리이까 이르시되 너희에게 떡 몇 개나 있는지 가서 보라 하시니 알아보고 이르되 떡 다섯 개와 물고기 두 마리가 있더이다 하거늘 제자들에게 명하사 그 모든 사람으로 떼를 지어 푸른 잔디 위에 앉게 하시니 떼로 백 명씩 또는 오십 명씩 앉은지라 예수께서 떡 다섯 개와 물고기 두 마리를 가지사 하늘을 우러러 축사하시고 떡을 떼어 제자들에게 주어 사람들에게 나누어 주게 하시고 또 물고기 두 마리도 모든 사람에게 나누시매 다 배불리 먹고 남은 떡 조각과 물고기를 열두 바구니에 차게 거두었으며 떡을 먹은 남자는 오천 명이었더라. (마가복음 6:30-44; 요한복음 6:1-14)

1. 나의 것을 순전히 '드림'으로 나타나는 기적

　야훼 하나님은 모세를 통해 광야의 배고픈 백성에게 만나와 메추라기로 차려진 식탁을 제공하였다(출 16:13-15, 31). 다윗을 위해서는 원수들이 보라는 듯 상을 차려주었다(시 23:5). 식탁의 초대자인 하나님은 배고픈 우리를 먹이시는 어머니를 닮았다. 우리가 태어나는 순간부터 어머니는 우리를 먹이셨다. 이 땅에서의 삶을 시작한 순간 우리는 식탁 공동체로 살아가는 존재가 되었다. 주님은 오병이어의 기적을 통해 우리를 하나님 나라의 식탁 공동체로 초대하신다.

보리떡 다섯 개와 물고기 두 마리로 성인 남자만 5천 명을 배불리 먹고도 열두 광주리가 남은 사건은 네 복음서 모두에 기록되어 있다(마 14:13-21, 막 6:30-44, 눅 9:10-17, 요 6:1-14). 공관복음에는 보리떡 다섯 덩이와 물고기 두 마리를 누가 내어놓았는지에 대한 설명이 없다. 요한복음만이 베드로의 형제 안드레가 한 소년이 가진 보리떡 다섯 덩이와 물고기 두 마리를 예수께 내어놓았고, 예수는 이를 축사하시고 감사 기도를 드리신 후 나누어주었더니, 모두가 배불리 먹었다고 기록하고 있다. 그리고 모든 복음서는 남은 것을 모았더니 열두 광주리에 가득 찼다고 전한다. 이 큰 표적을 본 무리는 "이분이야말로 우리가 기다리던 그 예언자"라고 말하며 예수를 왕으로 세우려고 했다. 그 배고픈 사람들을 식탁에 초대한 예수는 왕으로 오신 것이 아니라 생명의 떡으로 우리 가운데 오셨다.

생명의 떡이신 예수는 모인 무리를 어떻게 먹일 것인지를 미리 알고 있었다. 그리고 마침내 알고 있던 바대로 보리떡 다섯 덩이와 물고기 두 마리를 들어 감사 기도한 후에 나누게 하였다. 성경 역사에서 가장 적고 보잘것없는 것으로 많은 무리에게 가장 큰

혜택을 보인 것은 바로 이 오병이어의 장면일 것이다.

요한복음에 의하면, 베드로의 형제 안드레가 예수에게 나아와 고한다. "선생님, 여기 한 소년이 보리떡 다섯 덩이와 물고기 두 마리를 갖고 있습니다. 하지만 이 많은 사람을 다 먹이기에는 턱없이 부족하지 않겠습니까?"(요 6:8-9) 그런데 이 소년은 자기의 음식을 순순히 예수님에게 내놓았다. 우리는 이 사실을 눈여겨보아야 한다. 가지고 있던 모든 음식을 내놓았던 것은 일종의 모험이 아닐 수 없다. 그럼에도 불구하고 이 소년은 이후 상황이 어떻게 될지 모르는 가운데 자신이 먹을 것을 모두 내어놓았던 것이다.

만약 어른들 가운데 음식을 지니고 있었다면, 이 소년처럼 순수하게 그것을 내놓을 수 있었을까? 아마도 그들은 드러내지 않고 다른 사람의 눈에 띄지 않게 숨기고 있었을지도 모른다.

이렇듯 순수한 마음으로 아낌없이 '드림'은 예기치 않은 크나큰 기적을 일으킬 수 있음을 시사한다. 먹거리로 단순히 배고픔을 해결해주는 육체적 양식이 아니라, 영원한 생명을 위한 신령한 음식에 대한 상징적 의미를 지닌다. 오병이어의 기적을 일으킨 다음 날, 다시 사람들이 예수에게로 몰려들었다. 이때 예수님은 무리에게 궁극적으로 공급하고자 했던 바는 영원한 생명의 양식이었음을 드러내신다(요 6:48-51).

당시 보리떡은 매우 가난한 사람이 먹는 음식으로 나귀에게도 먹였다고 한다. 또 물고기는 헬라어로 '옵사리온'이라 쓰였다. 이 단어는 바닷가에 버려진 쓸모없는, 보잘것없는 물고기를 가리킨다. 당시 이스라엘 사람들은 물고기를 잡게 되면 성경 법에 따라서 큰 물고기는 바구니에 담아 집에 가져가고, 작은 물고기는 다시 물속에 집어넣었다. 그리고 어중간한 물고기는 아무렇게나 버리곤 하였다. 이러한 물고기를 가난한 사람들이 주워다가 소금에 절여 먹었다. 따라서 이 보리떡과 물고기('옵사리온')로 미루어보아서 이 소년이 가난한 태생이었음은 물론이거니와, 이 음식이 가난한 사람들의 먹거리였음도 알 수 있다.

그런데 이 보잘것없는, 가난한 사람의 음식에서 기적이 일어났다. 여기서 더 중요한 사실은 소년이 이 음식을 예수님께 순전한 마음으로 바쳤다는 것이다. 적고도 보잘것없는 음식이지만, 예수님에게 '드림'으로써 그의 손에 들리어졌을 때 큰 역사가 이루어졌다. 당시 예수에게 보리떡 다섯 덩이와 물고기 두 마리가 마중물처럼 꼭 필요한 것이었듯이, 오늘 우리도 드릴 수 있는 것이 무엇인지를 먼저 생각해보아야 한다. 소년의 음식이 아주 쓸모없는 것처럼 보였지만, 기적을 베푸는 역사가 일어났듯이 우리가 지닌 재능, 지식, 시간, 재정, 여건 등을 순전한 마음으로 내어놓고 드리면 기적을 베풀어 주실 것임이 분명하다. 이 오병이어의 기적에서 배워야 할 것은 삶 가운데 일어나는 상황과 상황 속에서 우리가 드릴 수 있는 것이 무엇인지를 최우선으로 찾아야 한다는 것이다. 그리고 그 '드림'으로 인하여 일어나는 결과들을 '나눔'으로 가져가야 할 것이다. 그리하여 우리는 오천 명이 먹을 분량을 먹어 치우는 사람이 아니라, 오천 명을 먹여 살리는 신실한 사람으로 또다시 '드림'을 실천해야만 할 것이다.

2. 예수의 만찬과 헤롯의 만찬

오병이어에 대해 공관복음과 요한복음 사이에는 몇 가지 차이점이 드러난다. 마가복음에서의 기적의 장소는 광야이지만, 요한복음에서는 갈릴리 주변의 어느 산지이다. 마가복음에서는 제자들의 요청에 의해 기적이 일어나지만(막 6:35), 요한복음에서는 예수가 먼저 군중들의 배고픈 상황을 보고 빌립을 불러서 이 문제에 관심을 가지는 것으로 나온다(요 6:6). 요한복음에서는 빌립이 군중을 먹일 비용에 대해서 계산을 하고, 이후 시몬 베드로의 형제 안드레가 보리떡 다섯 개와 물고기 두 마리를 가지고 있는 한 아이를 예수께 소개하지만(요 6:9), 마가복음에서는 이 숫자를 계산하는 것이 제자

오병이어의 기적. 제임스 티소(1886)

들로 되어 있다(막 6:37).

마태복음과 마가복음의 오천 명을 먹이신 기적 앞에는 헤롯 왕의 만찬에서 세례자 요한이 죽는 사건을 먼저 소개하고 있다. 자연스럽게 헤롯의 만찬과 주님이 오천 명을 먹이신 만찬이 대비를 이룬다. 헤롯의 만찬은 화려한 로마 귀족의 만찬으로서 향락과 탐욕과 침략 전쟁의 죽음이 담긴 만찬이다. 이 만찬을 위해서 하인들은 귀족들의 손을 씻어 주고 발을 닦아 주었다. 사치와 낭비가 심했던 부자 손님들을 위해서는 물 대신 포도주로 손을 씻게 하기도 했고, 주인은 자신의 부와 화려함을 보이기 위해 향수로 손을 씻기도 했다.

고대 로마인들의 식탁은 높은 지위에 있는 이들이 자리 잡은 상석부터 차려졌고, 가운데 공동으로 음식이 차려진 경우에도 상석에 있는 이가 먼저 음식을 집을 수 있는 권리가 있었다. 사회적으로 낮은 지위에 있던 자들에게는 음식 먹을 차례가 돌아오지 않거나, 아예 음식이 차려진 상에 손이 닿지도 않는 자리에서 먹고 마셔야 하는 수모를 겪었다. 로마 귀족의 만찬은 사회의 수직적 신분 구조를 반영하며 이를 공고히 하고 재확인하는 만찬이었다.

그런데 이와는 다른 밥상이 있다. 마가복음은 헤롯의 잔치를 소개하고 난 다음, 바로 뒤에 예수께서 성인 남자만 5천 명을 먹인 오병이어의 기적을(막 6:30-44) 소개한다. 해석의 시각에 따라 오병이어의 본문을 다양한 각도로 읽을 수 있다. 기적 이야기에 주목해서 읽어 볼 수 있다. 이런 기적이 가당키나 하냐, 믿을 수 있는 것이냐, 합리적이냐 하면서 말이다. 예수의 연민이나 기적을 일으키는 능력에 초점을 맞추어 해석해 볼 수도 있다. 또한 하나님의 아들로서 잃어버린 양들을 헤아리는 목자의 깊은 사랑에 초점을 맞추어 해석해 볼 수도 있고, 하나님의 아들로서 혹은 하나님으로서 베푸시는 능력에 주목하여 해석할 수도 있다.

그런가 하면 우리가 설교를 통해 많이 들었던 것처럼, 오병이어를 바친 소년을 중심으로 해석할 수도 있다. 또한 사회 경제사적인 시각에서 반란을 꾀하는 무장 세력의 저항 식사로 해석해 볼 수도 있다. 각각 나름의 의미가 있고 다양한 해석은 이 이야기의 의미를 확장하여 하나님의 나라에 대한 이해를 심화시킨다. 어떤 해석의 경우든지 우리는 이 기적 사건 속에서 먹고 마심에 대한 신학적 의미를 읽어내는 것이 필요하다. 주님이 베푸신 오병이어는 모든 사람이 초대된 생명의 식탁이었고, 주님은 생명의 떡으로 우리의 식탁에 올려졌다. 그리하여 만찬에 초대한 분이 우리의 음식이 된다.

3. 오병이어 식탁: 누가 무엇을 어떻게 먹었나?

누가 먹었나?

오병이어의 기적에서 먹고 마신 이들은 예수를 한적한 곳까지 따라온 무리이다. 마가는 이들을 '오클로스'라 불렀다(막 6:34). '라오스'는 국가에 대한 적절한 권리와 의무를 지니고 국가로부터 보호받는 국민이라면, '오클로스'는 노예들이나 고용된 사람들이나 강제 노역자들처럼 국민의 권리와 의무를 가질 수 없는 무리이다. 예수를 따랐던 무리는 세상의 사회질서 속에서 희망을 가질 수 없는 이들로서 간절함으로 예수를 따랐던 사람들이다(막 6:33). 동시에 세상으로부터 한적한 곳에서 늦은 시간까지 예수와 함께 지내는 열심이 있었던 사람들이다(6:35). 예수는 이들을 목자 없는 양 같음으로 인해 불쌍히 여겼다(6:34). 예수의 식탁에 초대된 사람들은 로마의 귀족들의 향연에 초대된 손님들과 대비를 이룬다. 이들은, 모두가 아니라고 해도, 정치 경제적으로 사회적 약자들이었고 하나님 나라에 갈증이 있던 이들이었다.

무엇을 먹었나?

오늘 예수께서 초대한 오병이어의 식탁에는 빵과 고기가 아니라 빵과 물고기로 구성되어 있다. 당시 지중해 연안 문화에서 물고기는 부정적인 의미로 소개되는 경우가 있었다. 호머의 오딧세이에는 식탁에 올려진 물고기는 아주 위급한 상황에서 생존을 위해 먹는 음식으로 묘사된다. 그러니까 물고기는 콩이나 씨앗으로 끓인 죽이나 올리브 껍질과 같이 아주 보잘것없는 음식 중 하나였다. 아주 가난한 사람들이 먹었던 음식이었다는 말이다.

어떻게 먹었나?

로마의 식탁에서 권세자들과 부자들은 의자에 앉거나 비스듬히 누워서 식탁을 즐겼다. 노예들은 서서 이들을 수종들어야 했다. 그런데 풀밭에서 이루어진 예수의 오병이어 식탁에는 무리들이 자리에 앉고 제자들은 서서 수종을 들고 있다. 헨리 나우웬은 데이브레이크 공동체를 소개하면서, 힘 있고 전문적인 훈련을 받은 이들은 공동체의 섬기는 자가 되어야 하고 지체부자유자들과 약한 사람들은 공동체의 중심에 있어야 한다고 한다. 약자와 도움이 필요한 사람들이 식탁의 중앙에 자리하는 것이 하나님 나라의 식탁이다.

예수는 오클로스 곧 무리들을 식탁에 초대하여 자리를 잡으라 하고는 앉히신다. 앉히심으로 무리를 식탁에 초대한다. 초대자 예수는 식탁의 주인이지만 종이 되어 섬기고 종국에는 자신을 식탁의 빵이라 칭한다. 그리고 제자들을 향해서도 자기처럼 주인으로서 섬기도록 초청한다. 눈길을 끄는 것은 예수의 식탁에 초청된 사람의 수이다. 성인 남자만 오천 명이고 여자와 아이 그리고 노인을 합하면 이만 명 정도의 사람이 식탁에 참여하고 있다. 당시 자료에 의하면 이만 명이란 수는 한 도시 전체 사람의 수와 같다. 로마인들의 귀족을 위한 만찬은 선택된 자들만 들어갈 수 있었다. 그러나 예수가 초대한 식탁은 한 도시의 인구 전체에게 개방된 잔치였다. 예수께서 초청한 식탁은 마을 전체, 도시 전체의 식탁이었다. 더 나아가 오병이어의 식탁의 참석자 모두가 "다 배불리 먹었다."라는 표현에서 알 수 있듯이 풍성한 식탁이었다. 심지어 음식이 남아 열두 광주리나 되었다. 거두어진 열두 광주리에 담긴 음식은 잔치에 오지 못한 이웃 가난한 사람들에게 전해졌을 것이다.

4. 옛 질서가 뒤집힌 오병이어의 만찬

예수가 보여준 세계는 처음부터 이 세상의 질서와 달랐다. 마리아의 기도 속에 담긴 주님은 교만한 자들을 흩으시고 권세 있는 자들을 내치시며 보잘것없는 이들을 높이시고 배고픈 사람들을 좋은 것으로 배불리 먹이시는 분이다(눅 1:51-53). 예수는 가난한 이들에게 복음을 전하기 위해 우리 가운데로 오셨다. 이 땅의 묶인 자들에게 해방을 알려주고 눈먼 사람들을 보게 하고 억눌린 사람들에게는 자유를 주고 주님의 은총을 선포하려고 오셨다(눅 4:18-19). 예수는 하나님 나라의 새로운 질서로 이 땅의 옛 질서를 뒤집어 놓는다.

가난한 자가 주인인 식탁

예수의 식탁은 사회적 위계질서에 의한 식탁이 아니라 평등한 식탁이다. 로마의 귀족 식탁은 수직적 신분을 확인하고 강조한다. 그런데 예수의 식탁에서는 차별이 없고 모두가 다 배불리 먹는다. 음식의 풍성함은 물론이거니와 음식 앞에 평등한 사회적 관계가 드러난다. 거기에 더하여 사회적 질서와 역할이 역전된다. 가난한 사람이 초대되고 사회적 약자가 주인인 식탁이다. 로마의 귀족 식탁에서는 사회적 지위가 높은 손님들이 앉고 섬기는 노예들은 서 있었다. 그런데 예수께서 초대한 식탁에는 무리가 앉고 제자들은 서서 수종을 들고 있다. 예수와 제자들이 노예의 자리 곧 섬김의 자리에 있다. 세계의 옛 질서가 뒤집혀진 하나님 나라의 식탁이다.

다양한 사람이 함께하는 개방적 식탁

로마인들의 식탁이 폐쇄적인 식탁이었다면 예수의 식탁은 다양한 사람이 초대된 개방형 식탁이다. 자신이 의롭다고 여기는 사람들, 나름대로 높은 위치에 있고 명성이 있다고 생각하는 사람들, 주인이나 귀족들, 자유인들, 정결법을 성실히 지켰던 것으로 자기 의를 삼았던 특권 유대인들, 이들의 식탁은 그들만의 리그에 충실한 폐쇄된 식탁이었다. 반면 예수의 식탁은 사회적 약자, 이방인, 여자, 노예, 종, 환자, 범죄자 등 바리새인들이 부정하게 여겨 겸상하지 않았던 사람들 모두가 참여할 수 있도록 개방된 식탁이었다. 당시 바리새인들과 서기관들은 사회의 주변인들을 부정하다 여겼다. 하지만 예수는 이들의 부정함을 정결함으로 바꾸고 모두에게 허락된 생명의 잔치를 배설해 주었다.

제자들의 기대가 무너진 식탁

예수의 제자들이 파송 받아 사역 후 선교여행에서 돌아왔다. 예수는 제자들이 먹지 못하고 피곤한 것을 아시고 한적한 곳에 가서 쉬자고 하신다. 아마도 제자들은 선생 예수와 쉼이 있는 친밀한 식탁 교제를 기대했을 것이다. 그런데 한적한 곳에 무리가 먼저 와 있다. 예수는 제자들을 돌보는 것 같지 않다. 성경 어디에도 제자들을 세밀하게 배려했다는 내용이 소개되지 않는다. 대신 무리를 보시자 예수는 무리를 목자 없는 양같이 여기며 말씀을 시작하는 것으로 이어진다. 쉬기를 기대했던 제자들의 기대는 여지없이 무너졌다.

성경은 제자들에게 인색하다. 개방되고 평등한 하나님 나라의 식탁을 만들어가는 예수와 그에 갈등하는 제자들의 부족함이 대비를 이루어 소개된다. 주님은 자기를 따르려거든 '자기를 부인하고 자기 십자가를 지고 나를 따르라'(마 16:24)라고 말씀한다. 주님이 제시한 자기 십자가를 지는 길은 제자들이 수행하기가 불가능하다. 제자들은 여전히 유아적 마음이 있다. 최고가 되고 싶은 마음도 있고 선생님의 인정을 최고로 받고 싶은 욕구도 있다(막 9:33-37). 이런 욕구는 자연스러운 것이고 이 욕구가 채워져야 성공한 사람이 되는 것으로 여겼다. 그런데 주님은 제자들의 이러한 유아적 욕구를 채워주기보다는 너무도 당당하게 제자들에게 명하신다. 하늘나라에서 큰 자가 되려면 어린아이처럼 순진하고 어린아이처럼 나를 의지하고 어린아이처럼 자신을 낮추라고 하신다(마 18:1-10). 온유하신 주님이 사역 앞에서는 엄하고 단호하다. 그러니 제자들은 선생님과 갈등할 수밖에 없다. 오병이어와 칠병이어 두 번의 먹이심의 이야기와 최후의 만찬에서 예수의 생각과 제자들의 기대가 갈등을 빚는다. 성경 속에 비추어진 제자들은 여전히 어리고, 어리석고, 무지하고, 이해가 짧고, 심지어는 완악하고, 오해하며, 실패하고, 눈과 귀가 닫혀 있다. 성경에 소개된 제자들의 모습은 미숙한 아이와 같고 아마도 성경 기자들의 자기 고백이었을 것이다.

너희가 먹을 것을 주라

제자들은 선생의 사역에 틈이 생기지 않도록 노심초사한다. 제자들은 합리적인 제시를 하면서 예수께 나아온다.

제자: 이곳은 빈들이요 날도 저물어가니 무리를 보내어 두루 촌과 마을로 가서 무엇을 사 먹게 하옵소서.
예수: 너희가 먹을 것을 주라.
제자: 우리가 가서 이백 데나리온의 빵을 사다 먹이리이까?
예수: 너희에게 빵이 몇 개나 있는지 가서 보라.
제자: 빵 다섯 개와 물고기 두 마리가 있습니다. (막 6:35-38)

제자들은 쉴 수 있을 것이란 자신들의 기대를 접고 선생의 사역을 돕는다. 어둑해지는 시간, 제자들 사이에 염려가 생겼다. 제자들이 현실적인 대안을 제시한다. 제자들은 선생이 자신들의 제안을 신중히 검토해줄 것을 기대했을 것이다. 그런데 예수로부터 엉뚱한 대답이 돌아왔다. "너희가 먹을 것을 주라." 이것은 제자들에게 불가능한 과제였다. 제자들은 예수 안에 있었던 '목자 없는 양을 불쌍히 여기는 따뜻한 마음'을 놓치고 있었다. 목자 없는 양들은 풀밭이 어디 있는지 목마름을 해소해 줄 시원한 샘물이 어디 있는지 알지 못하며 그곳으로 자신을 인도하며 지켜줄 목자도 없다.

예수는 질문한다. 빵이 몇 개나 있는지 알아보라. 그리고 드려진 빵과 물고기를 가지시고 풍성히 먹이시는 오병이어의 기적을 베푼다. 요한복음에는 어린아이가 오병이어를 모두 내놓는 것으로 되어

오병이어. Mosaic in Church Heptapegon, Tabgha Israel

있다. 여기서 어린아이는 우리들에게도 자기의 가진 것을 모두 내어놓도록 가르친다. 예수는 자신이 생명의 떡이 되어 이들에게 먹이고 먹는 자마다 생명을 얻게 하신다. 빵을 가지시고 예수가 하신 일은 오병이어에서 최후의 만찬을 거쳐 초대교회 성만찬의 예전으로 이어진다.

"예수께서는 빵 다섯 개와 물고기 두 마리를 손에 드시고 하늘을 우러러 감사의 기도를 드리신 다음 빵을 떼어 제자들에게 주시며 군중들에게 나누어 주라고 하셨다." (다섯 개의 빵으로 오천 명을 먹이신 식탁에서. 막 6:41)

"예수께서는 사람들을 땅에 앉게 하시고 빵 일곱 개를 손에 들고 감사의 기도를 드리신 다음 떼어서 제자들에게 주시며 나누어 주라고 하셨다." (일곱 개의 빵으로 사천 명을 먹이신 식탁에서. 막 8:6)

"그들이 음식을 먹고 있을 때에 예수께서 빵을 들어 축복하시고 제자들에게 떼어 나눠 주시며 '받아먹어라. 이것은 내 몸이다.'하고 말씀하셨다." (최후의 만찬에서. 막 14:22)

"빵을 손에 드시고 감사의 기도를 드리신 다음 빵을 떼시고 '이것은 너희들을 위하여 주는 내 몸이니 나를 기억하여 이 예를 행하여라'하고 말씀하셨다. (고린도 교회의 성만찬 예문. 고전 11:23-24)*

오천 명을 먹이시고 사천 명을 먹이시는 기적에서는 예수께서

---

*여기 인용된 네 개의 성경 구절은 각각이 내용이 담고 있는 의미의 차이를 부각하려고 의도적으로 공동번역을 사용하였다.

빵을 집어 들어 축복하시고는 제자들에게 **나누어 주라**고 하신다. 그런데 최후의 만찬에서는 빵을 들어 축사하시고 나누어 주시고는 **이것이 내 몸이니 이를 받으라**고 하신다. 빵이 곧 예수 자신이다. 예수의 몸과 피를 받음으로 예수의 사람이 되는 것이 최후의 만찬과 초대 고린도 교회 성만찬 예문의 내용이다. 그런데 이 예문의 초기 형태인 오병이어와 칠병이어의 사건에서는 나누어 주는 제자들의 사역이 더 선명하게 부각 된다. 예수의 제자들은 섬김의 사역자로 선생과 동역하고 있다.

여기에서 의문이 풀린다. 예수께서 제자들의 유아적 욕구를 채워 주기보다는 자신의 사역에 동역자로 부르시는 깊은 사랑이 담겨 있다. 제자들을 초대된 식탁의 손님이 아니라 손님을 초대한 주인으로 초청하고 있다. 주님은 사랑하는 제자들을 자기와 함께 고난받는 종으로, 섬김의 종으로 부르고 있다. 그리고 친절하게도 그 방법까지 몸소 가르쳐 준다. 제자들은 이 많은 사람들의 음식을 '어떻게 사 오나?' 고민하였다. 그런데 예수의 방법은 '사 오는 것'이 아니라 '나누는 것'이었다. 지금 가지고 있는 것은 지극히 작은 빵 다섯 덩이와 물고기 두 마리이지만, 어린아이 같은 나 자신이 가지고 있는 것을 다른 사람과 나누게 되면, 그것이 기적을 가져온다는 것이다. 이것이 주님이 제자들에게 생생하게 가르쳐 주신 목회의 비법이었다. '나누라.' 그래서 주님은 빵을 들어 감사의 기도를 드리며 축사하신 후에는 제자들에게 나누어 주게 하였다. 그리고 이 나눔이 성육신이고 섬김이고 십자가의 도라는 것을 가르쳐주었다. 몸으로 실제 빵을 나눠주면서 제자들은 그날 밤 '아! 목회가 이런 것이구나!'를 깨우쳤을 것이다. 몸은 쉬지 못하였을지 모르지만,

영혼은 기쁨의 환희로 가득했을 것이다. "주님 안에 쉼을 얻기까지 진정한 쉼은 없습니다."라고 고백했던 성 어거스틴의 말처럼 주님 안에 있어 아니 주님과 같이 일함으로써 얻는 깊은 영혼의 쉼을 경험했을 것이다.

5. 나눔이 기적이다, 나눔이 역사다

이제 이 불가능한 과제가 풀렸다. 우리의 식탁에 찾아온 이들에게 어떻게 먹을 것을 줄 수 있을까? 주님이 가르쳐 주셨다. '나누라. 이웃과 너희의 존재를 나누고 너희의 가진 것을 나누라. 나눔이 기적이다. 나눔이 역사다.' 이렇게 주님은 제자들에게 목회적 해답을 몸소 체득하게 하셨다. 주님의 훈련 방식이 놀랍다.

오병이어의 기적이 말하려는 의도는 나눔이요, 나눔의 기적이 곧 오병이어의 이야기에서 말하려는 목적이다. "나눔이 기적을 만든다."라고 말하지만, 과연 어느 누가 기꺼이 실행에 옮길 수 있을까? 인간은 너 나 할 것 없이 아무리 작은 것이라도 소유하려는 본능을 지니고 있다. 이 본능을 벗어나서 나누는 것이야말로 기적이 아닐 수 없다.

오병이어의 이야기가 네 복음서에 한결같이 기록된 것만 보아도 그 사건이 제자들의 뇌리에서 결코 잊을 수 없는 대사건이었음을 미루어 짐작할 수 있다. 기억의 차이는 있을지언정 중요한 것은 예수께서 먹이신 기적보다 인간들의 나눔이 기적을 일으킬 수 있다는 것을 가르쳐주시기 위함이 아닐까?

나눔의 기적이 수천 명을 먹이고서도 남은 것이 열두 광주리가 되었다는 사실은 나눔을 통해서 이 땅에 천국을 이룰 수 있다는 것을 체험하게 해준다. 천국은 외부의 누군가가 만들어 주는 것이 아니라, 우리 안의 작은 나눔이 만든 결과라는 것이다. 따라서 예수께서 보여주시려는 오병이어의 의미는 기적을 말하려는 것이 아니라 서로 사랑으로 나누라는 것임을 우리에게 시사해준다.

예수께서 오병이어를 통해 보여준 나눔의 미학, 나눔의 경제학을 좀 더 이해할 필요가 있다. 이 세상의 경제는 더하기와 곱하기의 경제학이다. 이 경제방식에 익숙한 사람들에게 나누기, 나눔의 경제학은 받아들이기가 매우 어렵고 힘들 것이다. 인간의 소유본능은 나누기를 용납하지 말라고 가르친다. 누가 나누기의 삶을 가르치는가? 세상에서는 그렇게 계산하는 것을 바보 셈법이라고 치부해 버린다.

그런데 예수께서는 거듭해서 나누라고 하신다. 더하기와 곱하기에 익숙한 사람들에게 나누기의 삶을 요구하는 것은 엄청난 미션이 아닐 수 없다. 나누기에 익숙하지 않은 사람들은 누군가를 죽여야 자기가 산다는 논리에 길들여 있다. 하지만 여기에서 우리는 예수의 셈법, 천국의 셈법을 배워야 한다.

우리는 흔히 교회에서도 세상의 경제학을 적용하기 십상이다. 헌금과 봉사를 많이 하면 할수록 그 바친 자에게 몇 배로 돌려주신다는 것이다. 하지만 나눔의 기적은 헌금과 봉사를 하면 할수록 다른 이에게 수십 배의 복이 돌아가는 데 있다.

소년이 순전한 마음으로 보리떡 다섯 덩이와 물고기 두 마리를 드렸지만, 당시 이것은 두 사람이 끼니로 먹을 수 있는 양이었다고 한다. 그렇다면 소년은 자신의 것을 모두 '드림'으로써 자신은 두 끼니의 양을 드린 상황이 벌어진 것이다. 그런데 이 '드림'을 통해 그 수많은 사람이 먹을 수 있는 기적이 일어났다. 이러한 사실을 통해서 기꺼이 드린 '드림'과 '나눔'의 상관관계, 다시 말해서 '드림과 나눔'의 영속적인 미학을 이해하게 된다. 이것이야말로 우리가 오병이어의 기적 속에서 배울 수 있는 진수일 것이다.

소년의 입장에서만 본다면 드림 자체로는 손해인 듯이 느껴질 수 있다. 하지만 절대 그렇지 않다. 사람을 통해서 일하시는 하나님 편에서는 드림 자체를 매체로 하여 풍성하게 넘치는 은혜가 다른 사람들에게 흘러가게 하신다는 사실이다. 이것이 '드림과 나눔'의 아름다움이다.

오병이어의 사건을 가장 정확하고도 길게 기록한 것은 요한복음이다. 요한은 6장 전체 무려 71절에 걸쳐서 자세히 기록하고 있는데, 오병이어에 대한 우리의 고정된 생각에 반전을 가져오게 한다. 예수는 오병이어를 통해 배고픔을 해결해주었지만, 정작 말씀 나눔을 통해 영생을 위해 신령한 떡인 자기 몸을 나누어 먹으라고 하신다. 하지만 이 말씀의 뜻을 이해하지 못한 무리와 제자들이 모두 떠나고 말았다. 이 말씀을 제자는 물론 그 빈들에 모였던 무리가 올바로 이해했다면, 나눔의 기적은 곧 나눔의 역사로 이루어졌을 것이다.

예수는 오병이어의 기적을 행하시기 이전에 그들에게 말씀을 주셨다. "예수께서 나오사 큰 무리를 보시고 그 목자 없는 양 같음으로 인하여 불쌍히 여기사 이에 여러 가지로 가르치시더라"(막6:32-34). 예수께서 그 무리를 불쌍히 여기셨기 때문에 하루 종일 그들에게 말씀을 가르치셨다는 것이다. 예수께서는 그들에게 가장 좋은 것,

가장 필요한 것을 주고 싶었을 것이다.

그러나 사람들은 다른 것을 원할 수도 있었다. 그 자리에 나아온 사람들은 각계각층의 다양한 사연을 지닌 사람들이었을 것이다. 하루하루 먹고사는 것이 어려운 사람도, 죽을병에 걸린 사람도, 돈이 필요한 사람도, 건강이 필요한 사람도 있었을 것이다. 그런데 예수님은 그들에게 말씀을 나누어 주셨다. 그것도 아주 긴 말씀을 주셨다. 오병이어 사건은 그 말씀이 해가 저물도록 끝나지 않은 것이 계기가 되어 일어난 것이었다.

예수의 말씀 나눔이 끝나고 오병이어 사건의 핵심 구절이 이어진다. "너희가 먹을 것을 주라." 이 말씀이 오병이어 사건의 주제를 가장 잘 나타내는 것이라고 생각한다. 예수님이 "너희가 먹을 것을 주라."고 말씀하실 때, '너희'라는 주어를 일부러 강조하듯이 말씀하셨다. 이 오병이어 기적의 앞뒤의 본문 내용을 연결해서 볼 때는 제자들을 지적한 것임을 알 수 있다. 그러나 오늘날 이 말씀을 대하는 우리는 단지 당시의 제자들에게만 국한할 것이 아니라, 우리 자신들이 그 현장에 함께하고 있다고 생각해야 할 것이다. 그럴 때 과연 이 말씀을 어떻게 받아야 할지가 분명해진다. 다름 아니라 나누어줄 것이 있는 우리가 마땅히 나누어주어야 한다는 의미가 된다. 다시 말하면 '드림과 나눔'이 함께 이루어지는 영속적인 관계임을 깨닫게 된다.

오병이어 사건이, 전도여행을 다녀온 제자들이 흥분과 기쁨으로 예수님께 결과를 보고하는 장면에서 시작된다는 것을 기억할 필요가 있다. 이때 예수님은 제자들에게 한적한 곳에 가서 쉬라고 말씀하신다. 그리고 그 한적한 곳은 오병이어 사건의 현장이자 전도 여행에서 돌아온 제자들에게는 또 하나의 중요한 학습 현장이 된다. 그리스도인의 나누는 삶이 무엇인지를 가르쳐주고자 하셨던 것이다.

　이는 어느 기적보다도 인간들 사이의 나눔이 하늘의 기적을 일으킨다는 것을 가르쳐주신 것이다. 기적은 하늘의 것이 아니라 땅의 것이다. 예수께서 일으키신 기적보다 인간들의 나눔과 자기 것에 대한 자발적 포기가 기적의 원천이었다. 사람들 사이의 사랑의 나눔이 기적임을, 따라서 나누면서 사는 삶, 그것이 바로 기적을 일으키는 길임을 보여주신 것이다. 그래서 그분은 한 소년의 드림과 동시에 나눔으로 일어난 오병이어의 기적을 오늘의 우리에게도 말씀하고 있다.

■ **적용**

오병이어의 식탁은 여전히 우리의 과제로 다가온다. 가진 자가 넉넉한 음식과 향락을 누리는 동안 가지지 못한 자는 먹을 것이 없어 굶어 죽을 수 있다. 우리의 생명을 지탱해 주는 이 땅의 모든 생명계는 하나님의 선물로서 가진 자들의 전유물이 아니다. 가진 자들의 과제는 배고픈 사람들을 위해 자기의 가진 것을 내어놓아야 한다. 예수가 보여준 기적은 가진 것을 나누는 것에 있었다. 빵 다섯 덩이와 물고기 두 마리, 이 작은 것의 나눔이 성인 남자 오천 명이 배불리 먹고도 열두 광주리가 차고 넘치게 했다. 화려하고 사치스런 헤롯의 만찬은 세례 요한의 죽음으로 결말을 맺었다. 그러나 예수께서 베푸신 만찬은 모든 사람에게 열려진 생명과 정의와 기쁨과 평화가 넘실대는 풍요의 만찬이었다. 예수의 오병이어의 만찬은 출애굽 광야의 만나와 메추라기 만찬처럼 배고픈 모든 사람이 평등하게 먹은 **넉넉한 만찬**이고 모두에게 은총이 넘치는 **하늘나라의 만찬**이었다.

예수의 만찬을 베푸는 것은 이제 우리의 과제가 되었다. 예수는 자주 하나님 나라를 함께 먹는 식탁 곧 밥상 공동체에 비유하였다. 예수의 만찬에는 사상과 이념을 넘는 남자와 여자가, 죄인과 세리가, 노약자와 어린이들이 있었다. 이들은 모두가 억눌리고 소외되고 굶주린 사람들이었다. 예수는 이들을 자신의 만찬에 초대하였다. 더 나아가 자신이 십자가에 달려 죽으심으로 만찬의 빵이 되셨다. 예수는 자신의 피와 살을 식탁의 양식으로 제공하였고 손수 수종드

는 종이 되셨다. 이제 우리는 주님의 명령 앞에 서 있다. '너희가 먹을 것을 주라.'

1. '너희가 먹을 것을 주라!'는 예수의 말씀을 실현할 수 있는 길이 여럿 있다. 이 땅에 들어온 이민자들, 탈북인들과 우리의 가진 것을 어떻게 나눌 수 있을지 생각해보자.

2. 우리의 식탁은 자신의 생명을 내어준 다른 피조물들의 생명으로 이루어진 것이다. 우리의 식탁을 건강하게 지킨다는 것은 지구의 생명권을 지켜내는 것이다. 오병이어의 기적은 생명권의 회복으로 이어진다. 한 개인의 영혼 구원에 주목했던 적색 구원에서부터 생명권 전체의 삶을 주목하는 녹색 구원으로 나아가야 한다. 이를 위한 교회와 우리의 과제는 무엇일까 함께 길을 찾아보도록 하자.

3. 성경은 "너희가 거저 받았으니 거저 주라."(마 10:8)고 말한다. 나 자신이 받은 것들을 정리해 보자. 그리고 내가 가진 것 중에 무엇을 이웃과 나눌 수 있는지 나눔의 목록을 만들어보도록 하자.

여덟 번째 도구
●
골고다의 십자가 — '희생과 대속의 제물'

심광섭
감리교신학대학교 은퇴교수

그런데 어떤 사람이 시골에서 오는 길에, 그곳을 지나가고 있었다. 그는 알렉산더와 루포의 아버지로서, 구레네 사람 시몬이었다. 그들은 그에게 강제로 예수의 십자가를 지고 가게 하였다. 그들은 예수를 골고다라는 곳으로 데리고 갔다. (골고다는 번역하면 '해골 곳'이다.) 그들은 몰약을 탄 포도주를 예수께 드렸다. 그러나 예수께서는 받지 않으셨다.

그들은 예수를 십자가에 못박고, 예수의 옷을 나누어 가졌는데, 제비를 뽑아서, 누가 무엇을 차지할지를 결정하였다. 예수를 십자가에 못박은 때는, 아침 아홉 시였다. 그의 죄패에는 '유대인의 왕'이라고 적혀 있었다. 그들은 예수와 함께 강도 두 사람을 십자가에 못 박았는데, 하나는 그의 오른쪽에, 하나는 그의 왼쪽에 달았다. (없음) 지나가는 사람들이 머리를 흔들면서, 예수를 모욕하며 말하였다. "아하! 성전을 허물고 사흘만에 짓겠다던 사람아, 자기나 구원하여 십자가에서 내려오려무나!" 대제사장들도 율법 학자들과 함께 그렇게 조롱하면서 말하였다. "그가, 남은 구원하였으나, 자기는 구원하지 못하는구나! 이스라엘의 왕 그리스도는 지금 십자가에서 내려와 봐라. 그래서 우리로 하여금 보고 믿게 하여라!" 예수와 함께 십자가에 달린 두 사람도 그를 욕하였다. (마가복음 15:21-32)

마가복음은 공생애 첫날 예수님의 꽉 찬 하루의 활동을 기록한다 (막 1:21-39). 전체적인 구성은 안식일 아침부터 이튿날 아침까지이다. 각각의 사건들은 마가복음서의 특징적 표현인 '곧' '곧바로'라는 단어를 통해 서로 오밀조밀 면밀하게 연결된다. 예수님의 공생애 첫날은 예수님의 능동적인 권능에 가득 찬 하루였다. 그리고 마가복음은 공생애 마지막 성금요일의 사건도 시간별로 기록한다. 새벽(막 15:1), 오전 9시(15:25), 정오(15:33), 오후 3시(15:34), 날이 저문 시각(15:42). 그러나 여기서 예수님의 능동적 권능은 사라지고 수동적으로 고통을 당하시며 고난을 겪으신다.

1. 십자가에 올려지시는 그리스도(성금요일 오전 9시)

예수님께서 골고다의 십자가에 못 박힌 시각은 오전 9시이다. 렘브란트의 「십자가를 들어 올림」의 그림에는 예수님께서 십자가에 못 박힌 시간을 알리는 복음서의 오전 9시(제삼시)에 시작되어 12시가 되니 온 땅에 칠흑 같은 어둠만이 지배(막 15:33)하는 분위기가 그려졌다. 렘브란트가 그림을 통해 표현하려고 했던 것은 아마도 하나님의 아들인 예수님을 십자가에 못 박은 시간이 인류 역사상 가장 어두운 시간이었음을 알리고 싶었으리라 짐작한다.

구약에서 어둠은 고난, 애통, 그리고 심판과 관련된 전형적인 이미지다. 출애굽에서 "땅 위의 어둠"(출 10:21-23)은 재앙들 중 하나이며, 예레미야는 슬픔과 하나님의 심판과 관련하여 대낮에 해가 지는 것을 언급한다(렘 15:9). 스바냐와 요엘은 심판으로 "어두움과 암흑의 날"(습 1:15; 욜 2:2.31)을 언급하고, 아모스는 하나님의 이름으로 "그날에 내가 해를 대낮에 지게 하여 백주에 땅을 깜깜하게 한다"(암 8:9)라고 말한다.

이 시대는 빛나던 빛이 차갑게 소멸된 가장 어두운 밤이다. 밤의

그리스도의 십자가를 세움
(The Raising thr Cross). 렘브란트, c 1633

의식, 공초 오상순은 '밤은 아시아의 미학'이라고 말했는데, 고난과 어둠의 역사가 집단정서에 나이테처럼 아로새겨진 한국인에게 공감되는 말이다. 예수님께서는 뒤숭숭해진 인간의 혼돈 속에, 가장 짙은 어둠이 기승을 부리는 그곳에, 인간이 가장 버림받았다고 느끼는 그곳으로 기꺼이 몸을 던지신다. 헤어 나올 수 없는 큰 불의에 푹 빠진 인간을 건져내고, 서늘한 어둠의 세력에서 해방하시기 위해서다.

    마가는 십자가에 못 박히는 순간을 지극히 짧게 단 한 문장으로 말한다. "그들은 예수를 십자가에 못 박았다"(막 15:24). 흰 종이에

검은 점 하나 찍힌 것처럼 강렬하고 또렷하다. 더 이상 무엇을 말할 수 있을까. 그들은 평평한 나무 십자가의 가로목에 예수님의 두 팔을 묶고 세로목 양쪽에 쇠못을 박는다. 이 십자가가 높이 들어 올려진다. 이 일에 한 명의 군인과 두 명의 군졸이 참여하고 있다. 들어 올려지는 예수님의 몸과 십자가에 마치 탐조등에서 빛을 쏘는 것처럼 모든 빛이 집중된다. 화가는 예수님의 십자가를 오른쪽 위로 향하게 비스듬히 올려세움으로써 높이 세워지는 십자가의 긴장감을 한층 높인다.

십자가 주변에 모여 있는 인물은 너무 어두워 잘 보이지 않는다. 왼쪽에 터번을 쓰고 얼굴을 찌푸리고 꾸짖는 듯한 대제사장과 서기관들이 아주 희미하게 보인다. 그들은 예수님에게 수모와 수치를 주고 조롱하고 빈정댄다. "아하! 성전을 허물고 사흘 만에 짓겠다던 사람아, 자기나 구원하여 십자가에서 내려오려무나!" "그가, 남은 구원하였으나, 자기는 구원하지 못하는구나! 이스라엘의 왕 그리스도는 지금 십자가에서 내려와 봐라. 그래서 우리로 하여금 보고 믿게 하여라!"(막 15:29, 31-32)

이들 앞에 손을 앞으로 뻗친 하얗게 질린 본디오 빌라도의 얼굴이 보인다. 그는 "내가 그에게 행한 모든 것은 무죄다!" 하고 선언한다. 오른쪽에 두 강도가 십자가에 못 박힐 것이다. 군인들이 그들을 끌고 온다. 십자가 밑에 삽이 땅에 꽂혀 있다. 바로 이 지점에 구렁이 파지고 예수님의 십자가가 깊숙이 묻혀 세워질 것이다.

십자가의 좌·우·상·하, 네 개의 가지들은 그리스도의 말씀에 매료되어 사방에서 몰려온 사람들을 의미한다. 십자가의 발 부분은 땅에 깊이 심어진 신앙을 의미한다. 머리 부분은 하늘에 맞닿아 있는 희망을 말한다. 그리스도교적 희망은 공허한 미망이 아니라 지극한 사랑의 결과이다. 사랑하는 자는 사랑의 미래를 희망한다. 활짝 펼쳐진 팔 부분은 원수까지 포용하는 그리스도의 사랑을 역설한다. 긴 못에 박힌 그의 손은 비었고, 발은 가벼우며, 창에 찔린 그의 심장은 가난하다. 십자가는 그리스도 존재를 이해하는 데 가장 어려운 신비이다. 예수님의 도는 십자가의 사랑과 용서로만 가지 일을 꿰뚫는 진리이다(吾道一以貫之, 論語, 里仁, 15장).

주님의 한결같은 그 사랑,
너무 높아서 하늘에 이르고,
주님의 진실하심,
구름에까지 닿습니다. (시 57:10)

그림의 중앙, 십자가의 왼쪽에 유난히 한 사람만이 어둠에서 솟아나오듯 유별나게 강한 조명을 받고 있다. 그는 화려한 옷을 입고 있고 빛나는 모자를 쓰고 있다. 그는 도도하게 이 장면을 지배하면서 관중의 시선을 끌어당긴다. 이 사람은 로마의 백부장이 있어야 할 자리를 대신하여 십자가를 세우는 데 참여하고 있다. 예술가를 상징하는 푸른 옷을 입고 푸른 모자를 쓴 그는 다름 아닌 화가 자신이다. 그는 다음과 같은 이사야의 말씀을 속으로, 안으로 되뇌면서 참여할 것이다.

그는 죽는 데까지 자기의 영혼을 서슴없이 내맡기고,
남들이 죄인처럼 여기는 것도 마다하지 않았다.
그는 많은 사람의 죄를 대신 짊어졌고,

죄지은 사람들을 살리려고 중재에 나선 것이다. (사 53:12)

남들이 나를 죄인처럼 여길 때 그 억울함을 감수하고 견딜 수 있는 사람이 과연 얼마나 있을까? 그러나 예수님께서는 남들이 자신을 죄인처럼 여기는 것을 마다하지 않으셨다. 의인은 향나무처럼 후려치는 도끼까지도 향기롭게 한다는 말이 있다. 그 힘이 어디서 나오는 것일까? 그가 많은 사람의 죄를 대신 짊어지는 존재의 힘은 무한한 사랑임이 틀림없다.

다시 그림에서 예술가를 상징하는 푸른 옷을 입고 푸른 모자를 쓴 사람은 다름 아닌 화가 자신이다. 렘브란트의 이마에는 주름이 잡혀 있으며 그의 입술은 굳게 다물고 있다. 그의 눈빛은 후회와 회한으로 멍해 보인다. 예수님의 발에 흐르는 상흔을 보듬어 안고 싶은 듯, 그의 얼굴은 상흔에 매우 가까이 다가가 있다.

그가 여기 자신의 자화상을 통해 말하고자 하는 의미는 무엇일까? 우리 모두 그리스도의 죽음에 책임이 있다는 말인가! 하여, 그는 책임의식을 감득하여 최소한이라도 십자가의 현장을 지키는 것일까. 요한 세바스챤 바흐는 렘브란트의 이 마음을 느끼면서도 서늘한 알토의 음성에 담아 사무치도록 오래오래 노래한다.

내 뺨에 흐르는 눈물이 아무것도 할 수 없다면
오, 내 마음이라도 그 자리에 있게 하소서
그 마음이라도 흐르는 그의 피 곁에 있게 하소서
저 상처의 피가 고요히 아물거든
그 피를 위한 보혈의 잔이 되게 하소서

-바흐, <마태수난곡>(Nr.52 알토 아리아)

아마도 화가는 예수님께서 우리의 죄 때문에 죽었으니 그의 전 생애를 통해 바라보고 또 바라본 이 십자가 사건에 대한 실존적 참여가 더 요긴했으리라 보인다. 렘브란트는 예수님의 수난 이야기의 서로 다른 109가지 장면을 132회나 그렸다고 한다.

대속을 의미하는 영어 'atonement'는 일치의 상태(at-one-ment)를 말한다. 구원의 대속은 예수님의 삶과 십자가와 부활에 참여함으로써 가능하다. "거기 너 있었는가, 그때에 주님 그 십자가에 달릴 때…" 예수님이 십자가 위에서 모든 것(그분의 성취와 명예)을 빼앗겼듯이, 나도 내 전부를 빼앗길 준비가 되어 있는가? 소중하고 거룩하다고 여겨 온 모든 것들, 업적, 명예, 직업, 재산, 존경, 심지어 몸뚱이까지… 이것들을 빼앗기고… 그래서 마지못해서라도 버리고 예수님의 십자가 옆에서, 십자가를 붙들고, 십자가를 안고, 지고 겸손의 길을 걸을 수 있는가.

렘브란트는 거기에 있었다. 그는 거기에 있고 싶지 않았지만, 그가 거기에 있을 자격이 없지만, 구레네 시몬처럼 얼떨결에 그는 거기에 던져져 있음을 발견했다. 한동안 그는 자신이 거기에 있음을 좌우로 두리번거리며 수치스럽다고 생각했다. 이제 그는 정신 차려 예수님의 고통과 아픔을 바람에 흩날리지 않아야겠다고 생각했다. 그는 십자가의 길을 맨발로 찔리며 가야 했다. 고통스럽다고 술에 마약을 풀어 육신을 마비시켜 아픔을 어둠으로 흘리지 말아야 했다. 들쑤시는 아픔에 눈감지 않았다. 소용돌이치는 피를 잠재우지 않았다. 살을 갈가리 찢고 뼈를 산산이 부수어 너희가 낸 길을 너희가 갔다. 맨발로 갔다. 찔리며 갔다.

술에 마약을 풀어
어둠으로 흘리지 마라.
아픔을 눈 감기지 말고
피를 잠재우지 마라.
살을 찢고 뼈를 부수어
너희가 낸 길을 너희가 가라.
맨발로 가라.
숨 끊이는 내 숨소리
너희가 들었으니
엘리엘리나마사박다니
나마사박다니
시편의 남은 구절은 너희가 잇고,
술에 마약을 풀어
아픔을 어둠으로 흘리지 마라.
살을 찢고 뼈를 부수어
너희가 낸 길을 너희가 가라.
맨발로 가라, 찔리며 가라.

―김춘수, 「못」 전문

    그분은 그 잔을 마지막 한 방울까지 마시고 비웠다. 그 쓴맛을 다 맛보았고, 죄와 불의에서 비롯된 그 고통의 현실을 남김없이 다 들이마셨다. 포기하거나 중단하지 않고 끝까지 가는 자만이 시편의 남은 구절(시편 22편의 뒷부분, 16절 이하)을 주님과 함께 찬양할 수 있을 것이다.

2. 십자가 위의 그리스도(성금요일 오전 9시~오후 3시)

"그는 굴욕을 당하고 고문을 당하였으나, 아무 말도 하지 않았다. 마치 도살장으로 끌려가는 어린 양처럼, 마치 털 깎는 사람 앞에서 잠잠한 암양처럼, 끌려가기만 할 뿐, 아무 말도 하지 않았다"(사 53:7). 예수님의 마지막 날은 "많은 사람의 죄를 대신 짊어졌고, 죄지은 사람들을 살리려고 중재에 나선"(사 53:12) 날이다.

렘브란트의 그림을 보면 예수 그리스도께서 십자가 위, 텅 빈 어두운 공간 속에 고통스러운 표정으로 옹글게 홀로 계신다. 예수님께서는 여섯 시간 동안 십자가 위에 계신다. 주변에 아무도 없다.

렘브란트, Christ on the Cross, 1631.

양쪽 강도들의 십자가는 물론이고 막달라 마리아, 사랑받는 제자 요한 그리고 예수님의 어머니 마리아도 보이지 않는다. 루벤스, 벨라스케스, 고야의 십자가에서도 예수님은 홀로다.

본 그림의 대부분은 어둡고 심지어 검다. 인간의 신비적 체험은 밤에 더 잘 일어난다. 모든 빛은 십자가에 못 박힌 예수의 몸에서 나오며, 구도의 맨 꼭대기 하늘에서 점점 희미해져 흐릿하게 빛난다. 고통에 질린 하나님의 아들의 황량한 죽음의 표현이다. 오직 십자가 위에 죽음의 원인을 말하는 "나사렛 예수, 유대인의 왕"이라는 글이 히브리어와 그리스어와 라틴어로 양피지 위에 기록되어 있을 뿐인데, 판판하지 않고 굴곡을 이루면서 아래쪽 끝이 접혀 있는 것이 또한 십자가의 현실을 말해주는 듯하다. 나무 십자가의 가로목(木)은 벗겨져 있고 세로목의 아래쪽은 나무껍질이 아직 붙어 있다.

렘브란트를 영성적으로 해석한 발터 니그는 "빛의 형이상학"을 주제로 한 장을 할애하여 렘브란트의 미술 정신을 설명한다. 니그는 렘브란트의 작품들에서 이루 표현하기 힘든 광채가 퍼져 나오는 것은 그가 무궁한 빛을 이해했기 때문이라고 설명한다.

렘브란트의 성화가 기적이 되는 이유는 그가 하나님의 빛을 보았기 때문이지, 성경에서 초자연적인 장면을 선택해 그렸기 때문이 아니란다. 렘브란트는 구원의 역사를 무궁한 우주의 대기를 채우는 강력한 빛의 힘이라고 해석한다. 그 빛은 십자가에서 나오는 것이 아니라 십자가에 달린 그리스도에게서 쏟아지고 있다(니그, 『렘브란트』, 60).

정통주의 시대(17~18세기)의 화가 렘브란트(1606~1669)와 음악가 바흐(1685~1750)의 예술을 통해 그 시대의 기독교 사상을 가늠해 볼 수 있다. 바흐의 마태수난곡은 시작부터 십자가의 예수를 다각적으로 다채롭게 보라고 우리의 시점을 훈련시킨다. 릴케의 『말테의 수기』에 이런 말이 나온다. "나는 보는 것을 배운다." 바흐는 우리에게 십자가상의 예수님을 바라보는 여러 차원을 합창을 통해 가르친다.

누구를(Wen) 볼 것인지?—신랑(Bräutigam)
어떻게(Wie) 볼 것인지?—어린 양(Lamm)
무엇을(Was) 볼 것인지?—인내(Geduld)
어디를 향해(Wohin) 볼 것인지?—우리의 죄(Schuld)

그리고 몸소 십자가를 지신 그분을 보되 십자가를 지신 원인은 사랑과 은총(Lieb und Huld)임을 놓치지 않는다. 바흐는 뒤에서도 (No. 49) 서양 음악 중에 가장 아름답고 슬픈 아리아를 청아한 소프라노의 음성으로 '사랑 때문에'라고 노래한다. 그분이 잔인한 형벌을 받으시는 이유는 죄 때문이 아니라 오로지 사랑 때문이다. '사랑 때문에 나의 구주는 죽으려 하시네'(Aus Liebe will mein Heiland sterben).

인간학적으로 예수님의 죽음 체험은 극도의 고통과 회색빛 절망, 십자가형의 공포와 버림받음의 비애, 어떤 것도 할 수 없음의 무력감의 체험이다. 무력감의 체험은 하나님 자신의 대변자를 통해서도 강렬하게 표명된다. 예수님의 공생애의 권능에 대한 십자가에서의 극단적 무능이 빛과 어둠처럼 날카롭게 대조를 이루면서 깊고 깊은 곳으로부터 그의 얼굴, 입 모양 그리고 괴로움과 비통에 젖은 그의 눈빛을 통해 애절하고 곡진하게 터져 나온다.

오 피와 상처로 얼룩진 얼굴
온갖 고통과 모멸을 겪고 계시네
조롱으로 엮어진 가시관을 쓰신 머리
고귀하고 존귀하신 그 얼굴
아름답게 빛났던 그 얼굴
지금 갖은 멸시 다 받으시며
나를 바라보시네.

오 귀하신 당신의 얼굴
놀란 가슴과 두려운 마음으로 바라보네
세상의 위대한 최후 심판
어찌하여 당신은 그렇게도 침 뱉음을 당하시는가!
어찌하여 당신은 그렇게도 창백해지시는가!
누가 당신의 눈동자를
비교할 수 없는 가장 맑고 밝은 눈동자를
이리도 수치스럽게 망가뜨렸단 말인가?

−바흐, 〈마태수난곡〉(Nr.54 합창; 찬송가 145장!)

렘브란트는 이 순간을 세밀하게 포착하여 강력하게 전달한다. 화가는 자신의 종교적 체험을 거기에 상응하는 형태로 표현한다. 대낮이지만 어두우니 한밤의 절규요 숨죽인 흐느낌과 같다. "엘리 엘리 라마 사박다니? 나의 하나님, 나의 하나님, 어찌하여 나를 버리셨습니까?"(막 15:34; 시 22:1).

구약성경 레위기의 성결법전(17:1-26:46)에서는 "나는 주다" 혹은 "내가 주 너희 하나님이다"라는 하나님 자신의 이름 표명이 50차례나 매우 자주 반복되고, 19장에서는 15번이나 반복해서 강조된다. 그만큼 하나님은 이스라엘 백성에게 어린아이처럼 자신을 나타내길 좋아하고 원했던 분이다. 그러나 십자가의 아들의 죽음에서 하나님은 나타나지 않고 숨어 계심으로 일관한다. 하나님은 보이지 않는다, 아니, 볼 수 없다.

예수님 죽음의 맥락에서 시편의 인용(시편 22:1-2)은 단순히 이별의 기도나 저녁 기도문으로 이해될 수 없다. 부서지는 이 절해고독의 "큰 소리"(막 15:34,37) 속에는 하나님에게서조차 버림받고 배반당한 자의 괴로움과 고난과 무력감이 가득 차 있다. 이 부르짖음은 절규의 시어(詩語)다. 절규성이란 문자 그대로 외침을 말하는 것으로, 삶의 상황이나 조건이 정상을 잃을 때 그것을 외쳐서 증거하는 것이다. 그러므로 비명이나 신음 등의 절규는 몸의 고함이며, 마음의 공포를 담은, 말로는 형언할 수 없는 살의 떨림으로 드리는 기도다.

으스러진 삶, 어두운 인간과 잔혹한 세계의 색채로 빚은 하나님의 침묵, 하나님의 버림받음의 경험, 고난과 버림받음(그는 끝까지 자기를 하나님의 아들로 알았기 때문이다), 하나님의 침묵, 그의 얼굴을 숨기심, 하나님의 어두움, 하나님의 일식, 영혼의 어두운 밤, 하나님의 죽음, 거미처럼 까맣게 타버린 몸 등의 어휘들이 십자가 상의 예수님을 보는 동안 떠오르고 사라지기를 반복한다.

내가 으스러지게 설움에 몸을 태우는 것은
내가 바라는 것이 있기 때문이다.

그러나 나는 그 으스러진 설움의 풍경마저 싫어진다.
나는 너무나 자주 설움과 입을 맞추었기 때문에
가을바람에 늙어가는 거미처럼 몸이 까맣게 타버렸다.

―김수영, 「거미」 (전문)

    그러나 예수님의 죽음은 예수님과 가장 가까이 있는 자들의 체험의 지평 속에서 '우리를 위한 죽음'이라는 구원론적 의미만을 지닌 것은 아니다. 예수님의 죽음은 예수님과 하나님 사이의 중심적 사건이다. 십자가는 신학적으로 하나님의 알 수 없음과 숨김이 아니라, 결정적이며 표준적인 자기표현이다. 하나님의 알 수 없음에 대한 인간의 그 어떤 시련의 경험도 하나님의 살아계심에 대한 확실성을 제거하지 않는다. 하나님의 불가시성은 오히려 하나님의 자기 전달의 경험 가능성으로 나타난다. 하나님은 "세계의 신비"(에버하르트 윙엘)로서 죄 많은 세계 안에 역사한다.

    그러므로 십자가상에서 예수님의 '큰 소리'는 '하나님의 고유한 소리'이며 가장 강력한 '하나님의 말씀'이다. 예수님의 아름다운 삶이 하나님의 현존이듯이 예수님의 참혹한 죽음 또한 하나님의 현존이다(롬 6:3). 그래서 우리는 노리치의 줄리안(Julian of Norwich)과 함께 이렇게 말할 수 있다. "어떤 사람이 상처의 흉터를 지니고 있어도 그가 하나님 앞에 선다면, 그 흉터는 수치가 아니라 영예가 될 것이다."

    부활절 신앙은 십자가에 달린 자를 하나님의 아들로서 보며, 하나님의 아들을 십자가에 달린 나사렛 예수로 본다. 하나님과 십자가에 달린 자, 곧 죽은 자와의 일치의 고백은 기독교 신앙이 발생하는 지점이다. 그러므로 '큰 소리'의 절규는 살의 고함이고 마음의 공포이면서 동시에 이것들을 넘는 부재하시는 하나님의 현존에 대한 강력한 체험이다.

하나님의 현존, 하나님의 여기 계심, 하나님이 죽음 속에도 계시다는 놀람과 유장(悠長)한 신뢰는 죽음의 위협 아래 있는 삶을 구하기 위한 기계적인 전능(Deus ex machina)이나 마술로 나타나지 않는다. 그리함으로써 그 자신 죽음의 권세를 피하려 하지 않고, 죽음과 맞닥뜨려, 죽음은 끝이 될 수 없음을 죽음을 통해 알리고, 그 죽음에서 새로운 생명의 싹이 돋아나는 텃밭을 일군다. 예수님의 십자가 나무는 우리에게 새로운 생명 나무가 된다. 십자가의 무능에서 바로 죽음을 극복하는 하나님의 권능이 드러난다.

십자가의 하나님은 삶의 의지 속에서 굽이굽이 함께 자란 죽음의 모순의 힘을 받아들여, 구원으로 가득한 삶(生)의 용기를 북돋기 위한 하나님의 비상한 행위이다. 고난과 죽임과 죽음의 어둠이 짙게 드리운 거짓되고 모순된 삶의 세계 한복판에서, 하나님은 과연 누구인가, 하는 물음은 예수님의 십자가의 그늘 밑에서 드러나며 체험되고 밝혀진다. 그 핵심은 두 가지다. 하나는 "용서하는 사랑"이며, 또 하나는 진실이 밝혀지고 정의가 이길 것이라는 "아버지에 대한 그지없는 신뢰"다.

용서하는 사랑

그들은 나의 사랑에도 원수가 되었다. 저들은 "내가 믿는 나의 소꿉동무, 나와 한 상에서 밥을 먹던 친구인데, 내게 발길질을 하려고 뒤꿈치를 들었습니다"(시 41:9). 이러한 기도는 "나는 그들을 사랑하여 그들을 위하여 기도를 올리건만, 그들은 나를 고발합니다. 그들은 선을 오히려 악으로 갚고, 사랑을 미움으로 갚습니다"(시 109:4-5)라고 기도하는 시편 기도의 본질이며 예수님 기도의 심장이다. 예수님은 저들을 위해 "용서"의 기도를 드린다. "아버지, 저 사람들을 용서하여 주십시오. 저 사람들은 자기네가 무슨 일을 하는지를 알지 못합니다"(눅 23:34). "얼마나 수많은 어리석음을 지나야/ 얼마나 뼈저린 비참을 지나야/ 우리는 (서로가 깨문 혀)에 대해 이해하게 될까?"(나희덕)

다함 없는 신뢰

예수님에게 용서는 하늘로부터 받은 항구적인 심성이다. "형제가 제게 죄를 지으면 몇 번이나 용서할까요?"라는 물음에 예수님께서는 일흔 번을 일곱 번까지 하라고 말씀하신다(마 18:21-22). 하나님의 용서하심은 인간의 용서를 가능하게 한다. "너희가 각각 진심으로 자기 형제자매를 용서해 주지 않으면, 나의 하늘 아버지께서도 너희에게 그와 같이 하실 것이다"(마 18:35). 나의 본래적인 선한 본성이 적의 탁해진 본성에 의해 손상되거나 침해될 수 없을뿐더러 그 탁한 본성을 맑게 해야 한다.

십자가 위에서의 심한 고통과 꺼져가는 의식 속에서도 자신을 배신한 자들을 여전히 넉넉한 날개 아래 포용하는 예수님의 가없는 사랑은 하나님께 대한 "무한신뢰"에서 나온 것이다. 십자가는 숭고하고 비장한 사랑이다. "그리스도께서 여러분을 사랑하셔서, 우리를 위하여 하나님 앞에 향기로운 예물과 제물로 자기 몸을 내어주신 것과 같이, 여러분도 사랑으로 살아가십시오"(엡 5:20). 사도 바울은 십자가의 이 사실을 명쾌하게 정리한다. "우리가 아직 죄인이었을 때에, 그리스도께서 우리를 위하여 죽으셨습니다. 이리하여 하나님께서는 우리들에 대한 자기의 사랑을 실증하셨습니다"(롬 5:8).

예수님께서는 당신 현존재의 근본 유혹을 극복하시든지, 자신의 아들 자격을 최대한 이용하시든지 하지 않고, 오히려 아들로서의 신뢰를 두텁게 함으로써 자신을 하나님 아버지께 맡겨드린다. 그분은 극단적인 무력감 속에서도, 버림받은 상황에서도, 메시아로서 실패한 상태에서도, 심판자들이 벼랑 끝으로 밀어내 그 끝에 위험하게 매달린 절대 고독 속에서도, 한없이 확장된 사랑의 무한 공간, 불변의 신뢰심으로 아버지를 향한다. 예수님께서는 시편 22:1에서 시작하여 마침내 22:24에 당도한다.

> 그는 고통받는 사람의 아픔을 가볍게 여기지 않으신다.
> 그들을 외면하지도 않으신다.
> 부르짖는 사람에게는 언제나 응답하여 주신다. (시 22:24)

그리고 예수님의 기도는 십자가에 달린 그 시간에, 시편 31편 5절에까지 연면히 이어진다. "주님의 손에 나의 생명을 맡깁니다"(시 31:5). 예수님께서 십자가상에서 보여주신 지극한 하나님 믿음(信)과 극진한 하나님 모심(侍)은 경건의 최고 모습인 신독(홀로 있을 때에도 도리에 어그러지는 일을 하지 않고 삼가함을 뜻하는 말)과 비움(空)의 경험에서, 어둠과 죽음의 경험에서 순수하게 확증된다. 그는 자신의 전 존재를 아버지께 맡긴다는 말씀을 하시고 숨을 거두신다. "아버지, 내 영혼을 아버지 손에 맡깁니다"(눅 23:46).

십자가에서의 죽음에서조차 마르지 않고 고요하고 영명하게 흐르는 예수님의 청명한 하나님 의식과 전적인 하나님 의존과 신뢰는 바로 예수님의 생을 수놓은 무늬 전체가 하나님의 솜씨였음을 말해준다.

시편 39편 7절부터 9절까지는 그리스도의 삶 전체, 공생애 기간 매우 활동적이었다가 수난에 이르러 지극히 수동적으로 보이는 능동적 내맡김으로 바뀐 수난 부분을 요약한 시편으로 읽힌다.

> 그러므로 주님, 이제, 내가 무엇을 바라겠습니까?
> 내 희망은 오직 주님뿐입니다.
> …
> 나로 어리석은 자들의 조롱거리가 되지 않게 해주십시오.
> 내가 잠자코 있으면서 입을 열지 않음은,
> 이 모두가 주님께서 하신 일이기 때문입니다. (시 39:7-9)

그리고 그는 "아무 말도 하지 않았다"(사 53:7). 예수님의 아버지께서는 우리가 죽거나 버림받는 것을 막아주시지 않는 것처럼 보이지만, 죽거나 혼자이거나 불안할 때 우리를 당신 손으로 잡아주신다. "내 눈을 밝히 떠서 저 십자가 볼 때 날 위해 고난당하신 주 예수 보인다…"(찬송가 415장 2절). 이제 보인다. 고난당하신 그분이 확연히 보인다.

예수님의 죽음은 불의와 고난으로 엮인 삶의 현실성 전체를 풀고 위로하며 살리는 생명 살림의 원천이다. 예수님의 죽음에서 역설적으로 옛 현실(고난당하는 인간)의 새로운 차원으로서 하나님의 현존, 고난당할 때 함께 있어 주고 위로해 주시는 하나님을 가장 가뭇하고 깊은 곳에서 기운차게 올라오는 물결로 만난다.

예수님의 죽음은 불의한 세상을 심판하고 뒤집는 사건이다. 예수님께서 숨을 거두시자 지진이 일어난다. 지진의 언어가 계시로 사용된다. 지진은 뒤엎음이고 뒤집기이다. 인간의 이성이나 논리 혹은 설득은 먹히지 않는다. 지진은 인간의 알량한 모든 지혜와 권력을 순식간에 때려눕힌다. 거기 있었던 로마의 백부장은 두려움에 떤다. 떨림은 공포가 아니라 새로운 진리에 사로잡힘의 시작이다.

하나님은 예수님의 죽음과 동시에 이어지는 우주적인 진동에서 예수님을 따르는 사람들의 뼛속까지 울리는 파동이 되어 실핏줄의 핏방울까지 떨리게 한다. 백부장과 함께 우리는 "뼛속에서 나오는 고백"(시 35:10)을 드린다. "참으로, 이분은 하나님의 아들이셨다"(마 27:54). 그러므로 예수님의 십자가는 하나님을 신앙과 사랑으로 알게 되는 진정한 하나님 인식과 경험의 바른 지점(the just point for the knowledge and experience of God)이다.

3. 십자가에서 내려지시는 그리스도(성금요일 저녁)

성금요일 사복음서는 모두 예수님의 제자 중 한 사람인 아리마대 요셉이 예수님께서 숨을 거두신 후 바로 빌라도에게 가서 예수님의 시신을 가져가(빌라도의 허락을 받고 시신을 내려, 요 19:38) 장사할 것을 요청했다고 기록하고 있다. 요셉은 유대인들이 무서워 자신이 제자인 것을 숨겨온 사람이다. 요한복음은 일찍이 어둑발 내리는 밤에 예수님을 문득 찾아왔던 바리새인 니고데모가 몰약과 침향

섞은 것을 백 근쯤 가져왔음을 추가로 보도한다(19:39).

렘브란트의 그림을 보면 위에 한 사람, 좌우에 각 한 사람 그리고 밑에 한 사람, 모두 네 사람이 숨을 거둔 예수님의 시신을 어둠이 짙어가는 저녁에 높은 십자가에서 찬찬히 내리고 있다. 예수님은 분명히 숨을 거두셨다. 예수님의 비뚤어진 얼굴은 그가 감당했을 모진 고통이 얼마나 심했는가를 말해준다. 십자가에는 여기저기 혈흔이 묻어 있고, 예수님의 몸과 얼굴은 잿빛으로 창백하다. 십자가에 올려지신 주님은 다시 십자가에서 땅으로 내려지고 땅속으로까지 들어가 장사되어야 한다. 앞서 십자가를 세우는 그림이나 이 그림에

십자가에서 내림(The Descent from the Cross).
렘브란트, 1633

서 경외와 존경을 불러일으키는 전통적인 아름다움은 찾아볼 수 없고 불의한 고통과 죽음을 드러내는 추함이 표현되어 있다. 그러나 예수님의 시신을 내리는 사람들의 얼굴과 몸짓은 조심스럽고 매우 경건한 모습이다.

「십자가에 올리신 그리스도」에서와 마찬가지로 화가 자신은 값진 옷을 입고 밑에서 자신의 팔과 가슴을 요람으로 삼아 조심스럽게 예수님의 시신을 받고 있다. 그의 눈은 위를 보고 있고, 그의 왼뺨은 예수님의 복부와 맞닿아 있으며, 변함없는 존경과 경배를 바치고 있다. 히브리서의 십자가 해석과 고난의 따름을 배우는 것 같다. 히브리서에서 예수님은 도성 밖에서 십자가에 못 박혀 죽으시고(히 6:6), "자기 피로써 백성을 거룩하게 하려고 성문 밖에서 고난을 받으신다"(13:12). 그러므로 예수님과 연합하려는 자는 동일한 믿음의 길에서 이에 수반되는 고난과 함께 그를 따르는 것이 필수적이다. "그런즉 우리도 그의 치욕을 짊어지고 영문 밖으로 그에게 나아가자"(13:13)라고 바울은 말한다. 동석한 니고데모는 십자가 오른쪽에 근엄하고 조용한 자태로 서서 이를 지켜보고 있다. 예수님의 어머니 마리아도 다른 두 여인의 위로를 받으면서 십자가 둥치에 그지없는 슬픔을 감추지 못한 채 몸을 가누지 못하고 있다.

렘브란트의 이 그림은 동일한 주제로 그린 루벤스의 그림과 흡사한 점이 있지만, 빛과 어둠의 강한 조화를 통해 예수 죽음의 신비를 강조한다. 또한 렘브란트는 루벤스처럼 예수님의 몸을 이상화하지 않는다. 루벤스는 예수님의 몸을 받치는 사람들을 열렬한 추종자로 묘사한 반면, 렘브란트는 그들의 슬픔을 강조했다. 이 그림에서도 렘브란트는 자신을 그림 속의 한 사람, 즉 십자가의 예수님을 내리는 사람 중 한 명으로 묘사한다. 이는 이 주제에 대한 실존적 관련성이며, 신앙적 참여라고 보아야 한다. 우리는 이 작품에서 실제 예수님의 죽은 몸, 약하고 무겁게 쳐진 몸이 십자가에서 내려짐을 끝없이 흐르는 슬픔의 정조를 띠고 망연히 바라보면서도 시편의 다음 기도를 드리게 된다. 이것이 기도의 가장 깊은 단계인 관상일 것이다. 관상은 논리적 사고가 아니다. 비판적 판단과는 더욱 무관하다. 텅 빈 마음속에 그리스도의 사랑의 파동만이 잔잔히 움직이고 있음을 느껴야 한다.

근대의 과학적 인간은 그 자신의 기획에 따라 생산하고 시장에서 돈으로 계산할 수 있는 것만을 존재하는 것으로서 인식한다. 과학으로 무장한 시장의 이성은 그 외에 아무것도 인식하지 않는다. 이성은 시장의 기관이 되어 버렸고, 이 기관은 사물들을 온전하게 인식할 수 있는 능력을 상실해 버렸다. 그러나 관상을 통한 통찰은 감각적 인지와 받아들임과 수용과 참여의 길이다. 관상은 대상을 감각적으로 인지하여 본질을 꿰뚫어 보며 수용하고 대상에 참여한다. 관상하는 자는 자신의 인식을 통하여 자기의 대상에 참여하고 그 속으로 옮겨지게 된다. 관상의 인식은 인식되는 대상을 변화시키지 않고, 인식하는 주체를 변화시킨다. 관상의 인식은 사귐을 세운다. 여기서 사람은 대상을 나누고 지배하기 위해서가 아니라 대상에 참여하고 변화하기 위해 인식한다. 관상적 인식인 통찰은 깊은 앎(yada), 곧 깨달음이고 체득이다. 이때 인식의 결과는 스스로 껍데기를 벗고 알맹이를 드러내는 사물의 깨어남을 알아보게 되며 순수한 기쁨이 된다.

주님, 깨어나십시오.
어찌하여 주무시고 계십니까?
깨어나셔서, 영원히 나를 버리지 말아 주십시오.
어찌하여 얼굴을 돌리십니까?
우리가 고난과 억압을 당하고 있음을,
어찌하여 잊으십니까?

아, 우리는 흙 속에 파묻혀 있고,
우리의 몸은 내동댕이쳐졌습니다.
일어나십시오.
우리를 어서 도와주십시오.
주님의 한결같은 사랑으로,
우리를 구하여 주십시오. (시 44:23-26)

■ **적용**

1. 교회는 십자가가 기독교의 구원의 상징임을 신자들의 기계적인 암기 속에서 끝내는 경향이 있다. 그러나 예수님의 십자가의 고난에 대한 복음사가의 긴 회상과 기록은 오늘날 우리가 살고 있는 세상의 어둠에 대한 기억을 촉구한다. 이 어둠은 로마 제국의 무도한 권력과 유대교 당국이 고의적으로 저지른 불의로 인해 발생된 것임을 기억하면서, 오늘 우리가 살고 있는 세상을 지배하는 어둠은 무엇이며, **어떻게 어둠을 벗어날 수 있을지에 대하여 십자가는 그 해답이다.**

2. 예수님의 고난과 죽음은 세상의 불의를 바로잡기 위한 희생적 죽음이었다. 자신의 목숨을 내어주는 희생적 행위보다 더 큰 사랑의 행위는 없다. 이것은 거룩한 아름다움이다. 그러기 때문에 **예수님의 고난은 무의미한 고난이 아니라 세상을 구원하기 위한 사랑의 열정이었음을 마음속 깊이 새겨야 한다. 우리는 예수님의 사랑의 열정에 무한한 신뢰를 보내야 한다.**

3. 기독교 신앙의 정수는 십자가의 고난을 통해 보여주는 인류에 대한 무한한 사랑이다. 우리는 이 십자가 사랑을 진지한 묵상과 관상적 통찰을 통해 마음으로 온전히 받아들이고 몸으로 체득해야 한다.

몸과 마음의 수련을 통해서만 그리스도의 사랑을 체득할 수 있으며 긴긴 가뭄에도 사랑이 마르지 않는 샘물처럼 흐른다. 십자가의 구원은 개념과 교리로만 다 이해할 수 없다. 머리로 아는 지식을 넘어 늘 느끼고 체험하여 십자가와 일체감을 이루는 부단한 훈련과 깨어 있는 기도가 필수적이다. 십자가의 고난은 세상적 질서와 풍조를 따르지 않고 진실되고 정의롭고 아름다운 길이신 예수님과 동행할 수 있는 무한한 하나님의 능력임을 기억하자.

아홉 번째 도구

●

바울의 로마 시민권 — '글로벌 역량'

이승율
한국기독실업인회(CBMC) 명예회장

　날이 새매 상관들이 부하를 보내어 이 사람들을 놓으라 하니 간수가 그 말대로 바울에게 말하되 상관들이 사람을 보내어 너희를 놓으라 하였으니 이제는 나가서 평안히 가라 하거늘 바울이 이르되 로마 사람인 우리를 죄도 정하지 아니하고 공중 앞에서 때리고 옥에 가두었다가 이제는 가만히 내보내고자 하느냐 아니라 그들이 친히 와서 우리를 데리고 나가야 하리라 한대 부하들이 이 말을 상관들에게 보고하니 그들이 로마 사람이라 하는 말을 듣고 두려워하여 와서 권하여 데리고 나가 그 성에서 떠나기를 청하니 두 사람이 옥에서 나와 루디아의 집에 들어가서 형제들을 만나 보고 위로하고 가니라. (사도행전 16:35-40)

　이 말하는 것까지 그들이 듣다가 소리 질러 이르되 이러한 자는 세상에서 없애 버리자 살려 둘 자가 아니라 하여 떠들며 옷을 벗어 던지고 티끌을 공중에 날리니 천부장이 바울을 영내로 데려가라 명하고 그들이 무슨 일로 그에 대하여 떠드는지 알고자 하여 채찍질하며 심문하라 한 대 가죽 줄로 바울을 매니 바울이 곁에 서 있는 백부장더러 이르되 너희가 로마 시민 된 자를 죄도 정하지 아니하고 채찍질할 수 있느냐 하니 백부장이 듣고 가서 천부장에게 전하여 이르되 어찌하려 하느냐 이는 로마 시민이라 하니 천부장이 와서 바울에게 말하되 네가 로마 시민이냐 내게 말하라 이르되 그러하다 천부장이 대답하되 나는 돈을 많이 들여 이 시민권을 얻었노라 바울이 이르되 나는 나면서부터라 하니 심문하려던 사람들이 곧 그에게서 물러가고 천부장도 그가 로마 시민인 줄 알고 또 그 결박한 것 때문에 두려워하니라. (사도행전 22:22-29)

1. 바울은 누구인가?

사도 바울은 과연 누구였을까? 사도 바울(Paul)만큼 기독교 역사에서 극적이고 독특하고 중요한 인물이 있을까? 바울은 예수와 달리, 그리스로마 문헌 어디서도 언급되지 않고 있다. 유대교 문헌들도 바울에 관해서는 끝까지 침묵을 지킨다. 우리가 바울이라는 인물에 대하여 알 수 있는 자료는 누가의 사도행전과 바울 자신이 쓴 편지에 제한되어 있다.

바울은 아우구스투스 황제 통치(B.C.27-14년) 끝 무렵에, 예수보다 10여 년 늦은 5-10년경에 태어난 것으로 추정되며, 출생지는 소아시아 길리기아(현재 튀르키예 남부) 지방의 다소였다. 그는 흩어져 살던 디아스포라 유대인 제2세로서 태어날 때부터 로마 시민권자였다(행 22:26-28). 부모는 그 지역의 유지로서 매우 성공했던 것으로 보인다.

바울이 길리기아 출신이라는 것은 사도행전을 통해서 알 수 있는데, 사도행전은 이 사실을 바울의 소명, 예루살렘 성전에서의 체포와 관련하여 세 차례나 확인해준다. 즉 사도행전의 저자 누가가 전하는 바울은 '이름 없는 시골 태생이 아니라, 길리기아의 다소 출신 유대인'이라는 것이다. 다소는 길리기아 서쪽에 위치하고 있으며, 평야가 도시 뒤로 넓고 비옥하게 펼쳐지고, 여기저기 부드러운 구릉들이 있으며, 강은 도시를 가로질러 흘렀고, 배가 다니면서 남쪽으로 13km 남짓 떨어진 바다와 이어졌다. 다소는 지중해 교역과 연결되어 있었고, 안디옥으로부터 소아시아의 에게해까지 통하는 주요 도로 상에 있었다. 알렉산더 대왕이 이 도시를 정복한 후, 다소는 갈수록 그리스의 영향을 깊이 받았고, 그리스 철학의 한 중심지가 되었다. 역사가 스트라본(BC 64년~AD 21년)에 따르면, 바울 당시의 다소는 교육과 철학 분야에서 아테네나 알렉산드리아보다 훨씬 우위를 차지했다고 한다.

당시 다소는 비옥한 토양으로 곡물들이 풍족하게 생산되었을 뿐만 아니라, 길리기아의 관문으로서 산업의 중심지였다. 이러한 곳에서 바울은 유복한 가정에서 태어나 유년기와 청소년기를 보냈기 때문에 다른 민족과 다른 혈통을 지닌 사람들을 많이 만나면서 그의 도시적 코스모폴리타니즘과 세계관이 형성되었을 것이다. 이러한 환경 속에서 이성과 영적 능력을 갖춘 특출난 성격을 지니게 되었으나, 반면 성급하기도 해서 후회하는 일이 많았다(행 15:39, 23:4-5)고 한다.

선조 때부터 하나님을 섬기고(딤후 1:3) 할례를 받았으며, 베냐민 지파요 율법에 있어서는 바리새인이요, 열심으로는 선두에 서서 예수 운동을 따르는 무리를 박해하던 자이니, 바리새인이 볼 때 흠결이 없는 사람이었다.

바울은 스스로 조기 출산한 '배냇병신', '만삭되지 못하여 난 자'(고전 15:8)라고 자처한다. 그리고 오랜 세월을 자기 몸에 가시가 있다고 말했듯이 병고로—아마도 안질로 추정되는—고생했다는 것을 알 수 있다. 그러면서 한편으로 바울은 자신의 유대인 혈통을 강조한다. 그는 히브리인, 이스라엘 사람, 아브라함의 후손(고후 11:22)이요, 세례를 받았으며 베냐민 지파에 속한다고 말한다(롬 11:1). 바울 가족은 유대 절기 때 종종 예루살렘으로 순례를 갔으리라고 추측할 수 있다. 또 바울의 한 누이가 예루살렘에서 결혼해서 살고 있었다(행 23:16).

바울의 부모가 어떤 사회계층에 속했으며 어떤 직업을 가지고 있었는지 분명하지는 않으나, 바울의 편지를 볼 때, 또 바울이 후에 천막장이 직업을 가진 것을 볼 때, 중산층이었을 것으로 추정된다. 천막장이는 천막만 생산한 것이 아니라, 길리기아 지방에 풍부했던 염소 털과 가죽으로 덮개, 옷, 모자, 안장 등도 만들었다. 요아힘 그닐카에 의하면, 당시 유대인 아버지는 아들에게 율법뿐만 아니라 직업을 가르쳐 주어야 할 의무가 있었다.

태어나면서부터 로마 시민이었던 바울은 사법, 소송법, 국법상의 특권들을 보유했다. 부모에게 물려받는 경우를 제외하면, 시민권을 얻을 수 있는 길은 근본적으로 두 가지였는데, 하나는 황제가 특별한 공로나 정치적 고려를 통해 개인 혹은 집단 전체에게 시민권을 부여하는 것이고, 다른 하나는 속량을 통해 시민권을 얻는 것이었다(바울을 심문하던 천부장도 돈을 많이 들여 시민권을 샀음을 알 수 있다, 행 22:28).

바울은 예루살렘 성전 연설 서두에서 '나는 유대인이다, 길리기아 다소에서 태어났지만, 이 도시에서 자랐으며, 가말리엘에게서 조상들의 율법에 관해 엄격한 교육을 받았다. 그리고 오늘 여러분 모두가 그렇듯이 하나님을 열심히 섬기는 사람이다'(행 22:3)라고 말한다. 이는 바울이 다소에서 태어났지만 예루살렘에서 성장했다는 것을 암시하는 것이다. 또 다른 보도는 사도행전 26장에 나오는데, 소년 시절부터 곧 일찍부터 유대 민족과 더불어 예루살렘에서 보낸 생활을 모든 유대인이 알고 있다, 그들이 증언하려고만 한다면, 엄격한 바리새파로 살았다는 것을 시초부터 미리 알고 있다(행 26:4-5)고 말하고 있다.

　유대인 사회에서는 아이가 다섯 살이 되면, 신명기 5장과 6장에 쓰여 있는 율법(토라)의 중요한 계율들과 대축제에서 찬양하게 될 시편 113~118편을 배우게 된다. 어린 바울은 여섯 살에 회당의 학교에 가서 민족 역사를 배우고, 그다음 해에는 삼손의 영웅담이나 다윗 왕의 승리담 같은 성서에 나오는 역사를 배웠을 것이다. 열 살이 되던 해에는 랍비들의 수많은 금기사항과 그보다 더 많은 의무사항을 기록해 놓은 '언약'(미쉬나)을 배우고 열다섯 살에는 '탈무드'를 배웠을 것으로 추정할 수 있다.

　바울의 부친은 아들에게 율법교사가 되기 위한 최상의 교육을 시키기 위해 열다섯 살의 바울을 예루살렘의 성전 신학교로 보냈던 것 같다. 그리고 당시 모든 랍비 가운데 가장 존경받는 가말리엘이 이 학교의 교장이었을 것이다. 예루살렘에 가서 모든 유대인의 존경을 받는 랍비요, 산헤드린의 지도적 권위자요, 율법 학자인 가말리엘 문하에서 율법을 공부함으로써 그도 역시 바리새인으로서의 정체성을 지니게 되었다. 바울이 처음 체포되어 이스라엘 백성들에게 변론할 때 이 사실을 자랑스럽게 말한다. "나는 유대인입니다. 나기는 길리기아의 다소에서 났지만, 바로 이 예루살렘에서 자랐고, 가말리엘 선생 아래에서 우리의 조상이 전해 준 율법에 대해서 엄격한 교육을 받았습니다"(행 22:3).

　2세기 문헌에서는 바울의 외모에 대해 "체구가 작고 양 눈썹이 붙었으며 코가 좀 크고 머리는 벗겨졌으며 다리가 구부정하고 단단한 몸을 가진 은혜가 충만한 사람이었다. 사람처럼 보이면서도 때때로 바울은 천사의 얼굴을 가진 사람으로 보였다."라고 묘사하고 있다.

비시디아 안디옥 박물관장이며 유적지 발굴단장인 위날 데미에르 박사는 바울을 훌륭한 '사업가'요 '경영인'이라고 평했다. 바울은 남달리 여행을 많이 했을 뿐만 아니라, 함께 여행하는 사람들의 경비까지도 부담했다. 이로써 그가 사업 경영을 잘하여 재정적 풍요를 누렸던 것으로 보인다. 유대인이 생계를 위해 자식에게 한 가지씩 기술을 가르쳐주는 전통을 볼 때, 바울은 어려서부터 이 천막 만드는 기술을 배웠던 것 같다. 이 천막은 당시 고가품이었고, 동시에 상당한 수입을 가져다주는 사업이었다. 천막을 만드는 일로 번역한 헬라어 '스케노포이오스'는 '가죽을 가공하는 모든 직업'을 뜻하기도 한다. 즉 바울은 사례비를 받아서 생활하던 대다수의 순회 설교자들과는 달리, 노동을 하는 사업가로서 살아감으로써 자신의 삶을 복음 전도의 통로가 되게 하였다.

성격상 누구에게 신세를 지기 싫어하는 바울이, 자기뿐만 아니라 여러 사람의 여행경비를 부담한 것을 보면, 사업적으로도 상당히 성공했으리라고 추측하게 된다. 이는 바울이 가이사랴 감옥에 갇혀 있을 때, 로마 총독 벨릭스도 돈 받을 것을 기대해서 그를 자주 불러 얘기했고(행 24:26), 로마에 호송된 후에도, 가택연금 상태였지만 2년 동안 세를 주고 집을 얻을 수 있는 돈이 있었다(행 28:30). 바울은 노동을 통해 스스로 살아갔던 자비량 목회를 한 대표적인 사도라 할 수 있다.

또한 바울은 여러 차례에 걸쳐 전도 여행을 통해 수많은 개척교회를 설립하고 지도자를 선택해서 세우고 자신이 직접 가지 못할 때는 특사를 보내어 돌보았다. 이렇게 볼 때, 바울은 인사관리에도 능숙한 경영인이었다. 선교 전략적으로 가야 할 곳, 만나야 할 사람은 빼놓지 않았다.

전승에 의하면 그는 65년경 네로 황제(54~68년)의 박해 때 최후법정에서 사형선고를 받고 로마시에서 3마일이 떨어져 있는 오스티안 가도(The Ostian Way)에서 목이 잘려 죽는 참수형을 당했다고 한다. 로마 시민이기 때문에 십자가형 대신 참수형을 받은 것이라고 한다.

2. 다메섹 도상에서 접한 인생의 코페르니쿠스적 전환

바울은 누구나 인정하는 철저한 바리새인이고 율법 교사였다. 그는 율법으로는 흠이 없을 정도로 완벽하게 율법을 지키는 유대주의자이고 당대에 최고의 스승에게서 배움을 가진, 앞길이 창창한 지도자였다. 그러나 예수님이 공생애 활동을 하던 기간(주후 26~29년)에 바울은 예루살렘에서 유학을 마치고 고향에 내려가 있었기 때문에 예수의 얼굴을 직접 뵙지는 못했던 것 같다. 그의 글에 예수에 관한 구체적인 언급이 없는 것을 보아서 짐작해본다. 사울이 맨 처음 등장한 것은 스데반 집사의 순교 때였다(행 7장). 그를 돌로 치는 자리에 함께 있었던 것이다.

이렇듯 청년 시절의 바울은 예수를 믿는 사람을 가두고 때리고 죽이기까지 박해했다(행 22:4). 그런데 스데반이 순교하는 것을 목격한 바울은 20대 초반인 32년경에 다메섹으로 가는 도중에 부활하신 예수 그리스도를 만났다. 그는 이미 제사장들로부터 공문을 받아 다메섹의 회당에 가서 유대인 신자들을 결박하여 잡아 오려고 길을 가던 중이었다. 그 도상에서 빛 가운데서 예수의 현현과 음성을 들었다. 이 일로 바울은 예수 그리스도를 따르며 증거하는 자들을 박해하며 닥치는 대로 잡아 오던 행동을 중지하고 거꾸로 그를 증거하는 사도가 되었다. "내가 너를 멀리 이방인에게로 보내리라"(행 22:21)라고 하신 말씀처럼, 바울은 이방인을 위해서 예정된 사람이었다. 다메섹 도상에서 예수는 바울에게 "사울아! 사울아! 네가 어찌하여 나를 핍박하느냐?", "네가 일어나 성으로 들어가라 행할 것을 네게 이를 자가 있느니라." 하고 명령하셨다(행 9:4-6, 22:10, 26:16).

이러한 일은 지구가 천동설에서 지동설로 대전환을 하였듯이 바울이라는 한 사람의 인생을 비추어볼 때, 가히 코페르니쿠스적 전환이라고 할 수 있다. 그리스도인들이 율법을 경히 여기고 성전을 모독한다고 생각했던(행 6:31) 그가, 다메섹 도상에서 강한 빛을 본 후 실명하였을 때, 아나니아의 방문을 받았다. 그때 하나님께서는 이미 아나니아에게 예언하신 대로 바울이 "이방인과 임금들과 이스라엘 자손을 위한 택한 나의 그릇이라."라는 것을 알았다. 아나니아는 바울에게 주님의 지시대로 예수 그리스도의 증인으로 소명받았음(행 9:15-16, 22:14-15)을 알리고 세례를 베풀었다.

그리하여 그리스도교인이 된 후 바울은 바나바의 중재로 사도들과 교제하였다. 사람을 잡아들여 가두거나 죽이기까지 박해를 일삼던 그가, 이제는 그 우두머리인 그리스도를 증거하는 일을 하게 되었던 것이다. 이러한 사명을 받은 바울은 3년 후에 다시 예루살렘 성전에서 기도할 때 "나더러 또 이르시되 떠나가라 내가 너를 멀리

바울의 회심. 카라바조, 1600, 오데스칼키 컬렉션, 로마

이방인에게로 보내리라."(행 22:17-21)라고 하시는 하나님의 음성을 들었다.

이 사실은 그에게 이방인의 사도로서 확실한 메시지였기 때문에 그는 스스로 자신을 가리켜 "이방인의 사도"(갈 2:8.)라고 하였다. 다메섹에서 받은 계시로 그의 신앙의 길을 혈육과 의논하지 않고 또한 다른 먼저 된 사도들과도 의논하지 않고 오직 받은 계시대로 하나님께서 주신 사명을 위해서만 충성하였다(갈 1:16-17). 결국, 바울은 예수를 위하여 그를 증거하는 사도로서의 삶을 살다가 참수형을 당하는 순교를 하였다.

기독교 2천 년 역사에서 가장 강력한 영향력을 남긴 인물은 단연 바울이다. 그는 서양의 역사와 문화와 문학과 사상에서 빼놓을 수 없는 큰 산이었다. 어떻게 해서 그는 그와 같은 자리매김을 했던 것일까? 다름 아닌 다메섹 도상에서의 전환 때문이었다. 그는 회심 이후 인간의 힘을 능가하는 열정과 헌신으로 로마제국의 여러 지역을 방문하고 교회를 세우며 글로벌 역량을 유감없이 발휘하였다.

나사렛 시골에서 나타난 예수라는 청년이 하는 말과 행동들은 그의 신앙으로는 도저히 용납되지 않았다. 하나님을 섬기는 바울에게 자신이 하나님이고 자신에게는 죄를 사하는 권세가 있고 자신이 아버지의 일을 한다는 예수는 바울에게 심각한 신성모독자였다.

그래서 그의 종교와 신앙을 위협하는 예수를 바울은 가만히 놔둘 수 없다. 그의 전 생애를 걸어 예수를 죽이고 교회를 핍박하고 박해하며 예수의 추종자들을 죽이는 것이 그의 사명이 되었다. 그러나 다메섹에서 홀연히 임한 빛을 보고 완전히 돌변한다. 목숨 걸고 예수를 부정하고 죽이려는 자가 목숨 걸고 예수를 전하는 자로 바뀐다. 도대체 그에게 무슨 일이 일어난 것일까?

그의 이러한 대전환은 사상의 전환이었다. 그렇다. 그의 메시아관과 신론과 세계관과 구원관이 완전하게 바뀐 것이다. 예수라는 인물이 자신의 종교를 무시하는 시골 청년이 아니라, 율법을 성취하고 하나님의 구원과 목적을 완성하는 죄 없는 하나님의 아들인 것을 알았다. 예수에 대한 만남과 구원에 대한 비밀이 열리니 그의 인생은 대전환점을 맞이하게 되었다. 이후 그는 기독교의 초석을 놓으며 이방인과 전 세계에 구원을 위한 하나님의 도구로 쓰임을 받는다.

3. 바울의 로마 시민권 행사

바울이 로마 시민권을 처음 사용한 곳은 빌립보였다. 빌립보는 마케도니아의 수도였고, 로마의 식민 도시였다. 로마의 법을 그대로 따르는 도시이고, 로마 시민권이 선망의 대상인 도시라는 뜻이다. 바울의 복음 전도를 듣고 빌립보에서 자색 옷감 장사 루디아와 그 집이 예수를 믿는 역사가 일어났다. 빌립보 교회가 태동하는 순간이다.

빌립보에서 바울이 한 여종에게서 점치는 귀신을 쫓아낸 후 문제가 발생했다. 여종이 점을 못 쳐서 돈을 벌 수 없게 된 주인이 바울을 관리에게 끌고 갔다. "이 사람들이 유대인인데 우리 성을 심히 요란하게 하여 로마 사람인 우리가 받지도 못하고 행하지도 못할 풍속을 전한다"(행 16:20-21)라고 고발했다. 관리는 바울과 실라를 때리고 옥에 가두었다. 그 밤에 감옥 지진 사건이 일어나고 간수가 예수를 믿는 역사도 함께 일어났다.

다음 날 관리들이 바울과 실라를 풀어 방면하려 하였다. 이때 바울이 자신의 로마 시민권을 사용했다. "로마 사람인 우리를 죄도 정하지 아니하고 공중 앞에서 때리고 옥에 가두었다가 이제는 가만히 내보내고자 하느냐"(행 16:37)라고 항변하면서 관리들에게 친히

감옥에 갇힌 바울. 렘브란트, 1627

와서 데리고 나가라고 주장했다. 결국 바울은 관리들의 사과를 받고 나왔다. 바울은 왜 감옥에서 나올 때 시민권을 사용했을까? 매질을 당하기 전에 사용할 수도 있었을 텐데 말이다. 미루어 짐작하건대 적어도 바울은 자기 육신의 안전을 위해 시민권을 사용할 생각은 없었던 것이다. 그런데 로마 시민권자임을 밝히면서 관리들을 질책한 것은 단 한 가지 이유에서였다. 바울은 루디아 집에서 막 태동하는 가정교회를 보호하기 위해 자기 로마 시민권을 사용한 것 같다. 바울은 감옥에서 나와 루디아의 집에 가서 형제들을 만나 위로하고 돌아갔다(행 16:40).

바울은 예루살렘에서 두 번째로 로마 시민권을 사용했다. 55년경 3차 전도 여행을 마치고 예루살렘 성도를 위한 성금을 모아서 예루살렘으로 올라갔다. 바울은 예루살렘 성전에서 유대인에게 붙잡혔다. 아시아에서 온 유대인들이 성전에서 바울을 발견하고, 그가 유대인과 율법과 성전을 비방하고 다녔다고 고발했다. 유대인들이 달려들어 바울을 당장 죽이려 하는 순간, 로마 천부장이 출동하여 바울을 살렸다.

천부장은 바울을 채찍질하여 소동의 원인을 캐내려 했다. 그러자 바울이 로마 시민권을 사용했다. "너희가 로마 시민 된 자를 죄도 정하지 아니하고 채찍질할 수 있느냐?"(행 22:25) 이 말을 들은 천부장이 놀라서 달려 나왔다. "나는 돈을 많이 들여 이 시민권을 얻었노라."라고 천부장이 말하자, 바울이 "나는 나면서부터라"(행 22:28)고 답변한다. 바울은 시민권 덕에 채찍질을 피하고 공개 심문을 받을 수 있었다.

천부장은 산헤드린 공회를 소집하고 바울을 심문했다(행 22:30). 바울은 공회 앞에서 자기가 만난 부활하신 예수 그리스도를 증거했다. 40여 명의 유대인이 바울을 죽이기로 작정했다. 천부장은 바울의 생명의 위협을 감지하고 바울을 가이사랴에 있는 벨릭스 총독에게 보냈다. 보병 200명과 기병 70명과 창병 200명이 호송했다. 로마 시민권이 있는 자를 보호하기 위해서 그렇게 조치했을 것이다. 벨릭스 총독은 바울을 헤롯궁에 가두었다. 바울은 벨릭스 앞에서 유대인의 고발에 대해 자기를 변호했다. 바울은 2년 동안 가이사랴 감옥에 갇혀 있었다(행 24:27).

2년 후 베스도 총독이 부임했다. 유대인들이 다시 고발하여 베스도 총독 앞에서 재판이 벌어졌다. 베스도가 예루살렘에 올라가서 심문을 받겠는지를 물었다. 바울은 로마에 있는 가이사에게 상소했다.

"내가 가이사께 상소하노라"(행 25:11). 왜 그랬을까? 이미 주님이 말씀하셨기 때문이다. "그날 밤에 주께서 바울 곁에 서서 이르시되 담대하라 네가 예루살렘에서 나의 일을 증언한 것 같이 로마에서도 증언하여야 하리라 하시니라"(행 23:11).

바울은 백부장 율리오에 의해 로마로 압송되었다. 그런데 바울 일행은 항해 도중, 광풍을 만나 표류하다가 멜리데 섬에 도착했다. 섬에 오르기 전에 백부장은 죄수를 죽이려는 병사들의 시도를 막았다. 로마 시민권이 있는 바울을 보호하기 위해서 그리했던 것이다. 바울 일행은 섬에서 겨울을 보내고 석 달 후 다시 출발하여 58년경 로마에 도착하였다.

바울의 로마 여행

로마에 도착한 후, 바울은 특별한 배려를 받았다. "바울에게는 자기를 지키는 한 군인과 함께 따로 있게 허락하더라"(행 28:16). 이것도 로마 시민권 때문이었을 것이다. 바울은 로마에서 2년 동안 자기 셋집에 머무르는 특혜를 받았다. "바울이 온 이태를 자기 셋집에 머물면서 자기에게 오는 사람을 다 영접하고 하나님의 나라를 전파하며 주 예수 그리스도에 관한 모든 것을 담대하게 거침없이 가르치더라"(행 28:30-31).

바울은 그리스도를 위해 모든 것을 버리고 배설물로 여겼다(빌 3:8). 그는 로마 시민권도, 출생에 대한 자부심도, 남달리 받았던 고등교육에 대해서도 가치를 두지 않았다. 그러나 바울은 시민권을 복음을 전하기 위해서는 기꺼이 활용했다. 시민권 덕에 복음을 전할 수 있는 기회를 더 많이 얻었다. 물론 바울은 "그러나 우리의 시민권은 하늘에 있는지라"(빌 3:20)고 고백했듯이, 로마 시민권보다 하늘 시민권을 더 사랑했다. 그러나 하늘 시민권이 있어도 땅의 시민권을 사용해야 할 때는 어김없이 사용했다.

바울은 최초의 해외 선교사로서 복음을 세계로 전하는 전도의 생애를 살았다. 그는 예수를 전파하는 데 무려 1만여 마일을 다니면서 9개국의 55개 도시를 방문하였다. 그는 지역과 경계를 넘어 자유롭게 여행할 수 있었는데, 이는 그가 로마 시민권자라는 신분이 유효하였기 때문이다.

게다가 그의 죽음에서도 그가 로마 시민권자이기 때문에 십자가형 대신에 참수형을 당하기도 하였다. 이렇듯 바울의 로마 시민권은 예수 운동이 하나의 종교로서 자리매김하는 데 공헌하였고, 바울의 역량은 시대적 공간과 시간을 뛰어넘어 기독교의 준거 틀을 마련하게 하였다. 더 나아가서는 로마 시민권자로서의 역량이 지엽적인 한 공간에 국한한 것이 아니라, 소아시아, 유럽, 아프리카까지 미치게 되었다. 당시로서는 감히 상상하지 못할 만큼 4차례에 걸친 선교여행을 감행할 수 있었던 것이다. 이것은 가히 그의 생애에 걸쳐서 습득되었던 글로벌 역량을 유감없이 발휘한 것이 아닐 수 없다.

4. 바울의 글로벌 역량: 타문화에 스며들기

먼저 글로벌 역량에 대해 정의를 이해하는 것이 중요할 것 같다. 글로벌 역량이란 세계적·상호 문화적 사안을 설명하고, 서로 다른 관점과 시각을 이해하며, 서로 다른 배경의 사람들과 효과적으로 상호작용하면서, 집단 웰빙과 지속가능한 발전을 위해 행동하는 능력 등을 뜻한다. 이런 정의의 관점에서 보면 결국 문화와 문화 사이의 '스며들기'라고 할 수 있다.

바울은 이러한 역량을 유감없이 발휘하였을 뿐만 아니라, 그의 이러한 영향은 지금까지도 세기적으로 그 힘을 발휘하고 있다. 이러한 그의 '스며들기'의 역량에 대해서 살펴보기로 한다.

안디옥에서 디아스포라 유대인과 이방인들을 위한 선교를 위해 바나바는 바울을 불러서 함께 사역하였다. 그러던 중 바울이 선교여행을 계획하고는 바나바에게 "우리가 주님의 말씀을 전한 모든 도시를 두루 찾아다니며 교우들이 어떻게 지내고 있는지 살펴봅시다."(행 15:36) 하고 제안하였다. 그러자 바나바는 사촌인 마가를 데리고 가자고 하였다. 하지만 바울은 밤빌리아에서 도중에 하차하였던 사람을 또다시 데리고 갈 수는 없다고 판단하여 의견의 대립이 일어났다.

유순한 성격이었던 바나바와 올곧고 고지식했던 바울 사이에 심한 언쟁이 있었다. 분노와 성냄이 피차간에 있었고, 이로써 결별한 두 사람은 각기 바나바는 마가와, 바울은 실라와 동행하여 선교지로 떠나게 되었다.

바울은 아덴, 데살로니가, 고린도, 에베소 등에서 선교활동을 했으며, 특히 고린도에서는 브리스킬라(아내)와 아퀼라(남편)라는 유대인 천막업자 부부와 같이 일하면서 하나님의 말씀을 전했다. 로마에서는 셋방살이를 하면서 유대인들에게 하나님의 나라와 예수 이야기를 담대히 들려주었고, 빌립 대왕의 이름을 딴 마케도니아의 빌립보에서는 루디아라는 여성 상인의 도움을 받아 교회공동체를 조직했다. 사도행전 16장에서 루디아는 두아디라에서 나고 자란 자색 옷감 장사라고 했는데, 고대 지중해 세계에서 자색 옷감은 왕이나 부자들만 입을 수 있는 귀한 옷이었다. 실제 예수의 수난복음에서 로마 군인들이 예수에게 자색 옷을 입혔다는 이야기가 나오는 것도 왕이신 그리스도를 말하고자 함이다. 루디아는 자색 옷감을 사고팔 정도로 부유한 여성 상인으로서 자신이 모은 재산을 아낌없이 교회공동체에서 사용했음을 사도 누가는 전하고 있다. 이는 초기 교회에서 여성들이 사도 바울의 선교여행에 후원자로서 참여했음을 뜻한다.

바울은 마게도냐 지방에서도 선교활동을 할 정도로 활약하였으며, 그리스도를 믿고 따르는 믿음 안에서 이방인들 또한 동등한 구원을 얻는다는 바탕 위에서 한 그의 선교활동은, 기독교가 이방인을 포함한 많은 사람을 포용할 수 있는 보다 보편적인 종교로 발전하는 데 크나큰 업적을 남겼다.

바울이 기독교 선교활동을 하던 시기인 기원후 35년에서 60년 사이의 사회 문화적 상황을 살펴보면, 당시 로마제국은 지중해 전역을 통치하고 있었다. 그리하여 로마제국은 군사적 힘으로 위세를 떨칠 뿐 아니라 그리스(헬라)의 예술적이고 지적인 유산이 합쳐져, 지중해 세계는 하나의 공통된 도시 문명으로 통합되어 있었다. 우리는 이를 그리스로마 문명이라고 부른다. 이렇듯 바울은 그리스 문명의 영향권 아래에서 고전 교육 등 다양한 교육을 두루 받았을 뿐만 아니라, 유대교의 바리새파 율법 교육을 받음으로써 두 문명이 교류, 통합하는 데 공헌한 바가 혁혁하다 하겠다.

예수는 분명 이스라엘의 유대 문명권에서 태어나 성장하였음에

이탈리아 로마의 바티칸 시국의 성 베드로 대성전 앞에 있는 바울의 동상

도, 그의 운동이 오늘날 세계적인 종교로 자리매김하게 된 데에는 바울의 공로가 있었음을 부인할 수 없다. 바울은 지상 예수를 직접 보지 못한, 이른바 제2세대로서 그리스도교 공동체가 형성되던 시기에 박해자로 행사하였으나, 다메섹 도상에서의 회심 이후에는 이 공동체가 완결된 체계로 세워지도록 했다. 여기에는 그의 글로벌 역량이 다른 문화권에 '스며들기'에 성공함으로써 얻어진 결과였다. 따라서 유대인 신학자 요셉 클라우스너 교수는 바울을 "메시아 왕의 길을 닦는 자"라고까지 명명하고 있다.

바울의 글로벌 역량은 가는 곳마다 그 지역의 사람들의 눈높이에 맞게 복음을 전하면서 그들과 동일화가 되었다. 이러한 것은 고린도 전서 9:19~27에서 바울이 고백한 데서도 드러난다. 바울은 자유한 삶을 살았던 사람인데, 스스로 사람을 얻기 위해서 종이 되기를 자처하였다. 사람을 얻는다는 의미는 복음으로 살게 한다는 것이다. 그래서 바울은 복음을 받아들이는 자, 곧 수용자 입장에서 복음을 전하고 그들의 상황을 이해하려고 했던 것이다.

유대계 그리스도인들은 할례를 받지 않은 이방계 그리스도인들을 등급이 낮은 신자들로 여겼으며, 이방계 그리스도인들은 유대 민족을 업신여겼다. 이러한 갈등 속에서 바울은 약한 자에게, 유대인에게, 이방인에게 각기 그들에게 맞게, 그들의 입장에서 배려하였던 것이다. 이것이야말로 진정한 '스며들기'이며, 문화 상대주의, 타문화 중심주의를 실천하는 것이다. 한마디로 바울은 예수 그리스도의 본을 따라서 상대방을 배려하면서 자신의 역량을 사랑으로 실천한 하나의 모델인 것이다.

5. 바울의 Tentmaker 사역과 CBMC

CBMC(Connecting Business & Marketplace to Christ; 기독실업인회)는 기독기업인과 전문인이 중심이 되어 비즈니스 세계에 복음을 전하고자 생겨난 사명 공동체이며, 예수 그리스도의 삶을 통해 세계시장에 영향을 미치려는 열정을 공유하는 사람들의 협의체이다. CBMC 정체성은 1930년대 미국 시카고에서 세계경제 대공황을 맞아 어려운 처지에 놓였을 때, 기도하는 기독실업인 7명이 중심이 되어서 경제 부흥과 새로운 삶의 가치를 위해서 손잡고 기도운동을 일으킨 것이 그 시초가 되었다. 1937년에 공식 출범하여 국가 경제발전에 이바지할 뿐만 아니라, CBMC 사역을 통하여 각 분야에서 하나님의 위대한 계획을 실천해오고 있다. 현재 국제CBMC 본부는 애라조나주 투손시에 위치해 있다.

이 기도운동이 6.25 전쟁을 치루던 중인 1951년에 우리나라에 미국 군사 고문단인 세실 힐에 의해 전해지게 되었다. 그리하여 전쟁 이후 피폐해진 잿더미 위에서 새로운 희망과 꿈을 찾아 기도하는 기독기업인들이 손잡고 일어서서 한국의 기독실업인 운동이 시작되었다. 이들은 전쟁 이후의 복구사업의 역군으로서의 사명을 감당하며 교계의 지원을 끌어냈다. 또한 국가조찬기도회를 이끌어오면서 차세대 청년 리더를 양육하는 사역을 감당해오고 있다. 1967년에 한국기독교사에 뚜렷한 족적을 남긴 한국CBMC가 공식 설립되었고, 국제본부와 소통이 이루어지게 되었다. 더욱이 이 CBMC를 통해 연결된 해외의 지원과 구호사업은 경제발전을 이루는 데 불씨를 지폈다. 이로써 우리나라가 근현대사에서 어느 국가도 이룩하지 못한, 세계 10위권에 진입하는 경제성장을 이루는 데 큰 몫을 감당했다.

한국CBMC는 "너희는 먼저 그의 나라와 그의 의를 구하라. 그리하면 이 모든 것을 너희에게 더하시리라."(마 6:33)라는 말씀에 근거하여, 비즈니스 세계에 하나님 나라가 임하게 하는 사명을 감당하고 있다. 뿐만 아니라 회원 기독실업인들은 자신들의 일터 복음화를 통해 일터를 변화시키는 것은 물론, 부부 회복과 세대에서 세대로 계승 발전을 거듭함으로써 자신들의 역량을 세계로까지 뻗어나가게 열심히 노력하고 있다. 이를 위해서는 4차 산업혁명기를 맞은 시대적 문화의 흐름을 잘 간파하여 '성경적 경영'의 토대 위에 생산적이고 창조적인 대안을 창출하는 일이 우선되어야 할 것이다. 그런 일터 사역의 소명과 리더십 개발이야말로 CBMC가 추구해야 할 가장 중요한 핵심 가치일 것이다.

공식적으로 국내에 290개 지회가 있고, 해외에 130개 한인지회가 설립되어 8천 여 회원이 활동하고 있다. 이는 사도 바울이 로마 시민권은 물론 유대의 철저한 교육을 받은 결과, 물리적, 지리적 공간을 확장하여 선교함으로써 가는 곳곳마다 교회공동체를 세운 것과 다르지 않다. 회원들 역시 복음을 전할 수 있는 곳이라면 어디든지 마다하지 않고 달려가서 CBMC의 정신과 복음을 뿌리내리게 하였다.

더욱이 사도 바울이 텐트 메이커로서 당시에 사업을 잘 일구어 큰 재정을 확보함으로써 선교여행의 경비는 물론 동역자들을 위한 재정지원도 아끼지 않았듯이, 오늘날 회원 기독실업인들도 자비량 선교와 하나님 나라를 확장하는 일에 지원을 아끼지 않고 있다.

더 나아가서 이들은 각자 일터에서 하나님의 뜻을 이어받을 뿐만 아니라, 그것을 심화 발전시키는 것이 비즈니스를 통한 하나님의 창조 원리를 적용하는 것이라는 사명감으로 일하고 있다. 하나님의 뜻을 일터에 적용할 때 비즈니스 원리와 신앙 원리가 다르다고 생각하지 않는 이들은 국내를 넘어서 해외로까지 그 사명을 확장하면서, 비즈니스가 곧 사명임(Business as Mission)을 인식하고, "너희는 온 천하에 다니며 복음을 전파하라."(눅 16:15)라는 그리스도의 지상명령을 실천하고 있다.

북미, 유럽, 중국, 아시아 지역에서 활동하는 한인 기독기업인들 및 전문인들로 구성되어 96개국에서 활동하고 있다는 사실은 회원 각자가 자신들의 재정을 지출하면서 네트워크 역량을 발휘한 결과이다. 바울이 가는 곳마다 그리스도 공동체를 세우고 끝까지 그들을 돌보았던 것과 마찬가지로, 기독실업인들 역시 해외 지회를 설립하고는 잘 성장하도록 물심양면의 지원을 아끼지 않았다. 해외 지회의 회원들은 주로 이민 세대로서, 바울이 유대인이면서 다소에서 태어나 로마 시민권을 가지고 있으면서 그리스 문명의 영향 아래에서 살았던 것처럼, 그들도 바울과 같은 입장이다.

사도 바울이 로마 시민권자로서 유대 사회에서 일어난 그리스도 공동체의 복음을 그리스 문화의 세계에 이식했던 것처럼, 기독실업인들 역시 한국CBMC의 정신과 비전을 세계 여러 나라에 이식하면서 지회 운영을 해나가고 있다. 이는 한류 문화가 각 국가의 타문화권에 뿌리내리게 하는 원동력이 되고 있다. 이것이 바로 바울의 Tentmaker 사역과 같이 CBMC 회원들이 지니고 있는 글로벌 역량의 구현이 아닐 수 없다.

더욱이 한국CBMC 회원들의 세계 각지에서의 활약상에 대해서 국제CBMC 회장들은 "한국이 글로벌 리더"가 될 것임을 믿어 의심치 않는다. 이를 더욱 확신할 수 있는 것은 한류 문화가 세계로 퍼져나가면서 동시에 한국CBMC의 콘텐츠도 세계 각지로 퍼지면서 한국의 문화는 물론, 복음 전파를 효과적으로 전파할 수 있게 될 것이기 때문이다.

사도 바울이 로마 시민권을 지니고 그리스 문화의 영향과 유대 사회에서 일어난 예수 운동을 결합하여 그리스-로마 전역에 널리 이식했던 것처럼, CBMC 회원들 역시 비즈니스 세계에 복음을 전하는 사명자로서 그리스도 공동체의 정신과 비전을 온 누리에 널리 뿌리내리게 할 것이다.

6. 오늘날 바울의 글로벌 역량은 어떻게 재현될 수 있는가?

바울은 우리가 알다시피 유대의 율법 학자인 가말리엘의 문하에서 유대 전통은 물론, 율법교육을 철저하게 받음으로써 유대 전통을 비판할 만한 근거와 자질을 갖추었다. 게다가 그리스 문학과 아테네의 철학까지도 두루 섭렵하여 배움으로써 그리스 시인 등을 인용하여(행 17:28, 17:34) 타문화권의 사람들에게 그리스도의 진면목을 전파하는 데 크나큰 신뢰를 획득하였다.

바울 당시의 상황은, 초기 예수 공동체가 형성되기 시작하여 예루살렘의 교회 지도자인 야고보와 예수의 직계 제자 12사도가 주로 예루살렘에서 유대인을 대상으로 선교하고 있었다. 여기에 디아스포라 유대인들이 합류하였고, 마침내 이방인들에게도 교회가 개방되기 시작하였다.

    이러한 배경에서 회심을 하고 그리스도 공동체에 합류한 사람이 바울이었다. 바울은 이방인의 사도로서 코스모폴리탄 분위기에서 그리스, 지중해 등의 지역을 중심으로 로마제국 권력 아래에 있는 전역에 선교하였다. 이로써 그리스도교가 세계종교로서 발돋움하는 데 촉매가 되었다.

    현재 우리는 4차 산업혁명의 시대를 살고 있다. 바울이 역량을 발휘하던 1차 산업 시대인 당시하고는 많은 격차가 있고 너무도 달라졌다. 우리는 PC 인터넷과 스마트폰을 통하여 보이지 않는 그물(net)로 연결되어 있다. 그 속에서 3D, 4D를 경험하면서 초연결의 시대를 살고 있다. 따라서 우리의 글로벌 역량은 초연결로 인해 초시간성을 띠게 된다. 바로 지금 내가 있는 자리에서 모든 일이 일어나고 이루어지는 것이다. CBMC 국제협의회장 크리스 심슨이 말했듯이 '하나님은 지구상의 모든 곳에서 비즈니스와 전문직에 종사하는 모든 남녀를 위해, 그들을 통해 일하고 계신다. 그리고 그러한 공간, 장소가 바로 개개인의 역량이 발휘되어, CBMC가 일어나는 곳이다.'

    따라서 바울이 로마 시민권을 소유함으로써 그 배경 속에 자리하고 있는 모든 조건과 역량이 그리스도의 복음을 세계화하는 데 공헌했던 것처럼, 그리고 그 시민권이 로마제국의 아래에 있던 모든 곳을 오가는 데 경계를 무너뜨렸던 것처럼, 우리는 어떠한 역량을 지니고 있는지, 그리고 4차 산업혁명의 시대에 그 역량을 어떻게 발휘할 수 있는지를 살펴보아야 할 것이다.

    4차 산업을 일구며 그 속에서 살아야 하는 우리는 이미 우리가 갖추고 있는 것들을 여과 없이 나눌 수 있는 시대에 직면하게 되었다. 우리가 지니고 있는 콘텐츠 역량부터 그것을 널리 확산하는 기술 역량까지를 공간과 시간을 초월하여 실시간으로 지금 여기에서 나눌 수 있게 되었다. 우리는 가상공간 속에서 무엇이든 할 수 있는 완전 개방사회에서 나를, 내가 지니고 있는 역량을 시간과 공간을 초월하여 드러낼 수 있게 되었다.

또 한편으로 이 같은 4차 산업혁명의 주체로 살아가는 사람들은 SNS와 인터넷, 스마트폰에 익숙한 MZ세대이다. 그들은 메타버스라는 가상세계에서 아바타로 생활한다. 그들의 역량이 발휘되는 공간은 바로 메타버스이며, 하나님은 그곳에서 그들과 함께 그들을 위해 일하고 계신다. 따라서 바울이 로마 시민권이라는 특권을 장착하고 나라와 나라의 경계를 넘어서 자유로이 복음을 전할 수 있었던 것처럼, 이 세대는 새로운 문명 속에서 4차 산업혁명의 요소—블록 체인, 빅 데이터, 인공지능, 로봇 공학, 양자 암호, 사물 인터넷, 무인 운송 수단, 3D 프린팅—에 대한 기술력을 갖춘 사람들이 메타버스라는 가상세계를 넘나들며 활약하게 될 것이다. 이러한 기술력은 이 세계 어디로든 퍼져나가는 글로벌 역량이 될 것이다.

하지만 이 기술력이 참다운 글로벌 역량으로 작용하여 지도력을 발휘하기 위해서는 그들의 생활 공간과 일터가 하나님의 나라임을 증거해야 한다. 뿐만 아니라 각 개인이 그리스도의 품격을 완성해 나가는 현장 사역이 이루어져야 한다. 그러기 위해서는 "너는 네 떡을 물 위에 던져라"(전 11:1)라는 구절을 상기할 필요가 있다. "그러면 여러 날 후에 도로 찾으리라"라는 구절이 이어진다. 이 구절에 대한 영어성경은 "Cast thy bread upon the waters: for thou shalt find it after many days."로 되어 있다. 여기에서 'cast ~ upon the waters'는 관용 숙어로서 '~을 나누다, 베풀다'라는 의미를 지닌다.

따라서 이 구절을 직역하면 "너는 네 손을 활짝 펴서 네 빵을 이웃들에게 후히 나눠주어라. 그리하면 여러 날 후에 그것들이 네게로 다시 돌아오리라."(쉬운말성경)라는 말이다. 손을 활짝 편다는 것은 바로 사랑이다. 움켜쥐는 것은 사랑이 아니다. 사랑은 퍼져나가는 것이고 확장하는 속성을 지닌다. 결국 사랑의 마음으로 가진 것을 나누면 그것은 곧 스리 큐션으로 나도 모르는 사이에 나에게 돌아오게 된다는 말이다.

바울이 자신의 모든 것을 아낌없이 손을 활짝 펴서 나누었듯이, 전도서에서 시사하는바, 나눔은 결국 예수 그리스도의 지상명령인 사랑의 실천을 의미한다. 바울은 밤낮없이 선교하였으며 생명도 아끼지 않았고 죽음을 직감하고는 부끄러움 없는 가치있는 삶을 살았음을 고백하였다(딤후 4:6-8). MZ세대와 그 이후의 다음 세대도 글로벌 역량을 발휘하는 데 있어서 바울의 태도를 본받을 뿐만 아니라, 그의 나눔과 헌신의 삶을 이어 나가야 할 것이다.

■ **적용**

1. 예수께서 부활하신 후 사도의 자격은 예수의 행적을 직접 본 사람이어야 했다. 그러나 바울은 다메섹 도상에서 예수를 환상 중에 보았다고 주장하지만, 이는 개인적이고도 주관적인 것이었다. 그래서 그의 사도성에 대한 논쟁이 있었다. 다행히 바나바의 중재로 그의 진실이 받아들여져 사도로 부름받게 되었다. 그로 말미암아 그의 이름 앞에는 사도라는 말이 고유명사처럼 따라붙는다. 그는 그 누구도 감당할 수 없었던 이방세계 전도를 펼칠 수 있는 사도로서의 역량을 갖추고 있었다. 예수께서 말씀하시기를 "또 네 이웃을 사랑하고 네 원수를 미워하라 하였다는 것을 너희가 들었으나 나는 너희에게 이르노니 너희 원수를 사랑하며 너희를 박해하는 자를 위하여 기도하라"(마 5: 43-44)고 하셨듯이, 그 말씀을 온전히 실현하는 사도가 되었다. 여기서 이웃은 이스라엘 백성을, 원수는 이방인을 가리키는데, 사도 바울은 자신이 이미 갖추고 있던 글로벌 역량을 발휘하여 이방인들에게 예수를 알렸다.

우리에게 복음을 전해야 할 원수 곧 이방인은 누구인가?

2. 그리스 문화의 환경 속에서 교육을 받고 로마의 시민권을 지니고 있던 바울은 지중해 연안의 이방 세계에서 복음의 진리에 대한 확신을 가지고 선교활동을 펼쳤다. 그러면서도 그는 자신이 지니고 있던 로마 시민권을 아무렇게나 남용하여 사용하지 않았다. 게다가 그는 자신의 비즈니스를 통하여 얻은 수익을 선교여행에 아낌없이 사용하였다. 오늘날, 이 같은 선교의 모범을 보일 수

있는 사람들로서 사도 바울과 같은 사역을 하기에 최적화된 이들은 CBMC 회원들일 것이다.

    그렇다면 우리 주변에서 CBMC와 같은 단체가 있을까? 있다면 서로 소개하면서 최적화된 특성을 나누어 본다. 또 CBMC 내에서 어떤 회원이 바울과 같은 사역을 하고 있는지도 살펴보고 발표하는 시간을 갖도록 한다.

    3. 4차 산업혁명의 시대에 사는 모든 세대가 사실은 극단적인 개체 시대에 진입해 있다. 하루 24시간 동안 물리적 공간에서 그 누구도 접촉하지 않아도 모든 일이 이루어진다. 이른바 1인 미디어시대 속에서 세계 어디로든지 펼쳐나갈 수 있다는 말이다. 따라서 시공간을 초월하는 새로운 글로벌 역량이 요청되고 있다. 특히 다음 세대를 이어 나갈 새로운 리더십이 요청된다,

    오늘날 MZ 세대가 갖추어야 할 글로벌 역량은 무엇인가?

열 번째 도구

●

교회 — '빛의 터전'

이순임

도서출판 올리브나무 대표

　오순절 날이 이미 이르매 그들이 다같이 한 곳에 모였더니 홀연히 하늘로부터 급하고 강한 바람 같은 소리가 있어 그들이 앉은 온 집에 가득하며 마치 불의 혀처럼 갈라지는 것들이 그들에게 보여 각 사람 위에 하나씩 임하여 있더니 그들이 다 성령의 충만함을 받고 성령이 말하게 하심을 따라 다른 언어들로 말하기를 시작하니라. (사도행전 2:1-4)

　그들이 이 말을 듣고 마음에 찔려 베드로와 다른 사도들에게 물어 이르되 형제들아 우리가 어찌할꼬 하거늘 베드로가 이르되 너희가 회개하여 각각 예수 그리스도의 이름으로 세례를 받고 죄 사함을 받으라 그리하면 성령의 선물을 받으리니 이 약속은 너희와 너희 자녀와 모든 먼 데 사람 곧 주 우리 하나님이 얼마든지 부르시는 자들에게 하신 것이라 하고 또 여러 말로 확증하며 권하여 이르되 너희가 이 패역한 세대에서 구원을 받으라 하니 그 말을 받은 사람들은 세례를 받으매 이 날에 신도의 수가 삼천이나 더하더라 그들이 사도의 가르침을 받아 서로 교제하고 떡을 떼며 오로지 기도하기를 힘쓰니라. 믿는 사람이 모든 물건을 통용하고 사람마다 두려워하는데 사도들로 말미암아 기사와 표적이 많이 나타나니 믿는 사람이 다 함께 있어 모든 물건을 서로 통용하고 또 재산과 소유를 팔아 각 사람의 필요를 따라 나눠 주며 날마다 마음을 같이하여 성전에 모이기를 힘쓰고 집에서 떡을 떼며 기쁨과 순전한 마음으로 음식을 먹고 하나님을 찬미하며 또 온 백성에게 칭송을 받으니 주께서 구원 받는 사람을 날마다 더하게 하시니라.

(사도행전 2:37-47)

1. 인간은 도구적 동물이다!

　베르그송은 인간은 호모 파베르(Homo Faber=도구의 인간)라고 명명하였다. 인간의 본질이 도구를 제작하여 사용하는 존재라는 것이다. 인간만이 유형, 무형의 무엇인가를 창조해 내며 심지어는 자기 자신도 창조하는 존재라는 것이다.

　초기 인류의 시대에는 수렵과 채취로써 살아가면서 다른 짐승의 뼈나 돌을 이용하여 칼이나 창, 도끼 등을 만들어 사용하게 되면서 농경문화를 형성했던 것을 보아서도 알 수 있다. 그 이후 인간이 사용하는 도구는 엄청난 발전을 거듭하여 이제는 인간의 도구를 로봇이 대신하는가 하면 자동화 시스템으로 농사를 짓기에 이르렀다. 뿐만인가. 인간의 교통수단은 어느 정도까지 발전했는가? 오직 걸어서 이동하던 것이, 이제는 쾌속 열차, 비행기, 크루즈 심지어는 우주선까지 확장된 것이다. 인간의 발이 이토록 확장되었으며, 손가락 끝의 확장은 또 어디까지 나아갔는가?

　전기와 전구의 발명은 코페르니쿠스적 대전환에 비교할 만큼 인간의 가치관과 의식을 바꾸었으며, 그 유익함은 오늘날 디지털 문명을 이룩하였다. 따라서 오늘날 인류는 자국의 언어를 습득해야 함은 물론, 미디어 리터러시를 교육과정에 편입시키지 않으면 안 될 상황에 이르렀다. 디지털 문명에 적응하여 살아가기 위해서는 미디어를 읽어내는 문해력이 필요하게 된 것이다. 우리나라도 유치원 교육에서 코딩을 가르치고 있다. 이는 얼마 전까지만 해도 컴퓨터 공학 분야에만 국한된 것인 줄 알았는데 말이다. 디지털 문명, 곧 인터넷 가상공간에서 그 문명의 파도타기를 위해서 또 다른 교육시

스템이 필요한 시대가 되었다.

  그렇다면 이 지구상에 수많은 동물의 종이 존재하는데, 왜 인간만이 도구를 발명하여 사용하는가? 창세기 1:27에 "하나님이 자기 형상 곧 하나님의 형상대로 사람을 창조하시되 남자와 여자를 창조하시고…"라는 구절에서 그 해답을 찾을 수 있다. 태초에 인간을 하나님의 형상대로 창조하였기에 그렇다. 하나님의 형상대로라는 말은 인간도 하나님처럼 무엇인가를 창조할 수 있다는 의미이다. 창조주 하나님을 닮은 우리는 본능적으로 도구를 만들어 사용하게 된 것이다.

  이렇듯 인간을 창조하신 하나님은 이후로도 계속해서 도구를 사용하여 인간의 삶에 개입한 것이다. 창세기로부터 시작된 성경에서 우리는 수많은 도구를 사용하여 사회적 발전과 시대적 상황을 헤쳐 나간 것을 볼 수 있다. 그러한 역사의 한 단락에서 마침내 신앙공동체로서 교회라는 도구가 만들어졌고, 이 도구의 문화적 기능(스며들기)을 통하여 진리가 퍼져나감으로써 명실공히 기독교가 세계의 종교로서 자리잡게 된 것이다.

  그리고 인간이 발명한 다른 모든 도구들이 변천, 발전해온 것처럼, 교회라는 도구 역시 끊임없이 변화해 왔다. 예수 부활 이후 오순절 성령의 임재 역사가 일어나 이후, 교회라는 도구는 성령의 임재라는 재질을 가지고 형성되었다. 인류 역사에서 이 교회라는 도구처럼 지속가능한 원리로 존재하고 사용된 도구는 없을 것이다. 유형의 교회, 무형의 교회뿐만 아니라 우리 개개인이 교회인 하나님의 도구이니 말이다. 그리고 이 세 부류의 교회는 부활한 생명의 예수가 우리 안에 함께하고 있음을 증거하는 것이다. Living Christ in church 인 것이다.

2. 예수 당시의 교회: 예수 운동

유대인으로 태어난 예수, 유대교의 가르침의 체제 아래에서 성장하면서 이를 철저하게 해석하기도 했던 예수가 우리에게 제시하고 따르기를 원했던 그 운동에 대해서 살펴보는 일은 예수 당시의 또 다른 형태의 보이지 않지만, 공동체를 형성한 또 하나의 교회를 상정하는 일이다.

예수는 유대교의 윤리와는 전혀 다른 새로운 윤리와 구원의 메커니즘을 제시하면서 이 둘 사이에는 인과적이고도 필수적인 관계가 있음을 주장했다. 그리고 예수는 유대인에게 자신이 전개하고 있는 종교혁명에 동참할 것을 요구하기도 했다. 예수는 유대교의 율법을 해석하는 해설가로서의 태도에서 벗어나 율법을 통하지 않고도 의롭게 될 수 있음을 내세우며 은총과 신앙의 교리를 주장했다.

그런데 문제는 이러한 예수의 사상을 받아들이고 따르는 자들은 평범한 사람들 즉 교육받지 못한 유대인들, 암 하아레츠(Am Ha-Arets) 계층의 사람들, 소외된 사람들, 생계를 이어가기조차 힘든 사람들, 죄인으로 간주된 사람들이었다. 당시 기득권층이었던 사두개파, 바리새파, 심지어는 에세네파마저도 예수의 편에 서지 않았다. 그리고 여기서 간과할 수 없는 것은, 예수를 따르는 무리들은 언제든지 힘 있는 자들에 의해서 예수를 배반하도록 조종당하기 쉬운 자들이었다는 점이다.

3년이라는 공생애 기간 동안 예수가 펼쳤던 운동은 결국 예루살렘 입성과 더불어 막을 내리게 된다. 유대 사회의 내부에서는 이미 그에게 대항하기 위한 연합전선이 구축되어 있었고, 그를 따르던 무리는 이미 권력 앞에서 그를 배반하기로 예정되어 있었기 때문이다. 이 짧은 기간 동안 제자를 세워 시작한 그의 소규모의 공동체 운동이며, 새로운 종교혁명의 운동이 힘을 잃는 것처럼 생각되었으나, 오히려 그의 운동은 교회라는 도구를 통하여 지금까지 면면히 세계의 문명을 이끌어오고 있다.

예수의 십자가 처형으로 그의 운동이 급속히 와해되는 것 같았으나, 바로 그때 그의 부활 소식이 전해지면서 오순절 성령 운동이 일어나기 시작하였다. 예수는 부활 후 40일 동안 하나님 나라에 대해 가르쳤으며(행 1:3), 이어 성령에 대해서도 말씀해 주었다. 그러면서 "오직 성령이 임하시면 너희가 권능을 받고 예루살렘과 온 유대와 사마리아와 땅끝까지 이르러 내 증인이 되리라"(행 1:8)고 말씀하셨다. 드디어 예수가 부활하고 50일째 되는 날, 마가의 다락방

"믿는 무리가 한 마음과 한뜻이 되어 모든 물건을 서로 통용하고 자기 재물을 조금이라도 자기 것이라 하는 이가 하나도 없더라"(행 4:32). 접속 2024.02.23.
https://data-tong.tistory.com/entry/

에 모여 있던 120명의 예수의 추종자들이 성령 강림을 체험하였다. 제자들은 성령이 충만해져서 각자 성령이 부여한 능력에 따라서 다른 언어로 하나님이 행하신 일을 이야기하게 되고, 이 말을 알아듣게 된 사람들이 모여들기 시작하였다. 이때 베드로가 "너희가 회개하여 각각 예수 그리스도의 이름으로 세례를 받고 죄 사함을 받으라 그리하면 성령의 선물을 받으리니 이 약속은 너희와 너희 자녀와 모든 먼 데 사람 곧 주 우리 하나님이 얼마든지 부르시는 자들에게 하신 것이라"(행 2:38-39)라고 설교하였다. 그러자 놀라운 일이 벌어졌다. 삼천 명이 회개하고 예수를 주로 영접하는 성령의 역사가 일어난 것이다. 초대 교회가 시작된 것이었다. 이날을 교회의 탄생일로 간주한다. 결국 다시 살아난 예수 운동이 되었다. 예수 운동이 다시금 불붙게 되었던 것이다.

시도들은 예수가 선포한 구원의 말씀과 하나님에 대한 그의 가르침, 그리고 예수 자신의 역할 등에 대해서 전하였다. 그리고 그들은 오순절 성령 강림이 있던 후에 "날마다 마음을 같이하여 성전에 모이기를"(행 2:46) 힘썼음을 알 수 있다. 이처럼 오순절 초대 교회는 매우 중요하다. 왜냐하면 기독교회의 출발점이기 때문이다. 그들은 예루살렘 성전에 모였으나, 그들을 이끌어줄 만한 사제나 지도자가 없었다. 그리하여 그들은 에세네파 사람들처럼 "함께 모여서 공동생활을 하면서 성경을 읽고, 설교를 하고 찬송도 하면서 지내게 되었다." 교회로서의 특성은 그들의 이러한 행위를 통해서 이루어지고 있었다. 교회 건물은 없었지만, 성령이 그들을 교회공동체로 모으셨다. 성령이 그들 가운데 임재했기에 가능한 일이었다. 어디서든 두세 사람이 예수 이름으로 모이면(마 18:20) 예수의 이름으로

베드로 성인의 복음 전파(행 2:47). 프라 안젤리코, 1433년 작, 산 마르코 미술관, 피렌체, 이탈리아

성령이 역사하였다.

그런데 예수는 베드로에게 "너는 베드로다. 나는 이 반석 위에다가 내 교회를 세우겠다."(마 16:18)라고 말한 적이 있다. 그러나 실제로 베드로는 예루살렘에서의 공동생활에서 지도자의 위치를 점하지 못하였다. 오히려 그는 스스로 야고보 등 예수의 다른 가족에게 교회 지도자의 자리를 내주었다. 그리고 자신은 이방 선교를 떠나게 되었다. 이후로 그는 다시는 예루살렘으로 돌아오지 않은 것으로 알려졌다. 바로 이 시점에서 이방 선교의 중요성이 부각되었다.

이처럼 예수 운동은 계속해서 살아서 이어져 갔으나, 기득권층은 여전히 예수 운동을 반대하여 이 운동에 참여한 사람들을 종교재판에 회부하였다. 예수 운동에서 중요한 것은 이방 선교이며, 동시에 가난하고 불우한 자들을 대상으로 하였으며 지역과 인종을 초월하는 보편주의가 예수 운동의 사상과 사역 안에 내재되어 있었다. 그리고 이방인들에 대한 선교는 디아스포라 유대인들에 의해서 이루어졌다. 여기에서 예수 운동이 유대인들보다는 그들이 흩어져 살고 있는 지역의 그리스어를 사용하는 사람들에게 더욱 매력적으로 작용했다는 점이다. 그리하여 이방 선교는 초기부터 많은 성과를 거두었다. 특히 안디옥에서 많은 개종자들이 생겨났다.

이리하여 예수 운동은 바리새파 사람들과 그리스어를 사용하는 이방인들이 한 축을 이루었고, 또 다른 한 축은 디아스포라 유대인들이 이루고 있었다. 그런데 사도행전을 보면 "그리스말을 하는 유대인들과 히브리 말을 하는 유대인들 사이에 불화가 있었음"을 알 수 있다 (행 6:1). 그 불화는 주로 돈 문제 즉 구제비 분배로 인한 것이었다. 자신들이 거둬들인 구제비는 예루살렘 공동체로 보내지고 있었다.

그런데 이 구제비 문제를 감독하기 위해서 7명의 위원회가 구성되었는데, 스데반도 그중의 한 명이었다. 그러자 예루살렘에 있던 디아스포라 회당 소속의 정통파 바리새인들이 스데반을 산헤드린에 고소하였고, 이로 인해 그는 돌에 맞아 순교하였다. 이 소식이 전역으로 퍼져나가면서 예수 운동에 가담했던 사람들이 흩어지기 시작했고, 그들에 대한 박해가 이어지게 되었다. 따라서 초대교회 운동의 역사는 박해 속에서 꽃이 피고 열매가 맺히는 '박해의 산물'로 점철된 역사였다.

여기까지가 예루살렘에서의 예수 운동의 일면이며, 이후 그 운동의 장은 이방으로 자리를 옮기게 되었다. 덧붙이자면 예수가 공생애를 통해 보여주었던 예수운동의 본질이 곧 교회의 본질임을 되새겨야 할 것이다.

3. 기독교 최초의 도구로서의 유형 교회

가장 최초의 교회는 성 베드로 동굴교회이다. 이 교회는 베드로가 거점으로 삼았던 교회였으며, 선교를 위한 도구로서의 교회로 자리매김하였다. 스데반이 순교한 후에 박해가 심해지자 예루살렘에서는 바나바를 이곳 안디옥으로 파송하였다(행 11:19-22). 그러자 많은 무리가 모여들었고 바나바는 동역자가 필요하였다. 이 지역이 그리스말을 하는 자들이 많은 이방 지역이다 보니 그는 다소에 있던 바울을 데려오게 되었다. 그리하여 베드로, 바울, 바나바가 공동으로 선교 사역을 펼쳤으며, 그들은 베드로를 수장으로 세우게 되었다. 이로써 그 교회 이름이 베드로의 이름을 따서 지어지게 되었으며, 베드로는 예수가 말씀한 대로 반석교회를 세우게 된 것이었다. 더 나아가 사도 바울과 사도 바나바가 안디옥에 일 년간 머물면서 복음을 전하여 많은 사람이 예수를 믿게 되어 안디옥에서 처음으로 예수 믿는 사람들에게 '그리스도인'이라는 이름이 붙게 되었다(행 11:26).

이러한 이름으로 일컬음을 받게 된 것은 성령의 역사가 실제로 경험되고, 이야기되고, 그 역사들을 볼 수 있도록 성령의 역사를 경험하는 교회였기 때문이다. 교제하고, 떡을 떼고, 사도의 가르침을 받고 서로 가진 것을 나누어주는 경험을 하고 느끼는 예수 공동체를 이루는 교회 (행 2:42-47)였기 때문이다. 기적을 체험하는 교회 (행 3:1-10), 병든 자가 치유되는 교회, 믿지 않던 자들이 늘어나는 교회였기 때문이다. 더욱 능력이 있었던 것은 물질의 유혹을 넘어선, 소유를 나누어 쓰는 교회 (행 4:32-37)였기 때문이다.

안디옥은 당시 수리아의 수도였으며 인구 50만이나 되는 로마 제국의 세력하에 있던 대도시였다. 핍박을 피해서 온 사람들이 이곳 성 베드로 동굴교회에서 예배를 드렸으며, 당시가 헬라 시대인 만큼 헬라인들이 많이 모여들었다. 그리고 구제금을 거두어서 예루살렘으로 보내기도 하면서 세계를 품고 사역을 하였던 교회이다. 그들은 로마인들의 핍박을 피해서 동굴 속에 예배 처소를 만들었다. 그리고 일종의 카타콤과 같은 것으로 수많은 동굴을 파서 피신처로도 활용하였다. 이 동굴 속에는 무려 4킬로미터나 되는 도피로를 만들어 로마인의 침입을 피해서 산 정상의 바깥으로 피하기도 하였다.

안디옥 시내를 내려보는 스타우린 바위산 서쪽 중턱에 있는 바위 동굴들은 기독교인들이 예배 장소로 사용하였으므로, 스타우린산은 '십자가의 산'(The Mountain of the Cross)이라는 별명도 갖고 있다. 이 초대 교회 교인들은 로마 제국의 기독교에 대한 박해와 서기 7세기에 이곳을 점령한 이슬람으로부터 박해를 피하기 위해, 스타우린산에 있는 동굴속에 들어가 비밀리에 예배를 드렸다고 한다. 이 교회 내부는 폭 9.5m, 길이 13m, 높이 7m로서 생각했던 것처럼 크지는 않다. 그러나 교인 100여 명이 들어가 예배를 드리기에 충분해 보인다.

이 성 베드로 동굴교회의 의미는 자못 크다. 예수는 "너는 베드로라 내가 이 반석 위에 내 교회를 세우리니 음부의 권세가 이기지 못하리라."(마 16:18)고 했듯이, 베드로는 이 교회를 이방 선교의 거점으로 삼아 활동을 하였다. 그리고 이곳에서는 디아스포라 유대인들보다 헬라인들이 7배나 많이 모여드는 역사가 일어났다. 이미 하나님은 베드로를 통해 교회를 하나님의 도구로 사용하겠다는

초기 그리스도인들이 박해를 피해 지하무덤인 카타콤에 숨어들어와서 예배하던 곳.
접속 2024.02.23. https://news.nate.com/view/20200904n00106

뜻을 성취하고 계신 것이다.

더욱이 오순절 성령 강림 시에 예수는 또 말씀한다. "성령이 너희에게 임하시면 너희가 권능을 받고 예루살렘과 온 유대와 사마리아 땅끝까지 이르러 내 증인이 되리라."(행 1:8) 하신 것처럼, 이 동굴교회가 땅끝까지 예수의 증인이 되게 하는 도구로 활용된 것이다. 그리하여 사람들이 이곳에 모여 한마음 한뜻으로 부활한 예수의 운동과 가르침을 배우고 실천할 때, 그들을 바라보는 사람들은 그들을 그리스도인(Christian)이라고 부르게 되었다. 이로써 역사적 예수가 비로소 그리스도가 되었던 것이다. 이러한 사실이 어쩌면 다른 어떠한 것보다 동굴교회가 도구로써 쓰인 가장 의미있는 일이 아닐 수 없다.

4. 교회라를 통해 세계 종교로 자리매김한 기독교

예루살렘에서든 안디옥에서든 그 어디가 되었든지 이제 예수를 따르는 무리, 곧 믿는 무리가 한마음과 한뜻이 되어 공동체 생활을 이어갔다. 그러나 한편 외부에서는 핍박이 점점 거세어지고 있었음에도 믿음을 놓지 않고 실천하는 삶을 살기 위해서 부단히 노력하였다. 이러한 그들의 삶을 보게 된 로마인들은 은연중에 그들을 향한 저항감을 내려놓게 되었다.

기독교 역사에서 보면 로마 제국의 최고 통수권자로부터 인정받아 공인되고 국교로 공포되기까지의 믿음의 사람들의 삶의 면면이 그저 만만하게 다가오지 않는다. 교회공동체라는 도구를 통하여 적어도 3백 년 이상을 노력해 왔으며, 그 본질과 예수 운동의 정수를 지켜왔다는 것은 높이 사야 할 부분이다. 이러한 그들의 삶, 다시 말해서 높은 윤리적 생활과 성실함이 로마인들에게 가장 영향을 많이 주었다. 로마인들은 어떻게 그리스도인들이 그와 같은 삶을 영위할 수 있는지 호기심으로 보았다.

"쿠오 바디스 도미네"라는 영화가 있다. 1896년 폴란드의 노벨상 수상 작가인 생케비치(Henryk Sienkiewicz1846~1916)가 장편으로 발표한 소설로, 그는 실제로 로마에 와서 이 소설을 구상했다고 한다. 소설 내용은 네로의 폭정시대에 로마의 젊은 장교 마커스 비니키우스가 예수를 믿는 아름다운 처녀 리지아와 사랑에 빠지게 되면서 주님을 알게 되고 회심하게 된다는 것이다.

실제로 영화 제목과 같은 쿠오 바디스 교회가 고대 로마의 자랑이었던 아피아 앤티카(고대 고속도로 돌길)가 시작되는 곳, 곧 칼리스토를 지나 후문으로 가면 있다. '아피아 앤티카'(Appia antica)는 사도 바울이 로마로 압송될 때 지나갔던 길이다. 그리고 낡은 '쿠오 바디스 도미네 교회' 또한 이 길 위에 있다.

당시 교회공동체는 사람들의 눈을 피하기 위해 대부분 공동묘지 아래 세워졌다. 약 250년간 지속된 박해로 인해, 사람들은 믿음의 자유를 찾아 카타콤으로 피신했고, 그곳에서 예배와 성례, 장례 등 모든 생활을 이어갔다. 따라서 도처에 많은 카타콤이 세워지게 되었다. 당시 초대 교회 성도들은 세 부류로 나누어진다. 하나는 박해로 인해 변절하는 그리스도인들이고, 다른 하나는 박해에 맞서다 화형이나 사자 굴에 던져지는 등의 순교를 당하는 사람들이다. 그리고 마지막은 박해를 피해 카타콤 공동체로 들어간 사람들이다. 박해에 맞서 순교를 자처하거나 신앙의 자유를 위해 카타콤 공동체로 들어온 그리스도인들, 이들이야말로 우리에게 '복음'의 소중함을 일깨워준 산 증인들이라 할 수 있다. 카타콤은 원래 지하 무덤이었는데, 박해 당시에는 "쿠오 바디스 도미네" 영화의 배경에서처럼 그리스도인들의 피난처로 사용되었으며, 후에는 그곳에서 생활하던 그리스도인들의 무덤이 되기도 하였다. 박해가 점차 심해지자 자연히 그리스도인들은 주위의 눈을 피해 로마 성 밖에서 은밀히 모였는데, 그중에서도 아피아 가도 주변에 많이 있던 카타콤이 가장 안전한 장소가 되었다. 카타콤은 초기 그리스도인들의 현실적인 피난처였으며, 하나님을 찬양하는 예식을 행할 수 있었던 교회였고, 또한 죽어서도 가까이 있고 싶어했던 그들만의 보금자리였다.

그들의 이러한 믿음과 일상생활의 태도가 이어져 지금까지 기독교는 세계의 종교로서 세계의 정치경제문화 등을 주도하게 되었다.

그들의 일상의 삶은 말 그대로 하루하루가 사랑으로 충만한 삶이었다. "믿는 무리가 한마음과 한뜻이 되어 모든 물건을 서로 통용하고 자기 재물을 조금이라도 자기 것이라 하는 이가 하나도 없더라 사도들이 큰 권능으로 주 예수의 부활을 증언하니 무리가 큰 은혜를 받아 그중에 가난한 사람이 없으니 이는 밭과 집 있는 자는 팔아 그 판 것의 값을 가져다가 사도들의 발 앞에 두매 그들이 각 사람의 필요를 따라 나누어 줌이라."(사도행전 4:32-35)고 한 말씀을 그대로 삶의 자리에서 구현하였다.

교회공동체에 모여서 삶을 나누는 교회를 이루었고, 개개인의 사람의 성실한 태도와 높은 윤리의식이 로마인들에게는 귀감이 되었다. 그리하여 기독교가 명실공히 세계 종교로 공인되기에 이른 것이다. 하지만 이토록 순수한 정신은 시간이 흐름에 따라 퇴색되어 가고 정치세력화하게 되면서 천년이라는 짙은 암흑의 시대를 건너지 않으면 안 되었다. 그런데 중요한 것은, 이러한 암흑의 시대임에도 불구하고 그리스도교 사상과 그리스도인의 역할이 천년이라는 시간을 이끌어왔다는 사실이다. 중세 시대의 정치, 경제, 사회, 문화와 교회는 떼려야 뗄 수 없는 관계이다. 교회라는 도구가 암흑의 시대에 한 줄기 빛으로 존재했던 것을 우리는 교회 역사 속에서 알 수 있다.

1921년에 교회의 사회적 역할(Le role social de L'eglise)이라는 책을 쓴 프랑스 파리대학의 쉐농(Chenon) 교수는 가톨릭교회가 지금까지 세계문화 발전에 얼마나 기여했는가를 상세히 기록하고 있다. 그는 교회를 통한 그리스도교의 정신이 어떻게 서양의 밑바닥에 자리하면서 아름다운 물질문명의 꽃을 피울 수 있었는가를 설명하고 있다.

가톨릭교회가 유럽문화 형성에 큰 정신적 원동력이 되었음은 의심할 여지가 없다. 사실 서양의 중세 시대는 그리스도교 세계관 아래에서 정치사회적, 종교적인 통일체가 이루어져 있었다. 따라서 그리스도교적 신앙과 윤리 그리고 지성이 점진적으로 유럽문화에 뿌리를 내리게 되었다.

따라서 서양 중세 시대의 교회는 당시 유럽인들의 정신적 영도자로 신앙뿐만 아니라 지식, 고전 문화의 보존과 도덕성의 앙양, 근로의 신성성, 평등의식의 고취 등 서유럽 형성에 있어서 개척자로서의 역할을 충분히 하였다. 그리고 중세교회는 하나의 국제국가, 국제왕국으로서 초국가로 군림하여 당시의 국제사회의 조정역할을 수행하였다. 이는 교황의 직위가 지금까지 계승되어 옴으로써 유지되고는 있으나, 중세 시대만큼의 권위는 지니고 있지 못하다.

뿐만 아니라 교회로부터 처벌받은 이단자가 끝내 회개하지 않으면 국권에 의해 새로운 재판을 받을 필요없이 사형이 집행되었다. 즉 교회법은 국법의 상위에 위치하여 권위적인 위상을 지니고 사회발전을 좌지우지하는 막강한 역할을 하였다.

특히 당시 문화 활동의 중심은 교회의 수도원이었다. 수도원 제도의 가장 중대한 의의는 학문 특히 고전문학의 전통을 보존하고, 빈민구제, 병자의 간호, 약자의 보호, 사회교화, 지식보급, 복음전파 등 국가기능을 일정 부분 수행하고 있었다는 것이다. 따라서 당시 교회는 문화활동의 중심지로서 교육, 사상, 문학, 예술, 도덕, 풍속 등의 활동이 그리스도교의 교의가 허락하는 범위 안에서 이루어졌다.

뿐만 아니라 수도원은 기도와 명상생활을 통하여 학문연구와 자립생활을 근본정신으로 근로의 신성성을 고취하여 노동은 하나님에 대한 봉사로 간주되었고, 중세 시대의 경제발전에 지대한 역할을 담당하였다. 그리하여 교회라는 도구 속에 하나의 공동체로 자리 잡은 수도원의 역할은 유럽의 정신세계를 바로잡고 오늘날 서양문화 발달에 있어서 산실 역할을 하였다.

또한 최고 지식을 양성하는 대학도 교황의 특허를 얻어 교회 내에 설립하였다. 교수들은 성직록을 받고 있는 성직자들이었으며 12세기부터는 수도원 부속학교로 대학이 발생하였다. 당시 대학들은 교황이나 왕으로부터 여러 가지 특권을 부여받고 있었으며 학생들도 특별대우를 받았고 대학은 각각의 특성을 지니고 있었다.

그리고 중세 후기 학문을 대표한 것은 스콜라 철학으로 교회와 각 교회의 부속학교에서 가르쳤다. 이 철학은 9세기 예루게나(Eriu-gena)에 의해 창시되고 안셀무스(Anselmus), 아벨라르(Abelard) 등에 의해 발전되고 13세기의 토마스 아퀴나스(Thomas Aquinas)에 의해 대성되었다. 특히 그의 신학대전(Summa Theologiae)은 중세철학의 집대성으로 잘 알려져 있다.

예술 방면에 있어서도 교회 중심으로 발전되었는데, 특히 교회 건축이 중심이 되었다. 초기에는 바실리카, 중기에는 로마네스크 양식이 주였고, 후기에는 고딕양식이 중세 건축을 대표하였다. 이와 같이 중세교회는 당시 유럽인들의 정신적 영도자로서 문화의 산실 역할을 하였다. 따라서 교회는 실질적인 문화 활동의 중심지로서 국가보다 훨씬 많은 사회적 책임을 다하였으며, 하나님의 도구로서 하나님 나라의 구현자로 군림하였다.

제도적이고 정치권력화된 중세교회의 부정적인 면이 있음에도 불구하고 서양 중세 문화 발달에 교회가 크게 기여하고, 역사의 흐름에 따라 그 영향력이 막강했다. 이런 점에서 정신문명의 고갈로 방향감각조차 바로 잡지 못하고 있는 현대사회의 문화적 전락을 극복하기 위해서라도 중세사회를 통합적으로 이끌어간 하나님 도구로서의 교회의 역할에 대한 재조명이 요청되고 있다.

5. 현재로부터 미래를 향한 교회 비전: 이머징 교회(emerging church)

현대 그리스도인들의 과제는 고대와 중세 시대에 교회의 역할이 당시의 사회의 전반적인 판도를 바꾸어놓은 것처럼, 현재는 물론 미래의 비전까지도 감안하여 준비해 나가야 한다. 물론 하나님의 역사의 그물망 안에서 크나큰 도구로 쓰임 받은 교회는 현재로부터 미래까지 지속가능한 영적 플랫폼으로서의 교회 스토리를 써나가야 한다. 우리가 실천해야 할 과제는 교회를 영적·문화적 도구로 삼아 교회 안에서와 교회 밖에서 행해지는 모든 활동들을 재점검하고 업그레이드하는 두 축을 바로 세우는 일이다. 다시 말해서 교회 안에서 복음을 중심으로 행해지는 주제들과 교회 밖을 향한 사회적 활동을 중심으로 하는 두 가지 축인 것이다.

교회 안으로는 기독교 신앙공동체를 중심으로 예배와 말씀을 통한 믿음의 향상과 다음 세대를 위한 교육, 상처받은 자를 치유하는 상담 등이 있다. 교회 밖의 세상을 향한 복음의 활동은 그리스도의 핵심적 복음인 사랑과 희생, 정의와 봉사, 평화와 하나님 선교를 주제로 하는 사회적 활동이다.

예수가 세상에 온 것은 "포로 된 자에게 자유를, 눈먼 자에게 다시 보게 함을 전파하며, 눌린 자를 자유롭게 하고, 주의 은혜의 해를 전파하게 하려는 것"(누가복음 4:18-19)이었다. 이 말은 다름 아니라, 우리가 예수께서 하신 일, 곧 운동에 동참하고 그것을 구체화하는 것이다. 그리고 더 나아가서 복음의 꽃과 열매라 할 수 있는 하나님의 도구인 교회 안팎의 실천적 과제와 전략을 이루어나가는 것이다. 이 일을 수행함에 있어서 디지털 문명의 시대에 청년 문화를 바로 이해하고 그들의 눈높이에 맞는 하나님의 도구로서의 교회를 이루는 것이 무엇보다 더 우선되어야 한다.

이른바 미래교회 트렌드를 읽어내는 혜안이 우리에게는 요청되고 있다. 젊은 청년시대와 이머징 문화를 이해하는 것은 미래교회의 방향성을 찾는 데 매우 중요한 주제이다. 중세 시대 이후 5백 년간 이어져 온 근대 시대(modernity)를 마감하고, 근대 시대 이후 즉 포스트 모더니티(post-moernity) 시대에 걸맞는 문화의 트렌드를 이해해야만 할 것이다. 포스트모더니즘은 해체주의, 탈구조주의, 탈식민지주의 문예사조의 영향과 학생운동, 여성운동, 흑인운동, 제3세계운동 등의 사회운동과 전위예술, 해체, 후기 구조주의 영향으로부터 시작되었다. 이러한 포스트모던 사고를 지닌 이머징 세대를 향한 교회의 역할을 재고해야 할 것이다.

먼저 이머징 교회(emerging church)에 대해서 살펴보아야 할 것이다. 이 운동은 포스트모던 시대를 살아가는 사람들을 위해 이 땅의 모든 교회가 '맞춤형 교회'가 되어야 한다는 브라이언 맥라렌(Brian McLaren)의 사상을 중심으로 하여 시작된 것이다. 이 운동은 교회의 본질은 그대로 두고 교회의 틀을 바꾸자는 운동이다. 이는 도구의 인간인 우리가 도구를 발명하고 이를 발달시킴으로써 역사의 진보를 이루어 온 것과 그 맥을 같이한다. 예수를 통하여 시작된 예수 운동의 본질과 핵심으로 돌아가 이를 현대를 살아가는 모든 사람에게 필요충분조건을 만족시킬 만한 도구로서의 교회로 탈바꿈 하도록 해야 한다는 의미이다.

이머징 교회 운동은 선교적 교회와 함께 등장한 교회변혁 운동이다. 미래교회는 포스트모던 세대를 대상으로 한다. 따라서 이머징 교회는 포스트모더니즘의 신학, 철학, 문화, 교회론의 영향 아래에서 재해석되는 교회라고 할 수 있다. 그러면 미래교회의 트렌드를 이해하기 위해서는 무엇을 숙지해야 할 것인가? 시대의 흐름에 따라서 인간의 행동과 철학과 가치관이 변화한 것이 사실이지만, 그 속에 담겨 있는 진리는 변하지 않았다는 것이다. 다시 말해서 진리는 변하지 않았지만, 그 진리를 담는 그릇, 곧 틀이 달라진 것이라는 점이다.

이머징 교회 운동은 초대 교회로 돌아가 교회의 본질을 회복하고자 하는, 포스트모던 세대의 교회 운동이다. 이머징 교회는 선교적, 성육신적, 문화적, 성화적, 포스트모던적, 관계적 공동체를 추구하는 교회이다. 따라서 전통적인 교회관이 아닌, 포스트모던 문화의 시각에서 신앙을 이해하고자 하는 운동이다. 신앙의 핵심이 합리적 교리가 아니라 예수를 따르는 삶의 능력이어야 한다는 것이다. 그리하여 새로운 세계에는 새로운 교회가 필요하다는 것이다.

1990년대를 전후로 하여 나타난 포스트모던 문화는 TV, 영상, 문화, 스마트폰 등 개인적인 사고의 변화뿐만 아니라, 집단의 철학과

의사결정에도 영향을 끼치게 되었다. 이러한 세대의 전환과 더불어 등장한 이머징 교회 운동은 단순히 사역과 교회의 틀을 바꾸는 것이 아니라 교회에 대한 생각을 바꾸어야 하는 것이다. 따라서 브라이언 맥라렌은 포스트모더니즘의 가치를 통해 지금 이 시대를 부정할 것이 아니라, 그 문화를 수용함으로써 복음을 효과적으로 전할 수 있는 기회를 찾아야 한다고 말한다. 그에 따르면 이머징 교회 세대들은 장의자에 앉아서 50분 혹은 1시간 동안의 예배를 통해서 단순히 관찰자로 앉아 있는 것이 아니라 예배를 실질적으로 경험하는 것에 관심을 가진다. 따라서 이머징 교회는 경험적이고도 고도의 감각적인 예술성을 지향한다. 이들은 손으로 만질 수 있고 경험할 수 있는 영성을 지향한다.

그는 또 전통교회를 향해서 말한다. "우리는 모든 것을 하나로 묶어서 못 박아 버리는 습관을 가지고 있다. 모든 것을 박스에 넣어 하나로 이해하려고 한다. 이렇게 되는 순간 우리는 신앙적이 되는 것을 멈추게 된다."라고도 경고한다. 이머징 교회의 특징은 교회가 대화와 소통을 위한 장소이며 하나의 운동이라는 것이다. 따라서 이 운동이 어디를 향해야 할지를 협의하는 것이 아니라, 그저 함께 동행하는 것이 중요하다고 말한다. 주변의 이웃과 함께 이 길을 가는 것이 바로 이머징 교회의 마지막 목적지라고 강조한다.

댄 킴볼(Dan Kimball)은 오늘의 청년 세대들이 "예수는 좋은데 교회는 싫다"라고 노골적으로 말하는데, "왜일까?"라고 반문한다. 사람들은 교회가, 그리스도인들이 도그마에 둘러싸여 있고, 폐쇄적이고 배타적이라고 말한다. 그리스도인들이 하나의 버블(bubble)에 둘러싸여 있다고 본다. 마치 싱냥팔이 소녀의 한 장면과 같은 것이다.

교회 안은 따뜻하고 화려하고 우아하지만, 외부의 그 어떤 것으로부터 방해받지 않을뿐더러 주변을 돌아보지도 않는다는 것이다. 이는 마치 교회가 사람들을 밀어내는 것과 같다.

예수는 창녀를 받아들였고 먹을 것이 필요한 자들에게 나누어 주었으며 죄인들과도 함께 있었다. 예수는 차별하지 않았다. 이머징 세대가 원하는 것은 하나님을 경험하는 것이지 하나님의 말씀을 교리적으로 답습하는 데 머물러 있는 것이 아니라는 것이다. 더 나아가 그리스도인들이 자신들의 종교만이 가장 우아하다고 생각하고 다른 종교인들을 미개인 취급하듯이 하는 우월의식에서 벗어나야 하는 것도 과제 중의 하나이다.

덕 패짓(Doug Pagitt)은 교회는 강론을 위한 연설 장소가 아니라 대화를 위한 장소로서 관계형성을 중요시해야 한다고 말한다. 따라서 설교자가 강단에 서는 것이 아니라 모두 둘러앉음으로써 모든 사람이 핵심적인 존재로 여겨지게 해야 한다고 강조한다. 설교강론 대신에 설교토론을 끌어내는 것이다. 이머징 교회 세대들은 하나님과 함께 동행하는 사람을 표출하고 싶어하며, 자신이 추구하고자 하는 모든 것을 실현하고자 욕망한다. 그리고 더 나아가 그들은 어떻게 살아야 할 것인가에 주목한다.

캐런 워드(Karen Ward)는 미래교회는 마치 액체처럼 유동적이어야 한다고 주장한다. 이머징 세대들은 자신들의 정체성과 제도적인 법을 과거처럼 그저 주어진 대로 받아들이기보다는 직접 선택해서 각자가 만들어 나간다. 그들에게 있어서 영성이란 하나님과 직접 관련을 맺는 것이지만, 지금 이 순간에 자신들의 삶에 스며들어야 한다는 것이다. 따라서 그리스도인의 영성은 예수를 아는 것에 그치는 것이 아니라 그 삶을 살아내는 것이 우선되어야 한다는 것이다.

존 버크(John Burk)는 교회가 사람들의 쉼터가 되어야 한다고 주장한다. 교회가 영적 교감을 체험할 수 있는 공동체가 되어야 하며, 지역공동체와 친밀한 공동체를 추구해야 한다. 따라서 그는 자신이 사역하고 있는 게이트웨이 교회를 지역사회와 함께 누릴 수 있도록 교회 건물을 재건축하기까지 하였다. 길거리를 지나가다가도 언제든지 들어갈 수 있는 열린 공동체로서, 가치 공동체로 설계되었다. 교회의 시설들을 평일에는 지역 주민들이 사용할 수 있도록 창조적으로 설계하였다. 그 교회의 주보에는 "Come as you are in your hands and no perfect people allowed."(있는 그대로의 모습으로 오라! 완벽한 사람은 없다!)라고 쓰여 있다. 이로써 이 교회는 믿지 않는 사람들이 예수를 따르는 공동체의 일부가 되게 하는 것에 헌신하고 있다. 예수는 교회를 장소로 보지 않았고, 사람들을 사랑하고 사람들이 사랑하게끔 하는 곳이라 하였다.

6. 교회 원형으로서의 방주

이머징 교회 운동이 무엇인지에 대해서 살펴보면서 결국 교회라는 도구는 조직적인 기구나 제도로서의 교회보다는 성령이 임재하는 것이 무엇보다 우선임을 깨달았다. 즉 성령이 임재하는 교회일 때 비로소 예수 운동, 다시 말해서 초대교회의 본질을 회복하게 되는 것이다. 오순절 성령 강림 이후 성령이 신자들을 교회공동체로 모으시고 그 안에 거주하였다. 초대교회는 건물이 없이도 모임이 가능했는데, 그 이유는 성령이 임재하셨기에 가능했다.

그렇다면 교회란 무엇인가? 교회는 그리스도인 공동체이다. 예수의 이름으로 성령의 역사를 따라 모인 그리스도인들의 모임이다. 이것이 바로 교회의 본성이다. 교회는 무엇을 하는가? 예수 그리스도가 하시던 일을 계속 실행하는 것이다. 예수 그리스도는 하나님 나라를 이 땅에 세우는 일을 시작하셨다. 그러기에 이것이 바로 교회의 사명이다. 예수 그리스도는 이 일을 이루기 위해 교회에 성령을 계속 보내신다.

이러한 교회의 궁극의 지향점은 우리 개인들이 구원을 얻는 것이다. 그렇다면 오늘날 교회가 이 같은 구원의 방주가 될 수 있는가? 이 질문에 답하기 위해서는 먼저 구약의 노아의 방주에서 그 원형을 찾아보아야 할 것이다.

창세기 6:13~22에서 하나님은 물로 세상을 심판하기로 작정한 후에 노아에게 방주를 지으라고 명하신다. 대홍수의 심판에서 구원받을 수 있는 유일한 길은 방주 안으로 들어가는 것이었다. 오늘날 우리에게는 구원의 방주 역할을 하는 교회가 있다. 방주로서의 교회는 첫째, 유형의 건물로서의 교회가 아니라 구원받은 자들의 공동체이다. 둘째, 하나님의 은혜를 받은 자로서 철저하게 그 말씀에 순종하는 삶으로서 이해해야 한다. 셋째, 예수 그리스도를 통해 주시는 하나님의 은혜이다.

결국 교회라는 방주에 탄 사람들은 예수라는 문을 통과하였다. 마치 방주에 들어가기 위한 문이 하나였듯이, 오늘날도 교회로 들어가는 문은 오직 하나, 예수의 은총으로 주어진 성령의 임재로

노아와 방주. https://www.reddit.com/r/generationofthesAlnts/comments/17kk5x7/noah_and_the_ark/?rdt=45792

인해 가능하다. "이 예수 밖에는 다른 아무에게도 구원은 없습니다 사람들에게 주신 이름 가운데 우리가 의지하여 구원을 얻어야 할 이름은 하늘 아래에 이 이름 밖에 다른 이름이 없습니다"(행 4:12)라고 선포하였듯이 예수만이 구원의 문이다.

하나님이 물로 심판하시고자 했을 때 살기를 원하는 자, 즉 구원받고자 하는 자들은 방주로 들어가기만 하면 되었다. 이미 물로써 심판이 시작되기 전에 방주는 지어졌다. 따라서 방주에 들어가기를 원하는 자는 누구든지 들어갈 수 있었다. 그럼에도 노아 당시의 사람들은 방주에 들어가지 않았다. 오늘날 교회도 마찬가지이다.

우리 주변에는 어떤 형태로든지 수많은 교회가 있다. 그럼에도 그 교회 문으로 들어서는 자가 갈수록 희소해지고 있다. 이는 오늘날 많은 사람이 하나님의 은혜 안에, 성령 안에 거하기를 추구하지 않는다는 말에 다름 아니다.

방주는 히브리어로 '테바'이다. 우리는 방주를 배로 상상하지만 엄밀히 말하자면 배가 아니다. 배라면 선장과 키와 돛이 있어야 한다. 그런데 이러한 것들이 모두 부재하다. 오로지 물에 떠 있는 것 자체로서의 기능만을 할 뿐이었다. 그리고 방주에 문은 있었지만, 그 문을 누구도 열거나 닫지 못하였다. "하나님께서 노아에게 명령하신 대로… 그것들이 모두 배 안으로 들어가자 주께서 뒤에서 친히 배의 문을 닫으셨다"(창 7:16). 그래서 세상 사람들이 살려달라고 외치면서 허우적거리며 물속으로 가라앉는 것을 보고도 그 누구도 방주의 문을 열 수 없었다.

이렇듯 노아의 방주는 멸망하는 세상에서 건짐을 받아야 하는 교회이다. 노아의 방주는 썩어가는 세상에서 하나님의 음성을 듣고 나온 자들을 구원하는 교회(에클레시아)이다. 교회는 하나님의 음성을 듣고 나오는 자들을 구원하는 방주가 되어야 한다. 노아의 방주의 의미는 이 세상에서 구원을 받기 위하여 모이는 곳이며 함께 모여서 은혜를 받는 곳이다. 방주 안에서 은혜를 경험하고 있을 때, 방주는 마침내 아라랏산 봉우리에 걸리게 된다. 방주 안에 있던 모든 생명들은 이 세상에 생명을 퍼뜨리게 되었다. 이와 마찬가지로 오늘날 교회라는 방주에 들어선 이들은 은혜를 체험하고 세상 밖으로 나가야 한다. 교회를 교회답게 만드는 일이 바로 현장으로 나가는 일이기 때문이다. 주의 능력은 반드시 삶의 현장에서 드러나기 때문이다. "제자들이 나가 두루 전파할 새 주께서 함께 역사하사 그 따르는 표적으로 확실히 증언하시니라"(막 16:20)라고 하셨듯이 나가지 않고는 하나님의 능력의 승리를 맛볼 수 없다.

더 나아가 노아의 방주에 대해서 재고해야 하는 이유는, 첫째 최초의 교회의 원형이기 때문이고, 둘째, 하나님께서 직접 설계해 주신 교회의 모형이기 때문이며, 셋째, 예수를 바로 알 수 있기 때문이다. 교회의 원형으로서 구원의 방주는 홍수가 난 후에 유용한 것이 아니다. 마른 하늘에 비가 오지 않을 때 준비할 뿐 아니라, 세상의 권력이나 힘이 아닌 오직 예수 그리스도만을 믿는 믿음의 소유자들에게만 문이 열려 그 안으로 들어갈 수 있다. 그리고 그 안에 들어가기만 하면 하나님이 원하시는 곳으로 우리를 인도해 갈 것이다. 이것이 구원의 방주이며 아무런 증거가 보이지 않을 때 타야 하는 것이다.

또한 오늘날 교회의 원형으로서의 방주는 무엇을 의미하는가에 대해서 분명한 답을 지니고 있어야 한다. 교회의 존재 이유는 개개인이 구원에 이르게 하는 것이요, 더 나아가서는 이 땅에 하나님 나라를 건설하는 것이다. 그야말로 빛의 일꾼들이 빛의 역할을 함으로써 빛의 터전으로서의 교회 역할을 해야 할 것이다.

7. 하나님이 사용하는 도구로서의 교회

삶의 한복판에 계신 하나님의 초월성을 자각하고 이를 삶 속에서 구현하려고 했던 디트리히 본회퍼는 "교회는 남을 위해서 존재할 때만 참교회가 된다."라고 일갈하였다. 다시 말해서 교회는 교회를 위해서 존재해서는 안 되며 세상을 위해서 존재해야 한다는 것이다. 이런 의미에서 교회는 바로 빛의 자녀들이 모여 은혜를 체험하고 하나님의 도구로서 쓰임 받는 존재들이 되어야 할 것이다.

뿐만 아니라 오늘날의 교회는 초대교회의 신앙공동체의 원형을 회복하는 교회가 되어야 한다. 이에 대해서 하용조 목사는 사도행전적 교회가 우리 시대에 필요함을 "제도적 교회는 세상을 변화시키지 못한다. 예수님 당시에 그분이 외롭게 십자가에 못 박혀 죽으셨던 것처럼 과연 로마를 변화시켰던 교회의 실체가 존재하는가? 그 모델은 사도행전적 교회이다."라고 강조하였다. 오늘날 그가 강조하는 것과 같이 사도행전적 교회를 일구어 가려면 다음과 같은 교회 이해가 필요하다.

첫째, 성령의 역사를 경험하는 교회가 되어야 한다(행 2:1-4). 오순절 날 성령이 임했던 것과 같은 성령의 역사가 실제로 경험되고 이야기되고 그 역사를 직시할 수 있어야 한다. 따라서 교회는 성령의 임재를 경험하는 이들이 많아서 성령 충만한 곳, 성령이 임재하는 교회가 되어야 한다. 둘째, 예수 공동체를 실현하는 교회가 되어야 한다(행 2:42-47). 모인 사람들이 서고 교제하고 떡을 떼고 사도의 가르침을 믿고 서로 가진 것을 나누어주는 것을 경험하고 느껴야 한다. 그와 같은 관계를 형성하는 공동체야말로 사도행전적 교회를 이루는 것이다. 셋째, 소유를 나누는 교회가 되어야 한다(행 4:32-37). 초대교회가 능력이 있었던 것은 물질의 유혹을 넘어섰기 때문이었다. 오늘날 지구촌의 문제는 무엇보다 분배의 정의, 곧 나눔이 제대로 이루어지지 못하기 때문에 부익부 빈익빈의 이분법적 경제 구조

속에서 수많은 사람이 기아와 결핍감에 시달리고 있다. 교회라는 방주 속으로 들어온 이들은 이 문제의 해법을 위해서 나서야 할 것이다.

우리의 삶 속에서 함께하시며 우리 인간을 들어서 일하시는 하나님의 임재 속에서 구원의 방주에 들어선 이들은 하나님의 도구로 쓰임 받는 존재들이며, 교회 역시 이 시대에 하나님의 도구로서 하나님 나라를 확장하는 일익을 다해야 할 것이다. 더 나아가 현재의 교회 문제들은 예수 운동의 의미 상실임을 알아야 할 것이다. 예수 운동 이후의 기독교 역사는 교회 역사에 다름아니라는 사실과 더불어 영적 도구로서의 교회가 세계문화 속에서 여전히 빛으로 작동하고 있음을 받아들이지 않을 수 없다.

또한 현대 교회와 장차 도래할 미래 세대의 교회의 역할이 어떠해야 하는지도 재고하였다. 현재 젊은 세대들에게 미래 시대의 메타 교회와 이머징 교회에 대한 비전을 보여주는 것은 우리의 과제가 되어야 할 것이다. 그리고 더 나아가 디지털 문화에 익숙해진 다음 세대에게 하나님의 은혜의 도구인 교회가 그들에게 예수 운동의 원형을 회복하는 데 기여하도록 해야 할 것이다.

하나님은 우리의 역사를 통해서 참으로 다양한 도구를 사용하여 일하셨다. 현대사회 속에서 교회라는 도구만큼 중요한 것이 또 있을까? 하나님 나라를 구현하는 도구로서의 교회, 이것은 하나님이 창조하신 가장 위대한 도구임이 자명하다.

■ **적용**

1. 예수의 부활과 승천 이후에 오순절 성령강림을 체험한 사도들로부터 시작된 초대교회 신앙공동체로부터 종교개혁이 이루어지기까지의 교회 역사 속에서 그리스도인들은 박해로 점철된 생애를 살다갔다고 해도 지나치지 않을 것이다. 그만큼 기독교회의 역사는 박해와 더불어 면면히 이어져 왔다. 그러는 가운데서도 교회는 언제나 구원의 방주로서 기능하였다.

구속사의 관점에서 현대 교회가 과거 노아의 방주와 같은 사명을 감당하고 있는가, 그렇다면 왜 그렇다고 생각하는가, 또한 그러한 사명을 감당하고 있지 못하다면 그 또한 왜 그런지를 나누어 본다.

2. 예수가 공생애를 시작하면서부터 우리에게 보여준 삶의 태도는 예수 운동의 본질이 되었고, 마침내 교회의 본질로서 자리매김하였다. 예수는 자신이 이 땅에 오신 이유를 "내가 율법이나 선지자를 폐하러 온 줄로 생각하지 말라. 폐하러 온 것이 아니라 완전하게 하려고 온 것이라."(마 5:17)라고 말씀하신다. 예수는 율법의 완성을 위해 오셨다는 말이다. 그리고 이 율법은 십자가의 사랑으로 완성되었다. 그럼에도 현재 교회에서는 이를 실천하지 못하고 선데이 크리스천을 양산하거나 교회에 매이게 하는 것이 다반사이다.

교회에 매이지 않는 신앙을 지니기 위해서 최우선으로 해야 할 일이 무엇인지 나누어 본다.

3. 교회에서는 예배를 드린 후에 삶의 현장으로 흩어지는 그리스

도인들을 파송한다. 이는 교회에만 머물지 말고 모여서 말씀을 나누고 배우고 성도의 교제를 나눈 후에는 이를 실천하기 위해서 세상을 향하여 나가라는 것이다. "너희는 세상의 빛이라."(마 5:14)라고 말씀했듯이, 우리는 빛의 존재로서 교회를 비추는 것이 아니라 세상을 비추어야 한다. 따라서 교회는 빛의 터전으로 이 시대에 새롭고 거룩한 구원의 방주로 재조명되어야 한다. 우리의 삶의 근거지가 되어야 하고 세상에 나가 빛으로서 살아가는 토대가 되어야 한다.

다음 세대를 위한 빛의 터전으로서의 교회가 해야 할 일은 무엇일까?

■ 에필로그

하나님께서 때를 따라 사용하신 10가지 도구

　세계선교 통계에 따르면 이 지구촌에는 대략 26억4천만 명의 크리스천이 살아가고 있다(International Bulletin of Missionary Research 2023년 1월호). 그리고 고든콘웰신학대학교 글로벌 기독교연구센터에 의하면 앞으로도 기독교 인구는 계속 증가할 것으로 전망된다. 따라서 "오직 성령이 너희에게 임하시면 너희가 권능을 받고 예루살렘과 온 유대와 사마리아와 땅끝까지 이르러 내 증인이 되리라"(행 1:8)라는 선교 사명은 여전히 유효한 과제로 우리 앞에 남아 있게 된다.

　이 선교 사명을 수행하기 위해서 우리는 또다시 제2의 사도행전을 써 내려가야 하지 않을까? 이제 새로운 문명의 시대로 진입한 이즈음, 우리는 제4차 산업혁명이라는 새로운 기술혁명의 시대에 살아가게 되었다. 아날로그 문명에서 디지털 문명으로 나아가게 됨으로써 우리 인류는 기계화된 사회 시스템과 인공지능(AI)에 의해 잠식되는 듯 숨이 턱턱 막히기도 한다.

특히 예수 탄생 이후 2천 년이 넘는 이 지구촌 문화와 역사를 이끌어온 기독교의 설 자리가 어디일지 가늠하기 힘든 이때, 이승율 총장님의 성경 톺아보기를 통해 건져 올린, 하나님이 때를 따라 사용하신 10가지 도구가 우리 앞에 놓였다. 뛰어난 기획력의 소산이 아닐 수 없다. 그러니 이 책은 순전히 그의 기획출판물이다. 또한 책의 틀을 잡고 집필에 대한 의견을 나누는 과정에서 그는 컨덕터(conductor)로서의 역할을 유감없이 해주었다.

그리하여 집필진들은 사람을 통해 일하시되 도구를 때에 따라 안성맞춤으로 그들의 손에 들려주신 하나님의 역사를 새로이 신선하게 볼 수 있었다. 그리고 그 도구를 자신의 것인 양 어떻게 오늘의 삶의 자리에서 적용할 수 있는지를 고민하면서 각자의 분량을 써 내려갔다.

구약성경과 신약성경에서 각기 가려 뽑은 다섯 가지의 도구들은 오늘의 우리에게 시사하는 바가 매우 크다. 노아의 방주는 인간을 심판함과 동시에 구원하는 틀로서 빛의 자녀된 자들이 구원의 문으로 들어가는 터전인 교회로서 상징되었다. 모세의 손에 들린 지팡이는 문제 해결을 위한 계시적인 리더십을 보여주었다. 기드온의 횃불과 나팔은 빛과 소리를 이용한 지혜로운 전략이었으며, 다윗의 물맷돌은 훈련되고 준비된 자의 맞춤형 강점으로 작용하였고, 하나님께 찬양과 경배를 드리는 데 있어서 다윗은 비파와 수금을 타는 뮤지션으로서, 문학적 시인으로서 치유와 공감의 힘을 한껏 표현하였다.

베드로의 그물은 고기를 잡는 망에서 사람을 낚는 영적 회복의 노구로 변화되있으며, 소년이 기진 오병이어는 드림과 동시에 나눔이 이루어지는 기적을 보게 하였다. 또 골고다의 십자가의 길을 따라 보여준 예수의 희생을 통해 대속의 제물이 되심을 아티스트의 감성으로 표현하였다. 바울이 지니고 있던 로마 시민권의 행사가 당시 선교여행에 글로벌 역량으로 작용하였듯이, 오늘날 우리의 현실에서 어떻게 적용할 수 있는지도 살펴보았다.

따라서 이 책을 손에 들게 되는 독자들은 10가지 도구를 하나하나씩 나에게 들려진 도구라 생각하며 읽기를 바란다. 그러면서 삶의 현장에서 어떻게 적용할 수 있는지를 개인적으로 생각할 뿐만 아니라, 소그룹으로도 모여서 그에 대한 생각을 나누고 소통하기를 바란다. 더 나아가 단체 혹은 학교에서라면 이 책은 이미 훌륭한 강의 자료가 될 수 있으리라는 것을 믿어 의심치 않는다. 그렇게 할 때 하나님이 사용하신 10가지의 도구들은 성경의 어느 한 시대에서, 그리고 이 책의 지면에서 튀어나와 우리의 삶 속으로 스며들어 불현듯 우리 손에도 들려 있음을 깨닫게 될 것이다.

2024년 사순절 서른 번째 날에
이순임

집필진 프로필

이승율

동국대 철학과(학사 및 석사)를 졸업했으며 50대 초반에 중국 연변대학교 대학원 (국제정치학 석사), 중앙민족대학교 대학원(민족학계 법학박사)에서 관심분야 공부를 계속했다.

1990년 초 가족들의 손에 이끌려 교회에 다니게 됐으며, 그해 가을 북경에서 우연히 김진경 총장을 만나 연변과학기술대학 건립과 학사 운영에 참여하게 되면서 새로운 삶의 양식(자비량 봉사와 헌신)과 역사관에 눈뜨는 과정을 거쳤다. 중국 소수민족정책을 학문적으로 연구했고 한국 중소기업의 중국 진출을 돕는 한편, 조선족 청년기업 육성 및 고려인 유학생 교육선교에 힘쓰면서 중국과 중앙아시아를 잇는 CBMC(기독실업인회) 실크로드 사역에도 선도적 역할을 감당했다.

2001년 봄에 남북한 합작 교육사업으로 승인된 평양과학기술대학의 건축위원장과 대외부총장을 역임하면서 한반도 통일사역에 새로운 지평을 열었다. 이를 달성하는 방안으로 동북아 국제협력을 통한 통일정책을 연구하는 한편, 다음세대 인재양성과 코리언 디아스포라 네트워크를 위해 (사)동북아공동체문화재단이라는 싱크탱크를 설립(통일부 등록, 2007)하여 각종 국제컨퍼런스와 정책세미나, 장학사업 등을 운영해 왔다.

최근에 한국CBMC중앙회장을 역임하여 비즈니스 미션(BAM)을 확장하는 데 힘써 왔고, 국가조찬기도회 부회장으로서 기독교 일치와 갱신을 위해 노력하고 있으며, 2021년 3월 평양과학기술대학 3대 총장으로 취임하여 학사 운영과 국제업무를 이끌고 있다. 무엇보다 가족기업으로 창립(2012년)한 참포도나무병원을 통하여 해외 개발도상국 및 국내 지역사회 약자를 돌보는 '이웃사랑 의료봉사'를 활발히 전개하고 있다.

주요 저서로는 『윈.윈 패러다임』, 『동북아연합의 꿈』, 『동북아시대의 조선족』, 『누가 이 시대를 이끌 것인가』, 『북방에서 길을 찾다』, 『회복의 능력』, 『구원과 야망』, 『My Last Devotion』 등이 있다.

이세형

감리교신학대학 및 대학원을 졸업하고 미국 드루대학교에서 박사학위를 취득했다. 1989년 미국 뉴욕연회에서 목사 안수를 받은 후 미국인 교회를 맡아 담임목사로 목회하였다. 1996년 귀국 후 정동제일교회 부담임 목사로 섬기면서 영어목회를 창립했다. 1998년 협성대학교 교수가 된 후 20년은 조직신학 교수로 마지막 5년은 목회상담학교수로 재직하였다. 학문적으로 과정철학과 도가 철학에 입각한 신학적 사유, 기독교 영성, 정신분석에 천착하였다. 한국정신분석심리상담학회 회장을 역임하였고, 현재 동학회 정신분석 아카데미 원장으로, 한국정신분석 꿈연구회 공동대표를 맡고 있다.

저서로는 조직신학 분야에서 『도의 신학』 외 다수의 공저가 있으며, 『하나님-세계의 미래』 등 다수의 역서가 있고, 정신분석 분야에서는 『오늘날 정신분석의 꿈 담론』 등 다수의 역서가 있다.

심광섭

감리교신학대학 학부 및 대학원을 졸업하고 독일 부퍼탈-베텔 신학대학(Kirchliche Hochschule Wuppertal/Bethel)에 1985년 유학하여 91년 학위를 취득하였다. 목회와 더불어 여러 대학에서 강의하였으며, 감신대에서 <조직신학>과 <예술신학>을 강의하고 2023년 2월 은퇴하였다. 은퇴 후 예술목회연구원 원장으로 일하면서 한국적 "기독교 미학"과 "예술신학" 연구에 몰입하고 있다.

저서로는 『신학으로 가는 길』(1996), 『탈형이상학의 하나님. 하이데거, 바이셰델, 벨테의 신론 연구』(1998), 『기독교 신앙의 아름다움』(2002), 『예술 신학』(2010), 『공감과 대화의 신학. F.슐라이어마허 연구』(2016), 『기독교 미학의 향연』(2018), 『십자가와 부활의 미학』(2021), 『초월자의 감각』(2021) 등이 있고, 그 외 다수의 공동저서와 번역서가 있다.

김윤환

협성대 및 신학대학원(Th.M)을 거쳐 단국대 문예창작과에서 문학과 종교를 연구하여 문학박사(Ph.D) 학위를 받았다. 2009년 기독교대한감리회 목사 안수 후 경기 시흥의 사랑의은강교회 담임목사로서 복지사역과 대학 출강, 집필 등을 겸하고 있다. 1989년 문예지 『실천문학』으로 시를 발표하여 등단한 후, 시집 『그릇에 대한 기억』, 『까띠뿌난에서 만난 예수』, 『이름의 풍장』, 『내가 누군가를 지우는 동안』 등이 있고, 동시집 『내가 밟았어』, 산문집으로 『시로 듣는 신앙에세이 1, 2, 3』, 논저로 『한국 현대시의 종교적 상상력』, 『박목월 시에 나타난 모성 하나님』, 강의교재로 『문학의 이해와 글쓰기』, 『리더십 교재-희망으로 리드하라』 등이 있다. 협성대 교양학부, 단국대 문예창작과 출강을 거쳐 현재 백석대 대학원 기독교문학 전공 책임교수와 서울사이버대학교 문예창작과 교수를 역임하고 있다.

범정학술상(2009년), 나혜석문학상(2017), 한정동아동문학상(2021), 단국문학상(2021) 수상과 아르코문학나눔우수도서 선정되었다. 또한 한국문예창작학회, 한국아동문학학회, 한국문학과종교학회 이사, (사)한국작가회의 이사를 거쳐, 민족문학연구회 편집위원장, (사)한국아동문학인협회 이사, 따오기아동문화진흥회 회장, (사)시흥시자원봉사단체협의회 회장으로 섬기고 있다.

이순임

저마다의 가슴에 이미 내장되어 있는 신성의 불씨에 관심과 초점을 모아 마침내 불을 일으키는 일에 촉매가 되고자 세상에 태어났다고 믿어, 감리교신학대학교(BA), 이화여자대학교(MA), 호주 University of Wollongong (MA, PhD)에서 공부했다. 월간 『기독교 사상』 편집장, 한국여신학자협의회 사무총장, 배재대학교, 감리교신학대학교, 서울기독대학교 겸임교수와 객원교수, 한양대학교 교목을 지냈다. 국내 활동으로는 문화체육관광부 한국간행물윤리위원회 소위원, 기독교방송 시청자위원, 극동방송 운영위원, 기독교타임즈 논설위원, 칼럼니스트, 여성평화의 집 이사장, 피스랜드미션 대표, 한국기독대학교신학대학원협의회 회장을 역임하였다. 국제적으로는 ASISCA, WACC, CBA, CRE, KOWING, GMMP 등에서 한국 대표로 활동하였다. 현재 올리브나무 출판사와 빛살림네트워크 대표, WACC-AR 부회장으로 섬기고 있다.

지은 책으로는 에세이집 『당신은 이미 꽉 찬 보름달입니다』, 잠언 시집 『말할 수 없는 위안』(공저), 대학 교재 『기독미디어와 한국사회』, 공역으로 옮긴 책 『당신 안의 그리스도』, 『보이지 않는 공급자』, 『기적의 치유코스』, 『인피니트 웨이』 외 다수가 있다.